Sein oder Nichtsein

Die industrielle Zerstörung
der Natur

Cip-Titelaufnahme der Deutschen Bibliothek

Sein oder Nichtsein : Die industrielle Zerstörung der Natur / Hrsg. Sylvia Hamberger . . . — München : Raben-Verl., 1990
ISBN 3-922696-57-0
NE: Hamberger, Sylvia u.a. [Hrsg.]

Frohschammerstr. 14, 8000 München 40
und
Gesellschaft für ökologische Forschung e.V., München

ISBN 3-922696-57-0
Gesamtherstellung: Gotteswinter GmbH, München
Satz: Satzwerkstatt, München
Gestaltung: Karla Hey
Titelfotos: Manfred Michel, Neu-Isenburg
(Hochspannungsleitung bei Frankfurt-Mörfelden)

Dies ist das Begleitbuch zur gleichnamigen Ausstellung „Sein oder Nichtsein“.

1. Auflage 1990
2. Auflage 1992

Vergabe der Ausstellung:
Gesellschaft für ökologische
Forschung e.V.,
Frohschammerstr. 14, 8000 München 40

Dieses Buch wurde auf chlorfrei
gebleichtem Papier gedruckt

Sein oder Nichtsein

Die industrielle Zerstörung der Natur

Sylvia Hamberger
Peter M. Bode
Ossi Baumeister
Wolfgang Zängl

Raben Verlag

Bildtafeln

Aufsätze

Einführung

Nach den Ausstellungen „GRÜN KAPUTT — Landschaft und Gärten der Deutschen" (1983) und „ALPTRAUM AUTO — Eine hundertjährige Erfindung und ihre Folgen" (1986) ist „SEIN ODER NICHTSEIN — Die industrielle Zerstörung der Natur" der quasi logische Abschluß einer nicht von vornherein geplanten Trilogie. GRÜN KAPUTT beschreibt den unbarmherzigen Umgang mit Natur — im Kleinen wie im Großen. ALPTRAUM AUTO zeigt die Auswirkungen des mengenmäßig und flächenmäßig zerstörerischsten Industrieproduktes. In Ausstellung und Buch SEIN ODER NICHTSEIN wird die konsequente Zerstörung und Vernichtung von Natur, von Lebensbedingungen, von unserer gesamten Umwelt und in der Folge die Zerstörung des belebten Planeten Erde dargestellt. SEIN ODER NICHTSEIN ist eine Bestandsaufnahme — jenseits der Gesundbeterei einer 'heilen' Industrie-Welt.

In den fünf Kapiteln — Der Tod der Natur, Die Zerstörung der Lebensgrundlagen, Die Methoden der Industrie, Die Chefetage, Die andere Zukunft — werden die verschiedenen Gründe, Mechanismen und Auswirkungen des Feldzuges gegen Natur, gegen unsere Lebensgrundlagen mit dem Medium der Fotografie sichtbar gemacht. Es sind nicht unbedingt die spektakulärsten Bilder, die dabei am eindrucksvollsten sind: Gerade die schleichende Vernichtung, der tägliche Krieg gegen das Leben, das Vordringen industrieller Lebensformen und der Ersatz natürlicher Umwelt durch künstliche zeigt sich am Alltäglichen, scheinbar Belanglosen, am merkwürdigerweise so Selbstverständlichen. Die Gewöhnung an eine kranke Umwelt — an sterbende Bäume, dreckige Flüsse, veralgte Meere, schlechte Luft — ist so verbreitet, daß alle ihre Anzeichen, die uns längst hätten warnen müssen, als „normal" oder unabänderlich hingenommen werden. Sie sind es nicht.

Denn die Menschheit ist nicht notgedrungen in ihr Umweltdebakel hineingeraten. Es wurde planvoll vorbereitet: von Geschäftsinteressen und Massenproduktion, von nationalen Konzernen und internationalen Verflechtungen, von Managern und Meinungsbildnern, von kleiner und großer Industrie, von Kauf und Verkauf, von langer Hand und kurzfristigem Profit. Von der Sucht nach Geld, Macht und Konsum. Und von einem profitablen Weltbild, das Natur nur als Rohstoffquelle, Mülldeponie und Bauland bewertet und benutzt.
Die zentrale Frage ist: Muß Industrie notgedrungen so zerstörerisch und gewalttätig agieren, oder kann sie andere Formen der Produktion und des Transportes, des Umgangs mit Energie und Ressourcen, umweltgerechte Verfahren und Produkte entwickeln, die „gewaltfrei“ mit Natur und Menschen umgehen? Diese Frage richten wir in aller Eindringlichkeit an die Industrie, an die Verantwortlichen und Benutzer, an die Politiker und Verbraucher — an die Gesellschaft, die Industrie macht und Industrie trägt:
Wir müssen uns ändern, wenn das Leben auf diesem Planeten weitergehen soll.
Beginnen müssen wir auf allen Ebenen, und Ansätze zur Überwindung der industriellen Zerstörung sind weltweit vorhanden. Aber die Zeit wird knapp. Nützen wir sie: mit Intelligenz und Entschiedenheit.

Die Erarbeitung und Zusammenstellung von SEIN ODER NICHTSEIN ist das Ergebnis einer vierjährigen Recherche, einer auf lange Jahre angelegten Fotodokumentation und intensiver Gespräche. Wir haben uns bemüht, die schwierigen Zusammenhänge in plakativen Bildern und kurzen Bildtexten darzustellen. Die Fachaufsätze des Buches informieren detailliert über Einzelprobleme.

Unterstützung fanden wir bei vielen Freunden und Kolleginnen und Kollegen. Allen voran möchten wir Prof. Peter Schütt für seine Beratung und die vielen wichtigen Diskussionen danken. Herzlicher Dank gilt auch Wolfgang Lohbeck und Ulla Lang, Birgit Wilczek, Birgitt Frey, Rosemarie Oswald, Erich Pabst, Karla Hey, Fa. Bertram Luftbild, Simon Butz, Brigitte Varchmin-Fuchs, Hans Joachim Ziersch, allen Förstern, die uns geholfen haben und Wolfgang Till vom Münchner Stadtmuseum sowie unseren Kolleginnen und Kollegen vom Raben Verlag und der Gesellschaft für ökologische Forschung. Nicht zuletzt gilt unser Dank auch GREENPEACE Deutschland für die finanzielle Unterstützung,die die Ausstellung erst ermöglicht hat.

Sylvia Hamberger
Peter M. Bode
Ossi Baumeister
Wolfgang Zängl

Sein oder Nichtsein, das ist hier die Frage:
Ob's edler im Gemüt, die Pfeil' und Schleudern
Des wütenden Geschicks erdulden, oder,
Sich waffnend gegen eine See von Plagen,
Durch Widerstand sie enden . . .

William Shakespeare, Hamlet

I DER TOD DER NATUR

Der Blaue Planet

„Der unermeßliche blaue Ozean des Himmels, der uns das Atmen ermöglicht und vor abgründiger Weite und Tod schützt, hat sich als ein ganz zartes Häutchen erwiesen. Wie verhängnisvoll ist es, diese zarte Schutzhülle des Lebens auch nur im geringsten zu schädigen.“ (Wladimir Schatalow, Kosmonaut)

Das unendliche Leben des Planeten Erde wird endlich gemacht. Das Wunder einer Milliarden Jahre dauernden Entwicklung fällt den Auswirkungen der globalen Industrialisierung zum Opfer: von der Unendlichkeit des Seins und der Natur zur Endlichkeit des Habens.

Luft-Verschmutzung

Kraftwerke, Fabriken und Produktionsanlagen, Kraftfahrzeuge, Konzerne und Kombinate verbrennen fossile Energie, setzen Gifte frei und erzeugen Milliarden Tonnen Abgase. Der Himmel ist die preiswerteste Deponie der Industriegesellschaft. Die Folge: In der Lufthülle der Erde gibt es keine sauberen Bereiche mehr. Die Luft transportiert die Gifte und den Schmutz über die Erdteile und Meere, in die „Reinluftgebiete" der Gebirge — und über die Städte.
Über allem liegt der Dreck der Industrie.

Atemgifte, Blutgifte, Pflanzengifte, Klimagifte. Ein Konzentrat Tausender Gifte, verdünnt mit Sauerstoff: Das ist inzwischen unsere Atemluft. Über den Städten liegt Dauersmog. Und die gesundheitlichen Folgen sind unausweichlich — vor allem in Deutschland.

„Uns wird gesetzlich viermal mehr Luftverschmutzung verordnet als den Schweizern; nicht weil wir mehr verkraften, sondern weil wir dümmer sind und uns dies gefallen lassen."
(Otmar Wassermann)

Klima-Veränderungen

Treibhauseffekt und Ozonloch sind direkte Folgen der Industrieproduktion. 300.000 Tonnen Fluorchlorkohlenwasserstoffe (FCKW) pro Jahr produziert allein der amerikanische Konzern DUPONT, und von den jährlich über 20 Milliarden Tonnen Kohlendioxid (CO_2) stammen 80 Prozent aus den industrialisierten Regionen: Wir verbrennen uns selbst. Gletscher schmelzen, Meere steigen, Hochwasser häufen sich, Orkane werden heftiger, Ernten vertrocknen, Klimazonen ändern sich, Wüsten dringen vor ...

Der Wald stirbt weltweit

Zu keiner Zeit haben solche Vernichtungskriege gegen Wälder stattgefunden wie heute. Die Wälder in den Industriestaaten werden von Schadstoffen und Autoabgasen geschwächt, vergiftet, getötet. Das Waldsterben überzieht fast die gesamte Nordhalbkugel der Erde.
Riesige Waldgebiete der Tropen und des nordamerikanischen Kontinents fallen der direkten Gewalt zum Opfer: gerodet, verbrannt — beseitigt.
Doch wer die Wälder vernichtet, trifft damit die ganze Welt.

Wald

Der Lebensraum Wald

Wälder gehören zu den höchstentwickelten und artenreichsten Lebensräumen dieser Erde. Pflanzen und Tiere leben hier in den vielfältigsten Beziehungen miteinander. Wälder schaffen Klima und produzieren Sauerstoff, binden Kohlendioxid, speichern und säubern Wasser, halten Böden, filtern Staub und Gifte aus der Luft, schützen eine artenreiche Tier- und Pflanzenwelt, liefern Holz und gestalten Landschaft. Wälder sind der schützende Pelz der Erde.

Der Waldboden

In einer Handvoll Waldboden gedeihen mehr Lebewesen als Menschen auf der Erde.
Der Waldhumus ernährt eine Vielzahl verschiedener Pflanzen, die sich im Wechsel von Licht und tiefem Schatten im Lauf der Jahreszeiten zurechtgefunden haben. Der Waldboden bietet auch Lebensraum für bedrohte Tiere und Pflanzen.

Der Industrie-Wald

Wenn das Geld im Vordergrund steht, dominieren die Grundregeln der Industrie: schnelle Massenproduktion, flächendeckende Monokultur, genormt, maschinengeeignet, naturfremd. Die Bäume stehen da wie eine Armee. Das Raster dominiert. Auf dem Waldboden liegt ein Teppich saurer Nadeln.
Vom Wald zur Holzplantage: Diese Wälder tragen nichts zum Überleben einer artenreichen Natur bei. Wen wundert es, daß sie besonders anfällig sind?

Das sichtbare Waldsterben

Waldsterben — wie es jeder kennt. Im Harz, im Schwarzwald, in den Alpen. Bald wird man sagen, hier hat nie Wald gestanden.
Der Wald stirbt am Giftgemisch der Industrien. Man läßt ihn weitersterben — in den Vorstandsetagen und Parlamenten, auch beim ganz privaten Autogebrauch. Maßnahmen wurden nicht ergriffen oder so lau gehandhabt, daß sie kaum nutzen. Bereinigt wurde nur die Sprache: Nicht mehr vom Waldsterben ist offiziell die Rede, sondern von „neuartigen Waldschäden".

Der langsame Tod

So stirbt der Wald vor sich hin, ein vergessener Patient.
Ist die Witterung günstig, werden die Kronen nur langsam lichter und dünner — wer sieht das schon? Und was die gestreßten Bäume zusätzlich befällt — Insekten und Pilze —, wird dann für das Absterben verantwortlich gemacht.
Offizielle Schadensmeldungen verzerren noch das Bild: leichte Schadstufen werden „gesund"-definiert und wo die kranken und toten Bäume entfernt wurden, sehen Wald und Statistik wieder „schön" aus.

Buchen sterben: Der frühe Herbst

Die Buchen werfen ihre Blätter schon im Sommer ab — noch grün. Oder schon herbstlich verfärbt — Anfang August. Die Kronen verlichten von Jahr zu Jahr mehr. Oft ist der Baum schon nach kurzer Zeit tot. Langsames Siechtum oder schneller Tod. Tot.

Eichen sterben

Auch der Eiche, dem deutschen Sinnbild der Stärke, geht es schlecht. Das Waldsterben setzt den Eichen heftig zu. Durchsichtige Kronen und höhere Anfälligkeit gegenüber Dürre, Frost und Krankheiten machen deutlich, daß die Bäume geschwächt sind. Und geschwächte Bäume werden, ebenso wie Menschen, schneller krank. Entlang der Straßen gibt das Streusalz ihnen noch den Rest.

Sterbende Bäume — das ist nicht nur eine Krise der Natur. Es ist eine Krise der Kultur: der Industrie-Kultur.

Das inoffizielle Waldsterben

Das Waldsterben hat auch die Latschen in den Hochgebirgen, die Birken, Weiden und Büsche getroffen, die in keiner Statistik auftauchen und somit „unbemerkt“ verschwinden. Sogar Obstbäume gehen an dem Giftgemisch der Luft zugrunde. Aber Politiker wiegeln ab, die Industrie rüstet auf, die Automobilisierung nimmt zu und die Wissenschaft forscht und forscht — bis es nichts mehr zu forschen gibt.

Industrialisierung der Alpen

Eines der schönsten Gebirge der Welt wird durch Bauwirtschaft, LKW-Transit, Autoverkehr, Stromwirtschaft und Tourismus zerstört.

Alpen-Schönheit

Seit vielen Jahrtausenden leben Menschen hier. Sie haben Natur genutzt und geprägt, ohne sie zu zerstören.

Schutz-Wald

Schon im 14. Jahrhundert hat die Schweiz ihren Wald unter Schutz gestellt. Gerade in den Alpen ist er für das Überleben der Menschen unverzichtbar. Er hält den Schnee, das Erdreich und das Wasser, er hemmt Steinschlag und Lawinen. Wie ein Hüter steht er oberhalb der bedrohten Ansiedlungen. Auch hier stirbt der Wald. Selbst junge Bäume haben keine Chance. Sterbender Wald ist kein Schutz-Wald mehr.

Der Nach-Wuchs

Junge Bäumchen werden durch die in Massen gehegten Gemsen, Rehe und Hirsche verbissen, gefegt und irreparabel geschädigt. Nur die eingezäunte Naturverjüngung oder Pflanzung kommt überhaupt noch hoch. Noch. Durch die Schädigung des Jungwuchses wird der Hangboden kahl; es wächst nur mehr hohes Gras. Auf ihm gleitet der Schnee und reißt die letzten, vereinzelt stehenden Bäumchen heraus. So werden ganze Flächen baum- und strauchlos; ideale Voraussetzungen für Erosionen und Lawinen.

Boden-Erosion

Oft fangen die Rutschungen, Rinnen, Abstürze ganz harmlos an, ganz klein. Die Ergebnisse können sich sehen lassen, und sie werden jedes Jahr zahlreicher.

Die Alpen sind aufgrund ihres Aufbaus, ihrer steilen Hänge und des sterbenden Waldes ein labiles Gebirge. Dessen ungeachtet werden mitten hinein immer neue Straßentrassen gesprengt und ganze Hotelsiedlungen gebaut. Aber jeder Fehler wird hier zusätzlich bestraft: Die Alpen kommen herunter.

Berg-Wasser

Alpengewässer gehören zu den schönsten und vielfältigsten Wasserläufen. Vom wilden Sturzbach, der Hunderte von Metern fällt, bis zu kleinen Rinnsalen und ruhigen Seen findet sich hier alles. Auch große Flüsse, wie Rhône, Inn und Rhein, entspringen in den Alpen. Hier ist ihr Wasser — noch — sauber.

Wasser-Bau Für Straßenbauer, Tourismusplaner, Wasserwirtschaftler sind die Alpengewässer Hindernisse, Geldquellen, Stromquellen. Betonmonster verunzieren die Landschaft und lassen kleinste Rinnsale zu gefährlichen, unberechenbaren Sturzbächen werden. Autobahnen sind wichtiger als ein natürlicher Wasserlauf. Und je mehr Wald abstirbt, Hänge bebaut und planiert werden, desto mehr Wasser stürzt zu Tal, desto mehr Bergbäche müssen verbaut werden . . . eine Spirale ohne Ende. Die Bauindustrie reibt sich die Hände: In diese Alpen paßt noch viel Beton.

Der neue Wald-Bau

So sieht der neue „Schutzwald“ aus: Eisenträger, Gitternetze, Fangzäune, Betonskelette, Staketen und Pfeiler. Häßliche Girlanden des technischen Fortschritts ziehen sich — keineswegs wartungsfrei — über kahle Berghänge. Sie wirken so hilflos, wie sie im Ernstfall auch wirklich sind.
Eine Million Mark kostet der Hektar Lawinenverbau. Ein gesunder Schutzwald hätte diese Aufgabe sehr viel besser und nahezu kostenlos erfüllt.

Straßen-Bau

Auch im Gebirge gilt die „Phantasie“ der Straßenbauer: von A nach B, von B nach C — möglichst direkt, möglichst gerade, möglichst breit. Und je labiler die Hänge werden, desto mehr wird verbaut und befestigt, vertunnelt und überbrückt. Überdachte Galerien schneiden in Berghänge. Brücken spannen sich über einst malerische Täler. Ganze Abhänge werden begradigt und betoniert. Wäre ja gelacht, wenn man nicht zu jeder Jahreszeit überall hinfahren könnte.

Transit

Jedes Jahr passieren über 60 Millionen Tonnen Waren und 60 Millionen Menschen (zu achtzig Prozent im Auto) die Alpen. Organisiertes und subventioniertes Chaos, Tag für Tag, von 0 bis 24 Uhr. Das automobile Grundrauschen ist erschreckend hoch geworden: laut und giftig. Und warum? Weil die Industrie ohne Ansehen der Landschaft, der Entfernung und der ökologischen Kosten alles über die Alpen karren läßt, was Geld bringt — einschließlich der Touristen.

Die Automobilisierung der Alpen

Warum fahren die Leute in die Alpen? Damit sie dasselbe wie zu Hause erleben — könnte man meinen. Autodörfer, Autotäler, Autoberge, immer und überall Autos. Mit ihnen zur Gondel, zur Loipe, zum Gletscherski, zur Höhenwanderung. Und die Bergbücher empfehlen die höchsten Parkplätze, damit der Aufstieg nicht so lang ist.

Die Elektrifizierung der Alpen

Die Alpen wurden verkehrsmäßig, aber auch strommäßig total erschlossen. Die „neuen Heerstraßen der Elektrizität" (Oskar von Miller) durchschneiden jedes Tal; Stauseen sperren Berge ab, fassen kleinste Bäche zusammen, setzen Täler trocken und haben ganze Landschaften mit Dörfern ertrinken lassen. Und wozu die Kabelalpen? Für elektrische Schuhwärmer, Nachtspeicheröfen, Schnellgrills, Warmhalteplatten, Neonreklamen . . . und natürlich für die Invasion der Bergbahnen und Skilifte.

Die Freiheit der Berge?

Wir lieben die Berge. Jedes Wochenende fahren wir hin. Rein ins Auto. Rein in die Bergbahn. Warum sich plagen — die Berggipfel gehören den Liftkartenbesitzern, die Alpen gehören den Liftgesellschaften. Immer neue Betonmonster, Schnellbahnen, „Aufstiegshilfen" erschließen die letzten unberührten Höhen.
Wer zahlt: der Gast, der Gastgeber, die Natur, die Alpen, die Umwelt. Wer verdient: Die Öl-, Auto-, Chemie-, Strom- und Touristikindustrie. Sie machen aus den Alpen Geld-Berge.

Motor-Sport

Skifahrermassen erfordern Massenpisten: Hochkonjunktur für Pistenraupen. Im Kolchoseneinsatz wird alles geglättet und geplättet, was sich den Skihorden entgegenstellen könnte. Dazu kommen die Geräte für Schneegarantie und Saisonverlängerung: die Schneekanonen. Über 1500 sind bereits in den Alpen stationiert. Jede hat den gleichen Stromverbrauch wie hundert Haushalte pro Jahr: über 500.000 Kilowattstunden. Fahrzeughersteller und Stromlieferanten freuen sich. Und im Tal wird das Trinkwasser knapp, das für den Kunstschnee gebraucht wird.

Gletscher-Ski

Skifahren im Sommer. Skifahren – das ganze Jahr. Jetzt sind die Gletscher dran. In höchste Höhen werden Straßen, Parkplätze, Bahnen, Lifte, Raum-Stationen in das Eis gebaut.
Das Abwasser wird über die Gletscherbäche kostenlos „entsorgt“, ebenso der Dreck der riesigen Parkplatzflächen. Das Gletscher-Eis wird mit Auftausalzen und Stickstoffdünger weich gemacht, damit sich kein Skiläufer den Daumen verstaucht. Und die Abgaswerte der Zufahrts-Täler erreichen den Standard von Großstädten.

Skipisten im Sommer

Traurige Alpen: abgeschabte, verschürfte, komprimierte Abhänge, von Raupenketten zerschnittene Grassoden, drainierte und künstlich begrünte Bergflanken — der Rest steht auf Stelzen. Hier wird nie wieder die einmalige Alpenflora blühen; hier entstehen nur noch Erosion und Wasserstürze, denn der verdichtete Retortenboden der Skipisten hat ein zehnmal geringeres Wasserspeichervermögen als ungestörte Flächen. In kurzer Zeit werden so aus intakten Bergregionen zerstörte Zivilisationswüsten gemacht.

Berg-Bau Doch noch immer reicht es nicht: Neue Berge werden „erschlossen“ und planiert, bestehende Pisten ausgebaut. Und wo das legal nicht mehr erlaubt ist, schafft man Tat-Sachen. Denn es gibt noch viel zu verdienen: am Betonmischen in 3000 Meter Höhe, am technischen Verbau für Skipisten, an Bergstationen in der Größe von Kongreßzentren, an Erd- und Bergbewegungsarbeiten zur Herstellung immer neuer Abfahrten. Die Fremdenverkehrsindustrie freut sich über den „Aufschwung“ der Alpenregion: Wie lange noch?

Sommer-Tourismus

Tourismus ist ein großes Geschäft. Die Alpen können ganzjährig vermarktet werden. Also läßt man die Liftanlagen durchlaufen, die Parkplätze bleiben geöffnet, die Tische draußen.

Die Berge haben Hochkonjunktur — auf ihrer Talfahrt werden sie zum Massenerlebnis. Kein Freizeitvergnügen ist dämlich genug, um nicht in 2000 Meter Höhe angeboten zu werden. "Der Weg zurück zu der Natur führt heut auf einer breiten Spur." (Gerhard Polt)

Alpen-Dörfer

Das sind keine Museen, sondern Dörfer mit Leben. Die Häuser stehen seit Jahrhunderten zusammen und werden von guten Handwerkern erhalten. Die Architektur ist von den Klimaverhältnissen des Alpenraumes geprägt und aus heimischen Baumaterialien gefügt. Diese Häuser stammen nicht von der Industrie.
Mit dieser — noch heilen — Bergwelt wirbt die Tourismus-Branche, um sie dann alsbald zu zerstören.

Der Alpen-Beton

Monokulturen des Tourismus: Zweitwohnungs-Silos und Apartment-Türme, Freizeit-Center und Jodel-Beton, Fast-Food-Lokale und Diskount-Ketten. Traumlandschaft der Betonindustrie, Symphonie für Planier-Raupen, Bagger und Kräne, Concerto grosso für Planer, Genehmiger, Geldgeber. Doch nach wenigen Jahren ist dieser Traum ausgeträumt, sind die Massenunterkünfte heruntergewirtschaftet, bleiben die Touristen aus, die sich wieder auf neu entdeckte Paradiese stürzen. Erst geht die Kuh, dann geht der Gast: Ausverkauf der Berge.

Die Alpen werden jedes Jahr von mehr als 70 Millionen Touristen besucht. Warum eigentlich?

„Die Natur achtet auf ihr Aussehen. Häßlich wird sie erst durch das Zutun der Menschen.“ (Akira Kurosawa)

Rest-Alpen

Je schneller die gewachsene Alpenlandschaft mit ihrer Kultur ausgerottet wird und untergeht, um so pervertierter ist der Umgang mit ihren Resten.

Der Berg ruft — der Berg kommt

Alpen kaputt

Es gab immer Naturkatastrophen in den Alpen. Doch heutzutage werden die Katastrophen zahlreicher und ihre Auswirkungen weiträumiger und verheerender. Durch die Ausbreitung der Siedlungen, Straßen und Hotelbauten im gesamten Alpenraum wurden viele Gefahren erst geschaffen: Neubauten stellte man in rote (von jeher stark gefährdete) Zonen — in Hochwasserbereiche, Lawinenstriche oder Schuttkegel; Wildbäche wurden ignoriert, die größere Hochwassergefahr durch verdichtete Skipistenböden und die Folgen der absterbenden Wälder wurden

mißachtet. Aber trotz der Katastrophen der letzten Jahre finden keine Lernprozesse statt: Häuser werden an derselben Stelle wieder aufgebaut, noch immer kommen neue Feriensiedlungsgebiete, neue Straßen und Skipisten dazu. Noch immer — und schlimmer denn je — wird die Automobilisierung und der Transit weitergetrieben. Schlimmer denn je wird die Luft vergiftet, das Klima beeinflußt.
In keiner anderen Landschaft aber hat die ökologische Störung der Natur so schnelle und so existentielle Folgen wie hier.

II DIE ZERSTÖRUNG DER LEBENSGRUNDLAGEN

Landschafts-Schutzgebiete

Naturschutz und Landschaftsschutz in Deutschland — wegweisend für die ganze Welt? Restlandschaft für Restnatur. Ob die Tiere und Pflanzen die behördliche Einladung annehmen werden? Oder kommen doch nur wieder die industrieharten Gäste — Ratten und Tauben?

Rote Listen

Mit aller Klarheit und Brutalität zeigen die Roten Listen: Das Wachstum der Industrialisierung ist der Tod der Natur. Und das mörderische Tempo der Zerstörung der Tiere und Pflanzen ist die Beschleunigung der weltweiten Ausdehnung der Industrie. Industrie als Ganzes: als Produktion, als Automobilisierung, als Konsum, Geld und Macht — als Unterdrückung und Zerstörung jeder anderen Lebensform.

Jedes Jahr sterben allein in Bayern 40 Tier- und Pflanzenarten aus. Jede dritte Pflanzenart der Bundesrepublik ist bedroht. Über die Hälfte aller Säugetiere, über die Hälfte aller Vögel, 75 Prozent aller Reptilien, 60 Prozent der Frösche, Kröten, Unken und Molche. Schmetterlinge, Libellen, Fische und ungezählte Insekten und Kleinstlebewesen sind in unserem ach so tierlieben Land in ihrem Bestand bedroht oder schon ausgestorben.
Beispiel Weißstorch: 1958 gab es hier 2600 Brutpaare, 1974 waren es noch 1092 und 1988 hat man nur noch 500 gezählt. Von den typischen Feldvögeln stehen nur zwei nicht auf der Roten Liste — noch nicht. Denn auch Feldlerche und Goldammer nehmen seit wenigen Jahren dramatisch ab. Als zukünftig bedroht gelten schon jetzt Mäusebussard, Turmfalke und Fasan. „Wenn selbst .. Allerweltsarten dramatisch abnehmen und in weiten Landstrichen verschwinden, dann ist auch das als Indiz dafür zu werten, daß diese Bereiche zur 'Wüste' wurden,.. in der spontanes Leben nicht oder kaum mehr möglich ist."
Zehn Jahre Rote Liste — Bundesforschungsanstalt für Naturschutz und Landschaftsökologie — Bonn 1989

Die Gründe: Vernichtung der Lebensräume — Gifteinsätze in der Agrarindustrie — Gifteinsätze in den Gärten — Gewässerverschmutzung — Zerschneidung der Landschaft durch Straßen — Überfahren durch Autos — Vergiftung durch Luftschadstoffe und Sauren Regen — Verhungern aus Nahrungsmangel . . .

Trotz Artenschutzprogrammen und großer Anstrengungen des Naturschutzes geht das große Sterben weiter.
Die Roten Listen werden bestätigt für fast alle Länder Europas.

Und weltweit sieht die Situation für Pflanzen und Tiere ebenso dramatisch aus:
Mit der Vernichtung der Regenwälder, der Verschmutzung der Meere, mit dem unmenschlichen — oder eben *nur* menschlichen — Tötungspotential bei Großwildjagd, Elefantenmord und Walfang, mit den vielen direkten und indirekten Morden an der ganzen belebten Natur und der Verwüstung der Welt ergibt sich:

- ○ daß stündlich acht Arten, Tiere und Pflanzen, für immer ausgerottet werden,
- ○ daß diese Zerstörungsrate bis zum Ende dieses Jahrzehnt noch sehr beschleunigt wird.

Vom Aussterben bedroht sind — unter vielen anderen:
alle Menschenaffen, insbesondere aber Orang-Utans, die „Wald-Menschen", und Berg-Gorillas,
Elefanten, die größten Landsäugetiere und Wale, die größten Meeressäugetiere, die je auf dieser Erde gelebt haben, Nashörner, fast alle Großkatzen . . .

Und warum?
Elefanten wegen Elfenbein — für (westliche) Industrienationen
Wale wegen Walprodukten — für (japanische u.a.) Industrienationen
Großkatzen wegen Katzenfellen — für (alle) Industrienationen
. . .
Seit 1959 sind im tropischen Ostpazifik mehr als sechs Millionen Delphine in den Fängen großindustrieller Thunfischjäger umgekommen.
Und warum? Die Thunfische schwimmen mit den Delphinen.
Thunfische — für die Industrienationen . . .
Warum sind wir so sicher, daß wir mit unserer industriellen Lebensweise auf dem richtigen Weg sind ?

Wasser
Ein Lebenselement

Alles Leben beruht auf Wasser. Nahrung, Bäume, Früchte, Fauna und Flora, der Mensch: Alle sind vom Wasser abhängig. Wasser kann mehr als nur Leben sichern: Es ist ästhetisch, ruhig und wild, malerisch und beruhigend. Baden in Flüssen, Trinken aus Gewässern: Ist es schon so lange her, daß das möglich war? Und warum gilt das „Reinheitsgebot“ nur für Bier, nicht aber für Trinkwasser und Gewässer?

Zu-Flüsse, Ab-Flüsse

Unsere Flüsse sterben. Mörder sind die Einleiter von Giftstoffen aus Chemierückständen, Dreck, industriellen Abfällen jeder Art, unzureichenden Kläranlagen, Produktionsstoffen und der Agrar-Industrie. Große Konzerne haben ihre Einleitungsrohre unsichtbar in die Flußmitte geleitet; kleine spülen ihre Giftfracht über Rohre, Kanäle, Schächte in die Flüsse. Behörden genehmigen die Einleitungen und kassieren Abwasserabgaben als „Freibrief". Neben der Luft ist das Wasser die billigste Deponie der Industrie.

Wasser-Verschmutzung

"Kein Naturvolk schüttet seine Abfälle in die eigene Trinkwasserversorgung . . . Wir aber leisten es uns, einen Fluß zu vergiften und hinterher mit gewaltigem Aufwand wieder Trinkwasser herzustellen. Das ist ökonomischer Wahnsinn." (Otmar Wassermann)
Der größte Wasserverbraucher in der Bundesrepublik ist die Industrie: Über 80 Prozent des geförderten Wassers fließen durch industrielle Produktions- und Kühlanlagen — und verlassen das System „mit minderer Wassergüte".

Der Rhein

Geburt eines Flusses: der Hinterrhein. Der längste und bedeutendste Fluß im westlichen Mitteleuropa entspringt in den Schweizer Alpen und mündet nach 1300 Kilometern in Rotterdam.
Früher war er voller Lachse. Noch heute kann man die Schönheit des Rheins in den wenigen verbliebenen „Altarmen", den wilden Auenlandschaften, erahnen.

Die Industrialisierung des Rheins

"*Rhein*: einer der Hauptflüsse Europas, der ansehnlichste Deutschlands, viel besucht wegen seiner romantischen Ufer."
Meyers Konversationslexikon 1878

"Der Rhein, Deutschlands größtes Kühlmittel-Reservoir . . . "
RWE-Werbebroschüre 1983.
Der Rhein als Atom-Kühler, Ab-Fluß, „Vorfluter"der Industrie: ein tödliches Gemisch schon im Normalfall.
Warum ist es eigentlich am Rhein so schön?

Der „Vorfluter“ Rhein transportiert jährlich in die Nordsee u.a.: 4 Mill. to Abfallsalze aus Kali-Minen, 4,6 Mill. to Sulfate, 828.000 to Nitrate, 300.000 to Stickstoff, 240.000 to organische Kohlenstoffverbindungen, 90.000 to Eisen, 38.000 to Ammonium, 28.000 to Phosphor, 4.350 to Zink, 3.800 to Detergentien, 2.500 to organische Chlorverbindungen, 600 to Kupfer, 600 to Blei, 500 to Chrom, 500 to Nickel, 100 to Arsen, 60 to Chloroform, dazu Cadmium, Quecksilber etc., dazu Radioaktivität. Mehr als 20 Millionen Menschen beziehen ihr Trinkwasser direkt oder indirekt vom Rhein.

Mord am Meer

Die ganze Dreckfracht der Flüsse landet im Meer. Allein in die Nordsee fließen weit über 10 Millionen Tonnen pro Jahr. Im Sommer 1988 kollabierte sie: Algenblüte und Robbensterben waren die Folge. Aber auch Kabeljau, Hering, Flunder und Scholle leiden seit langem unter Dünnsäure und Tankeröl, PCB und Dioxinen, Schwermetallen und Lösungsmitteln. Geschwüre, Mißbildungen, Flossenfäule und andere Krankheiten sind die Folge. Genutzt werden die kranken Tiere dennoch — als Fischmehl und Fischstäbchen.

Öl ins Meer: Exxon Valdez

Nicht nur durch Abfälle und Gifte wird das Meer bedroht. Großtanker in Billigbauweise und mit Billigmannschaften senken die Kosten für die Ölkonzerne — auf Kosten der Sicherheit und der Natur. Jedes Jahr stranden mehrere Tanker und verlieren Millionen Tonnen Öl: Öl für Benzin, Kunststoffe, Plastiktüten, Petrochemie, Heizungen . . .

1989 erlebte Nordamerika die schlimmste Ölpest seiner Geschichte. Vor der Küste Alaskas — in einem der biologisch reichhaltigsten Meeresgebiete der Erde — läuft der Tanker EXXON VALDEZ auf ein Riff und verliert 41 Millionen Liter Öl. Erst nach 18 Stunden kommt ein Hilfstrupp. Das Öl wird nicht mit Sperren eingedämmt. „Wir hätten das Schiff verloren", sagte Direktor Frank Iarossi.

Der Ölteppich verteilt sich auf 8.000 km²; 1500 Kilometer Küste werden verseucht und mehr als die Hälfte der Herings-Laichgründe. Die Heringe schwimmen zur Laichzeit direkt in das Öl, ebenso wie die von den Flüssen zur See wandernden Lachse. Die Heimat von Buckel- und Schwertwalen, Seelöwen, Seeottern wird zur biologischen Wüste; Zehntausende von Seevögeln sterben qualvoll mit verklebtem Gefieder, Fische ersticken an verölten Kiemen.

Freiwillige versuchen, die Küsten zu säubern. Die Kosten der Öllache, sagte der für die Aufräumarbeiten zuständige EXXON-Direktor Don Cornett vor der Presse in Valdez, sei ein Geschäftsaufwand wie jeder andere und werde auf den Verbraucher abgewälzt. Drei Wochen nach der Ölpest war der Ölpreis um 10 Cent gestiegen, und Fachleute erwarteten einen weiteren Anstieg bis zum Sommerende um 23 Cent. Selbst die eigenen Katastrophen werden für die Industrie noch zum Geschäft.

Nach der Reparatur heißt die EXXON VALDEZ jetzt EXXON MEDITERRANEAN: Weil sie ohne doppelten Boden nicht mehr die USA beliefern darf, wird sie jetzt im Mittelmeer eingesetzt . . .

Boden

Boden-Leben

Dreißig Zentimeter Boden entscheiden über Hunger oder Essen, über Fruchtbarkeit oder Dürre, über Vegetation oder Wüste. Sein oder Nichtsein — der Boden ernährt uns.

Dürers Rasenstück entstand vor fünfhundert Jahren. Das Foto des heutigen Wiesenstückes sieht nicht viel anders aus, obwohl wir dem Boden viel zu viel zumuten: Umweltgifte sind zum größten Teil unsichtbar.

Boden-Vergiftung

Der ganz normale Wahnsinns-Cocktail der Bodenvergiftung: Gülle, Herbizide der Agrarindustrie, Altlasten, Ölflecken, chemische Gifte . . .

Was soll man von einer Kultur halten, die ihre Lebensgrundlagen vergiftet und versalzt, mit Fäkalien verseucht und mit Müll verfüllt?

Versiegelung und Flächenverbrauch

"Niemand hat ein Recht darauf, daß eine unberührte Landschaft so bleibt, wie sie war." (Verwaltungsgerichtspräsident in der Urteilsbegründung einer Autobahn-Klage, Juni 1990)

Bauernland wird Bauerwartungsland: Industriezonen, Auslieferungslager, Konsumstationen, Autobahnen, Eigenheim, Parkplätze, Deponien, Freizeitcenter . . . 60.000 Hektar gehen *jedes Jahr* in der Bundesrepublik verloren.
Wir werden boden-los.

Boden-Erosion

Dritte Welt im eigenen Land. Diese Bilder stammen aus Süddeutschland: Auch so kann man Böden zerstören. Feldhecken wurden als Hindernisse beseitigt und Feldränder totgespritzt. Schwer-Traktoren verdichten den Untergrund, Tiefpflüge reißen ihn wieder auf, Herbizide halten ihn bewuchsfrei. Diese wehrlos gemachten Böden sind der Erosion preisgegeben: 10 bis 30 Tonnen Erde gehen so pro Jahr und Hektar in der Bundesrepublik verlustig — über Wind und Gewässer. Wüsten kann man auch bei uns erzeugen — ganz einfach.

Lebensraum Amazonien

"Nirgendwo leben mehr verschiedene Arten von Pflanzen und Tieren als in Amazonien: Ein Sechstel aller Vogelarten, 200 Arten von Lurchen, 1.500 Arten von Fischen, über 100 verschiedene Arten von Fledermäusen allein auf einem Quadratkilometer Fläche in Oberamazonien; die Fülle der Insekten und anderer wirbelloser Tiere läßt sich nur ganz grob abschätzen. Man geht heute von 30 Millionen verschiedener Arten oder mehr aus. Ähnlich reichhaltig ist das Artenspektrum der

Pflanzen. Auf einem Hektar Wald wurden in Zentralamazonien 500 Baumarten festgestellt; das ist mehr als in ganz Nordamerika! Zehntausende von Orchideen-Arten wachsen in den amazonischen Wäldern. Die Zahl der Pilze vermag noch niemand abzuschätzen.“ (Josef H. Reichholf)

Aber nicht nur für Fauna und Flora, sondern auch für unzählige Indianerstämme und für andere Bewohner und Nutzer bietet der amazonische Regenwald eine Heimat.
Bis die Industrie kommt . . .

Die Industrialisierung Amazoniens: Holz-Industrie, Agrar-Industrie

Das Paradies wird in Ödnis verwandelt. Über 200.000 Quadratkilometer, fast die Fläche der Bundesrepublik, wird jedes Jahr in Amazonien gerodet: mit Feuer und Sägen, mit Stumpf und Stiel, aus Profitgier und Dummheit. Und wenn der Urwald vernichtet wird, ist auch bald der Boden weg. Unfruchtbare Wüste bleibt übrig — das Ende jeder Vegetation, jeder Nutzung.

Eisen, Aluminium, Elektrizität

Die große Erzgrube von Carajás liefert fast 40 Prozent des in der Bundesrepublik verwendeten Eisenerzes; sie kostete über 4.000 km^2 Urwald das Leben und soll zum größten Industriegebiet der Welt ausgebaut werden. Zahlreiche Stauseen überfluten schon jetzt Tausende von (ungerodeten) Urwaldflächen, um Strom zu erzeugen, mit dem wiederum Aluminium für den Export produziert wird. Der Industrie-Konsum und der Wohlstand der Industrienationen beruht mehr denn je auf der Ausbeutung der Dritten Welt.

Wüsten weltweit

Diese Wüsten sind alle von Menschen verursacht. Fehler wie Abholzung der Wälder vor langer Zeit oder Abholzung jetzt: Das Ergebnis ist immer gleich. Trockenheit oder Hochwasser, Abschwemmung der Böden, Erosion und Versteppung.

Ein Drittel der Landfläche der Erde ist von der Wüstenbildung bedroht. Jedes Jahr gehen 60.000 Quadratkilometer Boden — das entspricht der Fläche von Bayern — weltweit verloren. Schon heute wird die Zahl der „Umweltflüchtlinge" auf mindestens 10 Millionen Menschen geschätzt.

Industrielle Katastrophen

Eine neue Wüste: Der Aralsee

Der Tod des Aralsees ist das Ergebnis einer gigantomanen Industrieplanung: Seine Zuflüsse bewässern jetzt riesige Baumwollfelder. Dadurch verlor er 40 Prozent seiner Fläche. Millionen Tonnen giftiger Staub des Seebodens, aus Ablagerungen der Pestizide der Baumwollplantagen und dem Salz des „Binnenmeeres", gehen jedes Jahr auf die Umgebung nieder. Die Sterblichkeit der Kinder hat sich verdoppelt. Einheimische sprechen vom „stummen Tschernobyl".

Chemiekatastrophe I: Bhopal

Am 3.12.1984 entwichen 40 Tonnen Methylisocyanat, das Vorprodukt eines Schädlingsbekämpfungsmittels, aus einem Tank des amerikanischen Chemiekonzerns UNION CARBIDE im indischen Zweigwerk in Bhopal und vergifteten ein Gebiet in sechs Kilometer Umkreis. Fast 3.000 Menschen starben, 530.000 wurden gesundheitlich schwer geschädigt. Die chemische Produktion ist gefährlich: Also siedelt man sie in armen Gastländern an.

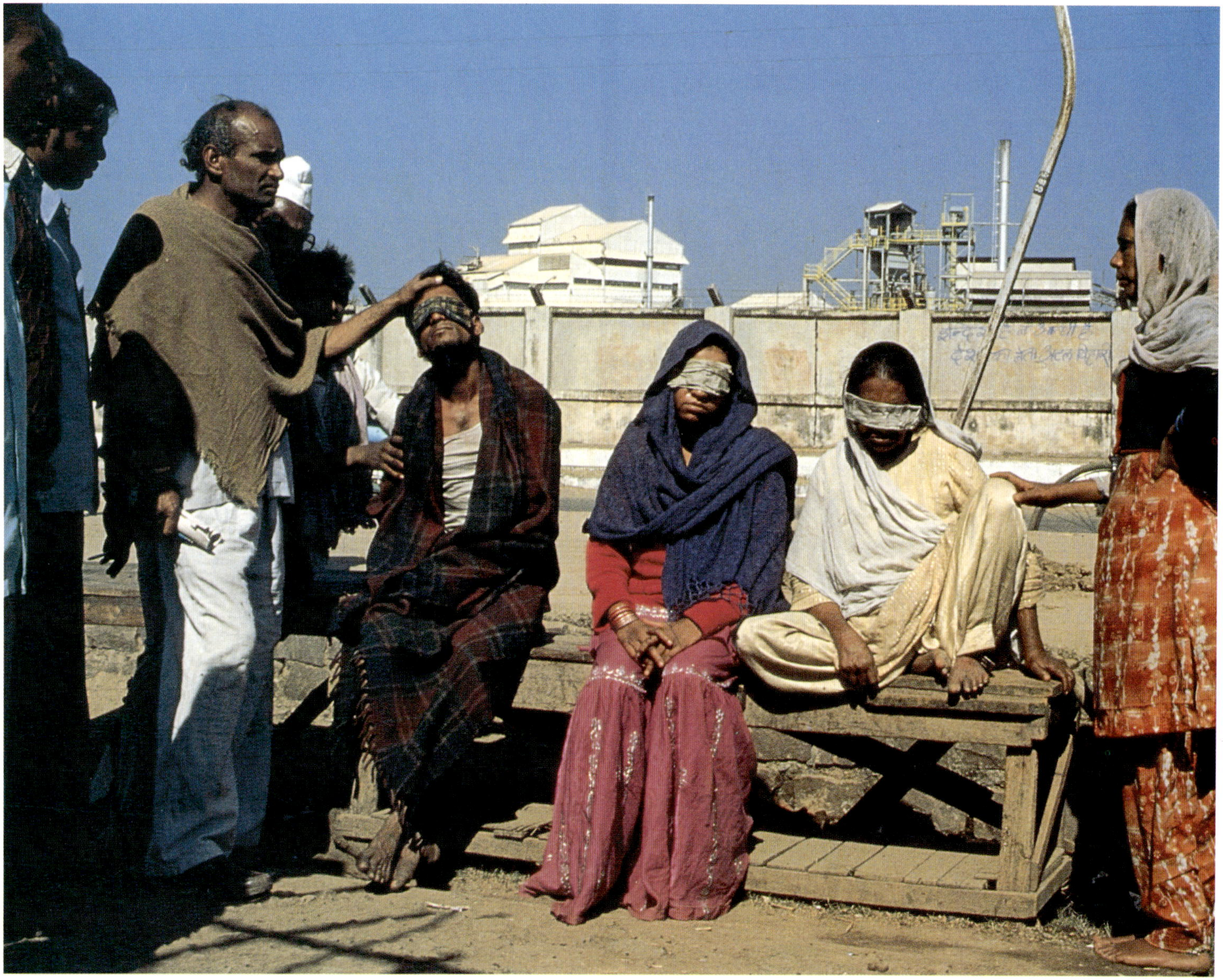

Chemiekatastrophe II: Seveso

Am 10.7.1976 bildete sich in einer Tochterfabrik des Schweizer Konzerns Hoffmann-la-Roche eine Giftgaswolke mit etwa 2 Kilogramm TCDD (Tetrachlordibenzo-p-dioxin, entsteht als „Nebenprodukt" bei der Herstellung von Herbiziden, Holzschutz- und Desinfektionsmitteln u.a.) und verseuchte 2000 Hektar der Gemeinde Seveso bei Mailand.

Über 700 Menschen mußten evakuiert werden; die Kinder von 90 Familien erkrankten an Chlorakne. Weitere gesundheitliche Folgen: Nervenstörungen, Leberschäden, Fehlgeburten und mißgebildete Kinder, Sehstörungen, Blutbildveränderungen. Tausende Tiere starben, kontaminierte Lebensmittel mußten vernichtet und ein Quadratkilometer Boden abgetragen werden. 1986, zehn Jahre später, waren noch immer über 190 Menschen an Chlorakne erkrankt, 220.000 Menschen unter ärztlicher Kontrolle. Erst in zwei bis drei Jahrzehnten wird sich herausstellen, ob sich die Krebsrate der Betroffenen erhöht. TCDD ist 500 mal giftiger als Strychnin. Am Unfalltag herrschte Windstille; sonst wäre das Gift bis Mailand getragen worden. Die Rückstände von 200 Gramm Dioxin aus Seveso befanden sich auf einer Irrfahrt durch ganz Europa; von September 1982 bis Mai 1983 war der industrielle Giftmüll unauffindbar, bis er in einer Scheune in Nordfrankreich gefunden wurde.
1985 wurden drei Angeklagte des Seveso-Unfalls freigesprochen; zwei erhielten milde Strafen zur Bewährung. Gegen Zahlung von 13 Millionen Mark erreichte Hoffmann-la-Roche, daß die Gemeinde Seveso auf weitere Schritte verzichtet.
Heute gehören die Dioxine zu den am weitestverbreiteten und schlimmsten industriellen Giften unserer Umwelt

Radioaktive Verseuchung: WAA Sellafield

Mit dem Ende der Wackersdorfer Wiederaufarbeitungsanlage sind unsere Probleme mit dem Atommüll nicht gelöst: Die deutschen Stromerzeuger exportieren ihn nach Frankreich (La Hague) und nach England. Hier, im früheren Windscale, das wegen der vielen Atomunfälle in Sellafield umbenannt worden ist, hat eine Untersuchung eine achtfach höhere Leukämierate bei den Kindern festgestellt. Und in der radioaktiven Irischen See ist inzwischen das Baden verboten.

Die Folgen von Tschernobyl

200.000 km² in der UDSSR verseucht, 250.000 Menschen mußten umgesiedelt werden, 160.000 Katastrophenhelfer gesundheitlich geschädigt, neue Pflanzenkrankheiten durch Radioaktivität, neue menschliche Krankheiten. Mediziner rechnen mit einer Million zusätzlicher Krebstoter. *Ein* Unfall hat fast ganz Europa mit Radioaktivität verseucht. Anzeige der Stromversorger der Bundesrepublik Deutschland zum 4. Jahrestag von Tschernobyl: *„Wir denken an morgen. Und nicht an Ausstieg."* Unser GAU liegt noch vor uns.

III DIE METHODEN DER INDUSTRIE

Der vollelektrische Haushalt

Die ganz normale Stromgeräteausstattung eines Haushaltes beträgt inzwischen 40 und mehr Geräte, die alle mehrmals Strom fressen — bei ihrer Herstellung, beim Gebrauch, bei der Verschrottung. Alles elektrisch: Raffiniert wurden Elektrogeräte durchgesetzt und andere Energien ausgeschaltet. Sogar die

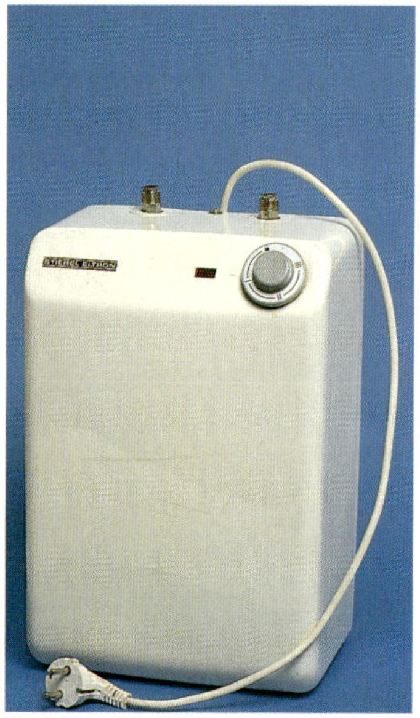
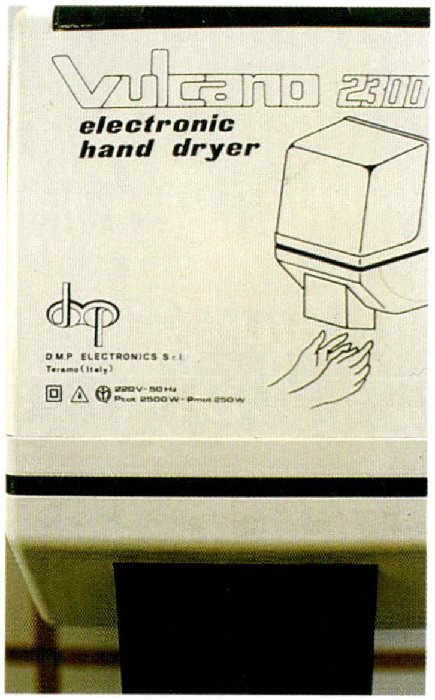

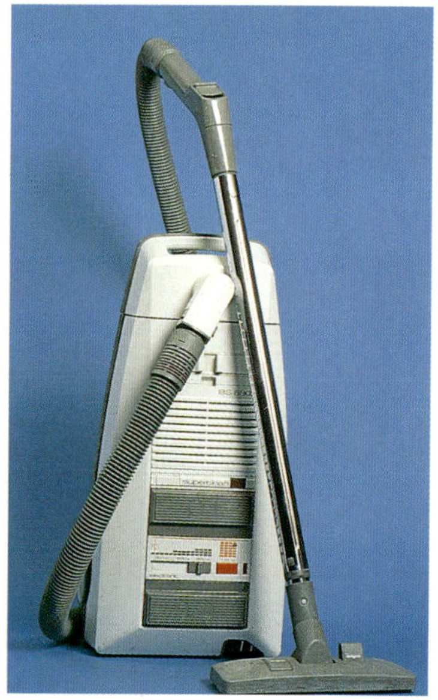

unsinnige Verwendung von Strom im Wärmemarkt ist gelungen: für Nachtspeicheröfen, Herde, Boiler, Trockner, . . . Die Stromindustrie hat es geschickt verstanden, uns den Strom wie eine Droge zu verkaufen — in kleinen Portionen und immer mehr.

Inzwischen verbrauchen die privaten Haushalte rund ein Drittel der gesamten Stromerzeugung. Gerade hier könnte problemlos die Hälfte der Energie gespart werden.
Energie ist bisher nur ein Geschäft für die Energiewirtschaft gewesen: Das muß sich ändern.

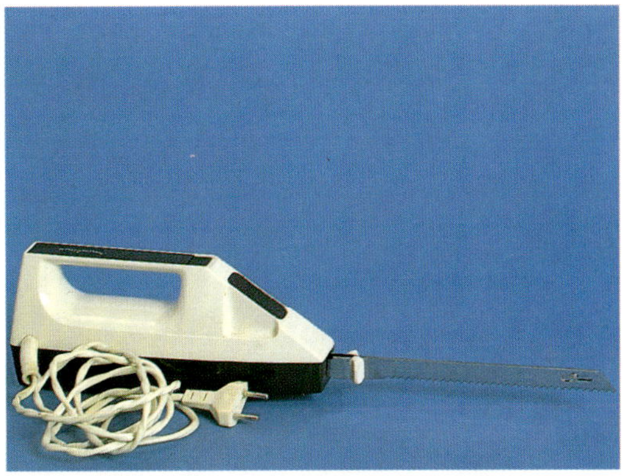

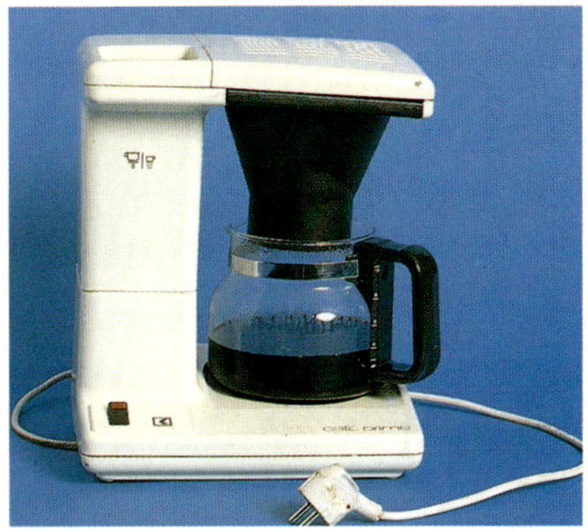

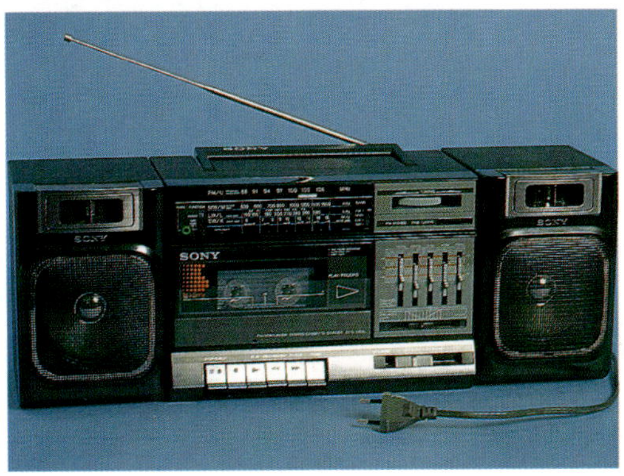

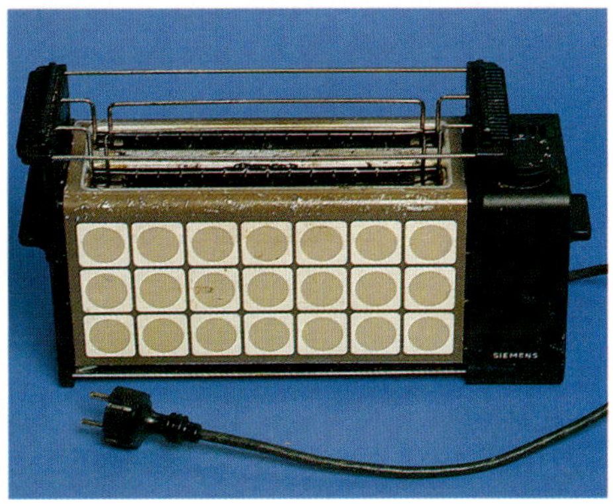

Angeschlossen

Der Anschluß hat seinen Preis: Immer dichter wird die elektrische Infrastruktur, immer näher dringen die Hochspannungsmasten, 380-kV-Trassen, Umspannwerke in unser Leben.

Beschwichtigend verweist die Industrie auf unseren hohen Lebensstandard. Aber der hat wohl weniger mit Lebens*qualität*, als mit *Standardisierung* des gesamten Lebens, mit Unterwerfung unter die Industriekultur zu tun.

Vom Hambacher Forst zur Braunkohle

Zwischen Köln und Aachen gräbt die RHEINBRAUN den ehemaligen Hambacher Forst nach Braunkohle um. Damit produziert das RWE Unmengen von Strom und CO_2. Zurück bleiben riesige Löcher, Grundwasserprobleme und eine zerstörte Landschaft. Der Hambacher Forst war einmal das schönste Naherholungsgebiet der Kölner: Er *war* es.
RWE-Anzeige im März 1989: „Jede Generation trägt Verantwortung für die nächste . . . “

Atom-Strom Erst die Atomkraftwerke (AKWs) ermöglichten den verschwenderischen Umgang mit der Droge Strom. „Kernenergie. Der Trinker atmet auf. Es ist ihm gelungen, in eine Schnapsbrennerei einzuheiraten.“ (Peter Kafka)

Diese gefährlichste Technologie der Industrie wurde vom bundesdeutschen Staat bisher mit über 33 Milliarden DM gefördert — trotz völlig ungelöster Probleme wie dem Abriß der AKWs und der Endlagerung des auf Jahrtausende strahlenden Atommülls . . .

Glänzende Geschäfte: Aluminium

Die Aluminiumproduktion ist höchst stromintensiv: Aluminiumhütten bekommen den billigsten Strom und sind neben der Chemie-Industrie der größte Stromverbraucher. Das ermöglicht den Einsatz von Aluminium für Wegwerfartikel — Joghurtdeckel, Alufolien, Dosen, Grillunterlagen, usw. Bei der Alu-Erzeugung entstehen Fluorwasserstoff und Rotschlamm, die die Umwelt vergiften. Seit 1960 hat sich in der Bundesrepublik der Alu-Verbrauch verzehnfacht. Glänzende Geschäfte . . .

Chemie-Welt BAYER WEITER IM HÖHENFLUG, HOECHST ZEIGT SICH WIEDER IN REKORDLAUNE, BASF UNTER VOLLEN SEGELN WEITER VORAN . . . Die Überschriften aus dem Wirtschaftsteil der Zeitungen verraten nicht, worin das Geschäft der Chemie-Industrie besteht: Es ist zum allergrößten Teil unverträglich mit Natur und Umwelt.
Das meiste ist eigentlich waffenscheinpflichtig.
Holz„schutz“mittel, Pflanzen„schutz“mittel etc. heißt es harmlos. Dahinter verbergen sich stärkste Gifte.

Chlor-Chemie
Das Beispiel PVC

800.000 Tonnen Polyvinylchlorid (PVC) werden pro Jahr in der Bundesrepublik mit hohem Energieeinsatz hergestellt. Inzwischen verbraucht jeder Bundesbürger pro Jahr 18 kg PVC für: Bodenbeläge, Rohre, Kabel, Fenster, Rollos, Duschvorhänge, Telefonkarten, Spielzeug, Folien, Einwegflaschen, Gartenartikel. Mindestens 250.000 Tonnen PVC landen jedes Jahr im Müll. Und bei der Müllverbrennung entstehen daraus Salzsäure (Saurer Regen!) und hochgiftige Dioxine.

Das Beispiel FCKW:

Die Fluorchlorkohlenwasserstoffe (FCKW) sind hauptverantwortlich für das Ozonloch. Allein der amerikanische Chemiekonzern DUPONT stellt jährlich 300.000 Tonnen FCKW her — so klimawirksam wie etwa 2.000 Millionen Tonnen CO_2. Man benutzt FCKW: für Schaumstoffe, Lösungsmittel, Kältemittel, in geschäumten Verpackungen, Sprays, Reinigungen, in der Elektro- und Elektronik-Industrie, in der Kühlmittel-Industrie, in der Möbel-Industrie . . .

Chemisierung des Alltags

Die deutschen Haushalte haben mit den höchsten Wasch- und Putzmittelverbrauch der Welt. Weit über eine Million Tonnen Waschmittel werden im Jahr verbraucht. Dazu kommen hunderttausende Tonnen Reinigungs- und Pflegemittel, Duftverbesserer, Desinfektions-, Holzschutz- und Lösungsmittel, Sprays, Lacke, Farben, Kosmetika, . . . Aber auch die unsichtbaren Produkte wiegen schwer: Formaldehyd in Spanplatten, Dioxin in Milchtüten, Ausdünstungen aus Teppichböden, Tapeten, Lacken, Stoffen . . .

Schutz-Anzüge

Jährlich bringt die Chemie-Industrie 300.000 neu synthetisierte Chemikalien auf den globalen Markt. Erlaubt wird jeder Wirkstoff, über dessen negative Auswirkungen *noch* nichts bekannt ist. An jedem fünften Arbeitsplatz sind inzwischen stark gesundheitsgefährdende und teilweise krebserregende Stoffe zu finden; sieben von zehn anerkannten Berufskrankheiten werden von ihnen verursacht.
Muß sie so aussehen — die Arbeitskleidung der Zukunft?

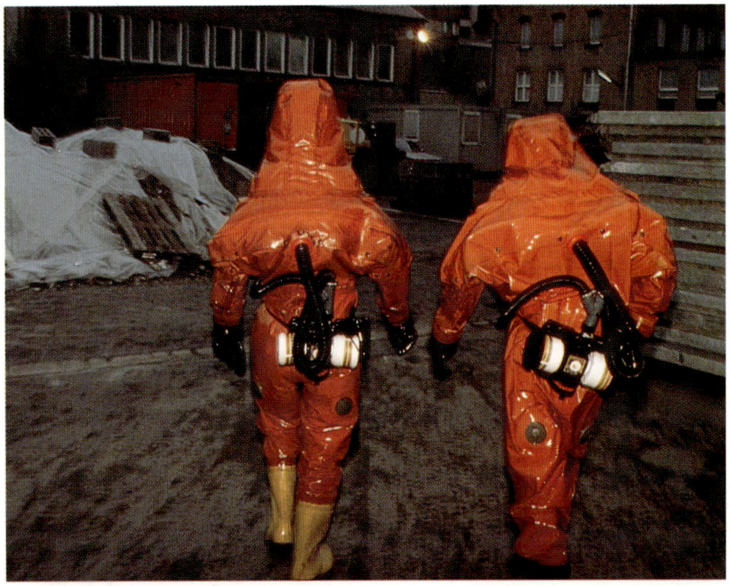

Agrar-Industrie

Verwandlung von Natur in Waren. Pausenlos. Wie am Fließband. Massenproduktion. Güllenotstand. Überlebenskampf für Bauern und Natur: verloren. In der westdeutschen Landwirtschaft werden pro Jahr über 32.000 Tonnen Pestizidwirkstoffe gegen „Schädlinge“ ausgebracht; Düngemittel-Verbrauch: über 3 Mill. Tonnen; 80 Prozent der landwirtschaftlichen Flächen werden mit Herbiziden gegen „Un“-kräuter behandelt. Inlandsumsatz Pestizide 1988: 1,4 Milliarden DM; Exporterlös rund 3 Milliarden DM.

EG-Politik: Vernichtung

Die Ausgaben der EG für die Vernichtung von Lebensmitteln betrugen 1988 über 1,8 Milliarden DM. Damit wurden u.a. vernichtet: 8 Millionen Tonnen Obst und Gemüse zur „Regulierung der Preise" im Gesamtwert von 6 Milliarden DM, davon 626.000 Tonnen Äpfel.
Die EG ist eine Geldmaschine für den Reichtum des Großhandels, der Großgrundbesitzer, der Banken und vor allem: der Groß-Industrie. Und sie läuft und läuft ...

Ökologische Landwirtschaft

Ökologische Landwirtschaft ist die einzige Form von Landwirtschaft, die nicht nur bei uns, sondern — in jeweils angepaßten Formen — in allen Ländern der Erde die Menschen gesund ernähren kann, Arbeitsplätze schafft, Wasser, Boden und Luft schützt, eine vielfältige Tier- und Pflanzenwelt erhält und sehr viel mehr Tier- und Pflanzensorten für die menschliche Ernährung nutzt.
Im letzten Jahrhundert gab es beispielsweise in Bayern noch 46 verschiedene Rinderrassen: Heute sind es nicht mehr als vier.

Bei Schafen und Ziegen waren es 13 Landrassen. Diese Tiere waren überlebensfähig — aus eigener Kraft, ohne Psychopharmaka und Antibiotika.
Eine ökologische Landwirtschaft spart Energie und hält die Tiere und Pflanzen gesund und lebendig. Und sie ist längst machbar — auch ökonomisch.
Statt der EG-Subventionierung der Vergiftungs- und Vernichtungsorgien sollten lieber die ökologisch wirtschaftenden Bauern unterstützt werden: auch durch die Verbraucher.

Massentierhaltung: Schweine Der Zustand einer Kultur zeigt sich auch an dem Umgang mit ihren Tieren. 85% der deutschen Schweine werden in 12% der Mastbetriebe gehalten. Jede Zuchtsau muß mit 500 kWh Strom/Jahr hochgepäppelt werden; dazu kommen die Futtermittel (35 Mill. t führt die EG pro Jahr aus der Dritten Welt ein), dazu kommen die Medikamente. „Mehr als die Hälfte der gesamten Antibiotika-Produktion der Bundesrepublik wird mittlerweile an Schlachttiere verfüttert." (R. Klopfleisch, A. Maywald)

Rinder, Hühner Der Fleischkonsum in der Bundesrepublik ist mit 100 kg pro Kopf und Jahr viel zu hoch. Die billigen Preise der Massentierhaltung haben ihn so hoch getrieben. Leidtragende sind: die Tiere selbst, der Boden, das Trinkwasser, die kleineren Landwirte und Viehhalter und natürlich die Verbraucher. — Beispiel Hühner-„Leben“: über 90 Prozent in Maststationen und Legebatterien (EG-Norm: 450 cm^2, weniger als ein DIN-A-4-Blatt). Fazit: Das Fleisch aus der Massentierhaltung ist billig — aber sehr teuer erkauft.

Das sogenannte Nahrungsmittel

1987 setzte die deutsche Lebensmittelindustrie 150 Mrd. DM um, allein mit Tiefkühlkost über 5 Mrd. DM. Diese Nahrungsmittel sind mit hohem Energieaufwand normiert worden: das Aussehen, die Verpackung, der Geschmack, die chemisch bewirkte Haltbarkeit . . . Jedes Jahr nimmt jeder Bundesbürger mit den Lebensmitteln 5 Pfund Chemikalien zu sich. Mahlzeit. Man muß den Begriff *„Schadstoffhöchstmengenverordnung für Lebensmittel"* möglichst wörtlich nehmen.

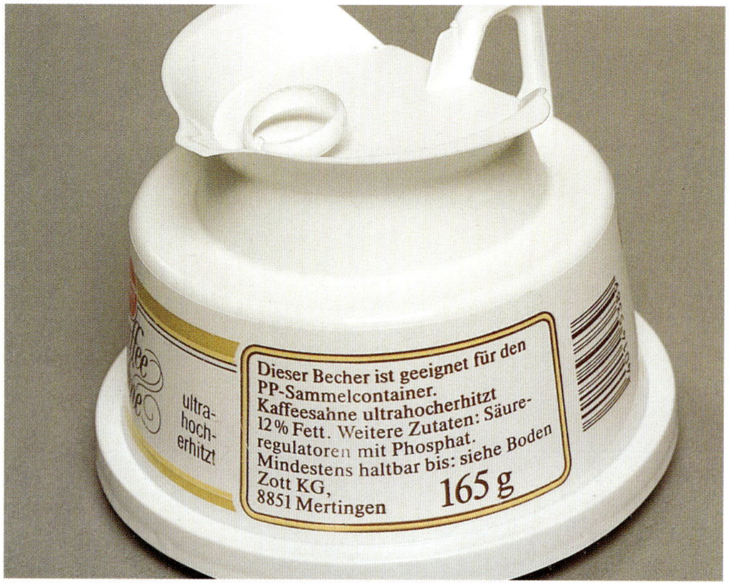

Der Schnell-Fraß

„Das Essen muß sich der Technik anpassen."
Michael Gerling, McDonald's Einkäufer für Europa

System-Gastronomie nennen sich diese Endprodukte der Nahrungsmittel-Industrie. Ihre Zutaten sind: Elektrizität, LKWs, Flugzeuge, Maschinen, Chemikalien, Verpackungen — und merkwürdigerweise auch Eßbares.

Konsumrausch

Kaufen ist Glück. Kaufen ist Macht. Kaufen ist Freiheit. Kaufen ist Wünsche-Erfüllen. Kaufen ist Lebensstandard. Kaufen ist Erfolg. Kaufen ist wichtig. Kaufen ist Lust.

Kaufen macht süchtig. Kaufen kann man alles. Kaufen ist Ritual. Käufe sind kalkuliert. Wer nicht kauft, fällt auf. Konsum, Geld, Macht — die Religion des Überflusses.

Die Welt als Supermarkt

Blaubeeren aus Australien, Papaya aus Brasilien, Ananas aus Kenia, Knoblauch aus Argentinien, Himbeeren aus Chile, Wintergemüse aus dem Senegal, Bohnen aus Äthiopien, Nelken aus Kolumbien: Wir lassen uns die Welt etwas kosten. Alles von weit her, alles eingeflogen. Zu jeder Zeit, an jedem Ort alles kaufen können: Erdbeeren im Winter, Skilaufen im Sommer. Exotisch soll es sein. Wir bedienen uns. Und das, was bei uns wächst, wird vernichtet — mit EG-Beihilfen.

Tourismus

Warenimport — Körperexport, auf Zeit.
Den Nordmenschen zieht es in den Süden.
Weltweit ist die Tourismusbranche die am schnellsten wachsende Industrie. Immer weiter weg in immer kürzeren Abständen für immer kürzere Zeit: Man muß sich beeilen, wenn man noch etwas sehen will.
Immer gleiche Hotelzimmer, zentralversorgt mit Dusche, Eiswürfel und Pool.
Wasser und Nahrungsmittel *fürs* Hotel. Abwasser und Müll *vom* Hotel. Geld ist mächtig. Geld ist weiß.

Flug-Verkehr Zwei Milliarden Liter Flugbenzin werden von Linien- und Charterjets jedes Jahr über Mitteleuropa verbrannt: über 1000 Großtanker voll. Das bedeutet: 9 Mill. Tonnen CO_2, dazu zehntausende Tonnen Stickoxide, Kohlenwasserstoffe, Schwefeldioxid, Kohlenmonoxid. Der Himmel ist zerkratzt von Kondensstreifen. Sie wachsen zu Wolken, oft unsichtbar, aber effektvoll: Der Luftverkehr trägt viel mehr zu Treibhauseffekt und Ozonloch bei, als noch vor kurzem bekannt war. Bis zum Jahr 2000 soll sich der Flugverkehr verdoppeln.

Flughafen Erdinger Moos

Erdinger Moos — ein Naherholungsgebiet mit kleinräumiger Landwirtschaft — Pfefferminze und andere Tees, Gemüse: Das war einmal. Jetzt hat sich der neue Münchner Großflughafen wie ein Vampir ausgebreitet und die Landschaft unter seinem Beton und Asphalt begraben — 14 Quadratkilometer mißt das Gelände, und der Lärmpegel legt sich über Hunderte. Die Infrastruktur des Luftverkehrs ist nicht weniger zerstörerisch als die des Autoverkehrs. Nur Fliegen ist schöner . . .

1981

1985

1985

1990

Verkehrs-Leben

Deutschland, einig Autoland — ohne Verstand: immer mehr, immer dicker, immer teurer, immer schneller, immer aggressiver. Die Bundesrepublik ist der größte Ölverbraucher Westeuropas: weil kein Tempolimit existiert, weil keine intelligenten, sparsamen Fahrzeuge gebaut werden, weil die Fahrleistung nach wie vor steigt, weil der Benzinpreis auf Kosten der Umwelt subventioniert wird. Die Hälfte der Stickoxide stammt aus dem Verkehr; im Sommer '90 hätte an vielen Orten Ozonalarm gegeben werden müssen.

Der LKW-Terror

Verkehr ist kostenabhängig. Wird er subventioniert, so nimmt er zu. Hätte er seine realen Kosten und Folgekosten zu zahlen, würde er abnehmen. Verkehr kann gesteuert werden. Es wäre jederzeit möglich, sinnlose Transporte zu beenden und notwendige Transporte auf die Bahn zu verlagern. Aber die starke Lobby der LKW- und der Frachtindustrie hat die Entwicklung in Richtung ihrer Interessen entscheiden können. Deshalb befördern heute LKWs fast zwei Drittel des Güterverkehrs: das Dreifache der Bahn.

Endstation Müll

Der alltägliche Müll der Industrieproduktion wird gekauft, benutzt, weggeworfen: Allein die Verpackungs-Industrie setzt in der Bundesrepublik pro Jahr über 48 Milliarden DM um.

Aber nicht nur die Hüllen werden weggeworfen: Der Inhalt folgt oft sogleich. Der Einweg-Markt wird täglich größer. “Die Wirtschaft hat nur *ein* Interesse: zuerst zu zerstören und dann wieder herzustellen. Das ist doppelter Umsatz und doppelter Gewinn.“ (Hans A. Pestalozzi)

Müll-Verbrennung

Jede Tonne Müll setzt bei der Verbrennung über 5.000 Kubikmeter Abgase frei. Dabei sind giftigste Substanzen, wie Dioxine, die über das Land feinverteilt werden. Warum feiert die Industrie die Müllverbrennung? Weil sich dann an der Müll-Lawine nichts ändern muß, und weil die Energie-Konzerne ein neues Geschäft wittern. Das Volksbegehren für ein neues Müllkonzept 1990 in Bayern hat gezeigt, daß beträchtliche Teile der Bevölkerung diese Zusammenhänge durchschauen ...

Gift-Müll Was im ohnehin schon giftigen Müll hochgiftig ist, wird als „Sondermüll“ bezeichnet. 15 Millionen Tonnen Sondermüll fallen in der deutschen Industrie jährlich an: Lackschlämme, Chemikalien, Altöle, Feinstäube, Filterinhalte, Lösungsmittel,usw. Deshalb fordert die Industrie weitere 20 Sondermüllanlagen. Als „Zwischenlösung“ dürfen Zementverbrennungsanlagen und andere Industrieöfen — etwa 2000 Anlagen bundesweit — bei der Verbrennung Giftmüll zusetzen. Die Grenzwerte werden dabei sehr locker gehandhabt.

Altlasten West

Allein zur Sanierung der 70.000 alten West-Mülldeponien rechnet das Umweltbundesamt mit 50 bis 100 Mrd. DM Kosten. In Barsbüttel, einem ehemaligen Ablagerungsgebiet für Industriemüll, stehen 160 Häuser leer — auf giftigem Grund, eine Müllkippe „mit Familienanschluß" (taz). Dazu kommen die Böden unter den ganz normalen Industriestandorten. Diese Altlasten treffen meist nicht die alten Eigentümer, sondern neue: Die Hypothek der industriellen Vergangenheit hat die Allgemeinheit zu tragen.

Altlasten Ost

Manche industrielle „Altlast“ kehrt so zurück. Jährlich hatte die DDR 400.000 Tonnen Sonderabfälle von westdeutschen Produzenten abgenommen.

Dazu kommen die bisherigen Produktionsstätten der maroden DDR-Industriebetriebe. Der Unterschied zu westlichen Altlasten?

IV DIE CHEFETAGE

Geld regiert die Welt

Geld erscheint so sauber wie die Frankfurter Geldtempel: Dabei ist es der Transmissionsriemen zwischen Rendite und Naturzerstörung. Wer Banknoten anhäuft und vervielfacht, indem er Umwelt zerstört, Mensch und Natur ausbeutet, die Zukunft der Erde ruiniert, wird mit mehr Banknoten, Reichtümern, öffentlichem Ansehen, staatlichen Ehrungen, Karriere und Altersversorgung belohnt: Geld regiert die Welt.

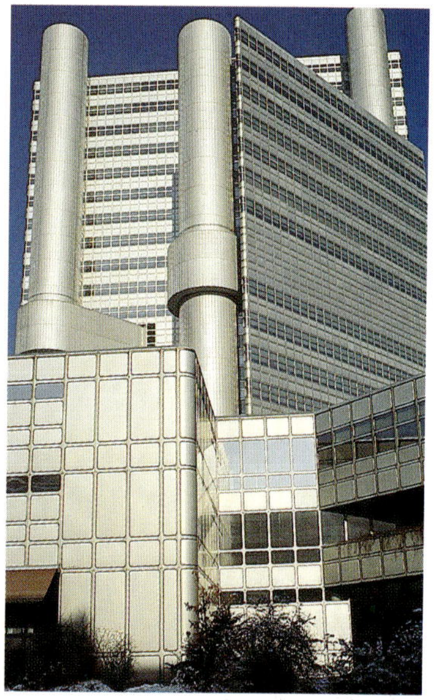

Massen-Menschhaltung

Massenprodukte. Massenalltag. Massenwohnen. Immer enger, immer lauter, immer teurer wird die Nutzmensch-Unterkunft für ihre Bewohner. Beton ist wirklich das, was man daraus macht. Die, die es planen, bauen es nicht. Die, die es bauen, wohnen hier nicht. Die, die es finanzieren und verkaufen, leben idyllisch.
Denn: Konzernchefs essen biodynamisch, Chefdesigner leben in Fachwerkhäusern und die Herren der Bauindustrie residieren in Villen — im Grünen.

Bilanzen I: Aufschwung

Der Blick in den Wirtschaftsteil der Zeitungen: Alles boomt. Autos, Flugzeuge, Kraftwerke, Banken, Versicherungen, Reisen, Baumaschinen, LKWs: Alles „gibt Gas", „überholt", „läuft auf vollen Touren". Da ist die Welt (noch) in Ordnung.

Wirtschaft wächst wie schon lange nicht mehr

Das erste Halbjahr brachte ... ren / Bonn spricht ...

Strompreissenkungen für die Industrie

Die Vereinigung

Airbus-Chef für Entwicklung eines Überschall-Jets

Boeing kann sich vor Aufträgen kaum retten

Neue Bestellung über 250 Jets für 16 Milliarden Dollar / Facharbeitermangel bremst

Elektro-Hausgeräte stehen unter Dampf

nkfurt (dpa/vwd) – Kurz vor dem | schinen und Kühlschränke gut. „Renn

:htjahr für die großen Banken

Deutsche Bank baut Spitzenstellung aus / Große Pläne in der DDR

Rekord bei Passagierzahlen und Gew

...hmend überlaste

Weiterer Zuwachs im Flugverkehr erwartet / Luftr

Deutsche Bank bleibt den Ertragsrekorden treu

Storopack packt weitere Konkurrenten ein

\uch 1990 hält die pos

Siemens beteiligt an Rüstungsauftrag

KB-Beteili...

Mit Müll ist viel Geld zu verdienen

Entsorgung wird immer aufwendiger / Großkonzerne drängen verstärkt auf c

Industrieproduktion läuft weiter auf hohen Touren

Bonn (dpa) – Die Produktion der Industrie zeigt, nach Ansicht des Bundeswirt- | nungsbaunachfrage weiter blendend lau- fe, hieß es auf Anfrage. Im Zweimonats-

McDonald's beißt jetzt kräftig zu

Erfolgreichstes Geschäftsjahr der Geschichte / Wel

Trend zu Getränken in Dosen und PET-Flaschen

Klöckner-Werke inzwischen weltweit einer der größte

Flotte Konjunktur kostet mehr Strom

...urt (AP) – Unternehmen, Behörden

Stihl sägt an der Konkurrenz

Marktanteile gewonnen / Bei höherem Umsatz meh

MAN-Brummis drehen in Europa Rekordrunden

US-Biotechnologie-Perle in Schweizer Händen

... Milliarden Dollar kosten

HoffRoche läßt sich Gene

Autoindustrie gibt kräftig Gas

Deutsche Hersteller sind für 1990 recht optimistisch

Elektroindustrie unter Starkstrom

Bayernwerk denkt an neues Atomkraftwerk

Stromverbrauch übertrifft Prognosen / Holzer spricht von Rückbesinnung auf Kernenergie

BMW sprintet auf der Überholspur

Aktionäre kritisieren Dividendenpolitik des Autohersteller

Unilever präsentiert einen gutgenährten Gewinn

7.3.89

Rotterdam (dpa/vwd) – Der britisch-nie- | Pence vorgesehen, womit sich die Gesamt-

Auch beim Gewinn fährt Opel „Super"

Flotte Zugpferde ziehen Umsatz über ...

Erfolge bei Metzeler

Ungebrochener Boom im Maschinenbau

Wachstumschancen in der Biotechnologie

2.9.89

hen (dpa/vwd) – In der Biotechnolo- egen große Wachstumschancen ... | logie fest. Bis 1995 ... eine Verzehnfa- lumens für ...

VW plant weitere Automobilfabrik in China

Deutsche Großchemie holt in den USA auf

Pirelli rollt auf der Erfolgsspur

Zwei Chemieriesen reichen sich die Hände

Die drei Konzerne setzten

Bayer glänzt

5.4.89

Porsche tritt aufs Gaspedal

Hoechst zeigt sich wieder in Rekordlaune

...l Gewinn wachsen / Mehr Dividende / Familie will nicht verkaufen

...pitzengewinn 1988 nochmals Zuwachs im ersten Quartal / Höhere Investitionen

Ford läuft auf vollen Tour

Hohe Investitionen schmälerten 1989 das E

BASF mit bisher bestem Ergebnis

Gewinn vor Steuern wächst nach Spitzenjahr erneut stark

Bilanzen II: Niedergang

Das Puzzle des Untergangs zeigt eine andere Welt:
Das Wachstum der Industrie ist der Tod der Natur. Das Eine bedingt das Andere.

Muß der Erfolg des Wirtschaftssystems immer die Zerstörung der Umwelt bedeuten, oder liegt es nur an unserer speziellen Form der Industrie ?

Geschönte Wissenschaft durch Industriegelder?
Verdacht unzulässiger Einflußnahme bei Asbest- und Holzschutzmitteluntersuchungen

Warnungen vor dem Treibhaus-Effekt

Bonn gegen Importschranken für Tropenholz

NASA bestätigt Ozonabbau auch über dem Nordpol

Forscher studieren zweites Ozonloch

McDonald's zeigt dem Umweltschutz die Zähne

Was Klimaänderungen bewirken

Macht Atrazin bei Frauen Krebs?
Hinweise in Italien / Besorgnis im Bundesgesundheitsamt

Pestizid-Grenzwerte: Vom Einzelfall zum Notfall

...hrungen von Arten-Wand... in der letzten Eiszeit

Beim Wiederanfahren erneut Störfall in Brunsbüttel

Gefährlicher Normwert in einem Glas Milch

Keulenschlag für die Atom-Industrie

Der holländische Agrar-Dioxinskandal enthüllt grobe Versäumnisse im Umweltschutz

Sellafield: Gen-Veränderungen durch Strahlenbelastung

Dioxingehalt im Rhein stark erhöht

Zerstörende Wirkung von Öl im Meer

Gutachten bleiben unter Verschluß
Untersuchung über Störfall in Ohu wird nicht freigegeben

Quecksilber „unter dem Teppich"

Schwermetalle in der Elbe jenseits aller Grenzwerte

Bei einem Gau in Ohu liegt München in der akuten Zone
Kein Katastrophenplan, nur 26 774 Bunkerplätze und 20 Spezialbetten für Strahlenverseuchte: Die Stadt ist nicht vorbereitet

Lungenkrebs offe... Arbeit in Nukle...

Neue Probleme mit neuen Pestiziden
Rückstände nicht abwaschbar / Unbekannte Kombinationswirkungen

Tierreservat von Mülldeponie bedroht
Bürgerinitiative will gegen Standort in Hofstetten klagen

Sanierung der „Altlasten" kostet 50 Milliarden Mark

Asbest im Trinkwasser
...ache sind Zementrohre / Gesundheitsamt: Keine Gefahr

Umweltgift in der Nordsee
Tausende von Seevögeln tot

Bald ein Viertel aller Arten ausgerottet

Frachter mit Chemikalien im Ärmelkanal gesunken

Schon bei Geburt durch Gift belastet
Babys nehmen außerdem mit der Muttermilch Schadstoffe au...

Fast alle Großwale sind ausgerottet

Dioxine an 50 ... in Hessen nac...

Immer mehr Gift im Grundwasser

Immer mehr Tiere und Pflanzen sterben aus

Sterben die Amphibien aus

Algenplage vertreibt Urlauber

Das „Bauernsterben" hält an
Nur noch halb soviel Landwirte wie vor 40 Jahren

Suche nach Giftbehältern im Ärmelkanal eingestellt

Nordsee fehlt Sauerstoff

Ölkatastrophe vor Texas noch nicht gebannt

Zimmermann: 100 Milliarden für DDR-Verkehr benötigt

Freiheitssymbol wird zum Alptraum
Immer mehr Autofahrer in den USA sind psychisch krank

Der Aralsee steht vor dem ökologischen Tod
Baumwolle saugt das größte Binnengewässer der Welt im sowjetischen Süden aus

Krebs durch Diesel-Abgase

Erdölreserven reichen noch 44 Jahre

1400 tote Vögel nach Ölverschmutzung in Kanada

In Regensburg herrscht Müll-Alarm
Stadt bittet um Vorschläge zur Abfallvermeidung

Neue Wüsten so groß wie Bayern

Unbezahlbare neuartige Waldschäden

UNO fordert für Afrika Strategien gegen Unterernährung

50 000 „Müllbomben" ruhen im Boden

Industrie-Landschaften

Wenn das so weitergeht, vererben wir nur noch Industriezonen, Autobahnen, Tiefgaragen, Hochöfen, Atommüll, Deponien und Altlasten. Geerbt hatten wir gute Luft, sauberes Wasser, fruchtbare Böden — und Denkmäler, Gärten, Plätze, Bibliotheken, schöne Häuser. Man sollte heutige Erbverwalter schleunigst ihres Postens entheben — alle.

Industrie-Landschaften: Export

Industrie lebt auch vom Export: Ihre Normen und Standards, ihre Produkte und Werte, ihre Energie und Maschinen werden gegen harte Währung und Rohstoffe getauscht. Kredite sollen den sogenannten unterentwickelten Ländern „helfen". Die Folge sind riesige Schuldenberge, entwurzelte Menschen und eine kaputte Natur. Die Überbevölkerung der Dritten Welt, diese furchtbare Zeitbombe, schafft billige Arbeitsheere, immer neue Konsumenten, immer mehr Absatz: ganz im Sinn der Industrie.

Wofür wir viel Geld haben

Heute holt sich die Industrie die Gelder nicht mehr nur am Markt und im Wettbewerb, sondern vom Staat.

Viel Geld für: Militär
Haushalt 1990: 54 Mrd. DM;
Wehrforschung 1991:
4,1 Mrd. DM;
Jäger 90: derzeit 5 Mrd. DM pro Jahr, insgesamt rund 90 - 100 Mrd. DM;
usw.

Viel Geld für: Raumfahrt
Raumfahrzeug HERMES 8,5 Mrd. DM (BRD-Anteil 27 %);
Rakete ARIANE 7 Mrd. DM (BRD-Anteil 22 Prozent);
Raumstation COLUMBUS 7 Mrd. DM (BRD-Anteil 38 Prozent);
Ausgaben für nationale und internationale Projekte 1988 - 2000: ca. 23 Mrd. DM

Viel Geld für: EUREKA-Programm
Digitalisierung des UKW-Funks, Mikroelektronik, Verkehrssteuerungssysteme, Hochauflösendes Fernsehbild, Vernetzung von Rechenanlagen, Ernte-Roboter ...
bis 1993: rund 4,5 Mrd. DM

Viel Geld für: 150 Kilometer Autobahnen und Hunderte Kilometer Bundesstraßen pro Jahr

Viel Geld für: Beseitigung der Umweltschäden der Industrie und der Verbraucher: zwischen 249 bis 325 Milliarden DM bis zum Jahr 2000.
Umsatz Stromerzeuger 1987:
94,4 Mrd. DM
Umsatz Elektroindustrie 1988:
143,8 Mrd. DM
Umsatz Autoindustrie und KFZ-Bau 1988: 182 Mrd. DM
Umsatz deutscher Mineralölhersteller und -verarbeiter:
66,8 Mrd. DM
Umsatz Großchemie 1988:
180 Mrd. DM

Umsatz ...

Umsatz ...

Umsatz ...

UMSATZ!

Wofür wir wenig Geld haben

Wenig Geld für: sozial Schwache, Kranke und Alte, soziale Bereiche und Berufe — Krankenschwestern werden mies bezahlt, es gibt viel zu wenig Pflegepersonal und Ärzte haben überlange Schichten. Behinderten wird Fahrgeld und Pflege gestrichen, es gibt kaum Plätze in Altenheimen.

Wenig Geld für: Kinderspielplätze, Kindergärten und Tagesstätten — für alle Orte, wo sich Kinder gefahrlos aufhalten können; Lehrer stehen vor übervollen Schulklassen.

Wenig Geld für: die Beschaffung sinnvoller Arbeitsplätze und umweltfreundlicher Produkte und Produktionen, alte Berufe und gute haltbare Handwerksarbeit.

Wenig Geld für: sauberes Wasser, gute Luft und sinnvolle Müllvermeidungs- und Müllverwertungs-Konzepte.

Wenig Geld für: billige, nach sozialen und ökologischen Kriterien gebaute Wohnungen.

Wenig Geld für: den Ausbau umweltfreundlicher Energien, den Ausbau eines flächendeckenden und gutfunktionierenden öffentlichen Verkehr.

Wenig Geld für: die Erhaltung einer naturnahen, unvergifteten und unbebauten Landschaft.

Wenig Geld für: die Umstrukturierung der Landwirtschaft in eine naturerhaltende ökologische Wirtschaftsweise.

Wenig Geld für: mehr Qualität des Lebens, stille und freundliche Städte, gesundes Essen, mehr Lebens-Lust und Lebens-Zeit.

Wenig Geld für: eine vielfältige Kultur, Unkonventionelles, Neues, Unabhängiges.

Wenig Geld für: Alles Abweichende von der Industrie-Norm.

Schöne Neue Welt I: Ersatz-Natur

Je weniger Natur vorhanden ist, umso größer wird die Sehnsucht nach ihr. Das verkauft sich gut: Die Werbung bedient sich hemmungslos. Und die Naturfilme im Fernsehen haben Hochkonjunktur.
Warum noch nach draußen?

Schöne Neue Welt II: Gen-Technologie

Das Leben soll Industrieschöpfung werden, und die immer gleichen Multis — diese unheilvolle Allianz aus Chemie-, Energie- und Autokonzernen —, sind weltweit eingestiegen.

Der industrielle Kreislauf schließt sich: Nachdem Umweltvergiftung und Massenproduktion den Blumenduft vertrieben haben, soll er jetzt durch Gentechnologie wieder „eingebaut" werden. Auch Tomaten sollen gentechnologisch ihren alten Geschmack zurückbekommen.

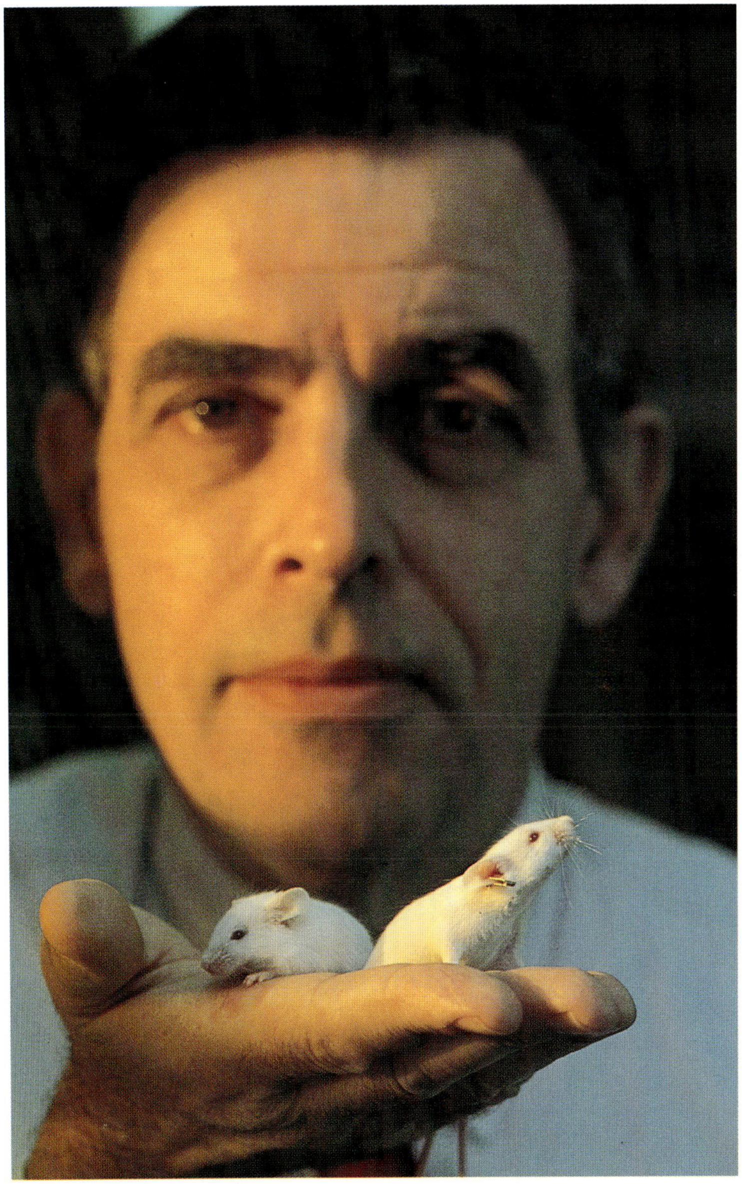

Aussterbende Tierrassen und Pflanzenarten lagern in Gen-Banken, Nutzpflanzen werden zur Ausbringung von noch mehr Herbiziden herbizid-resistent gemacht, Nutzinsekten bekommen Pestizid-Resistenzen eingebaut, und die gentechnologische Anpassung des Menschen an Industriegifte steht bevor. Erste Patente auf „umgebaute" höhere Lebewesen wurden erteilt, Freilandversuche laufen. Auch die Sprachbereinigung ist schon durchgeführt: „Biotechnologie" — das klingt so gesund. In das bundesdeutsche Förderprogramm „Biotechnologie 2000" sollen bis 1994 insgesamt 1,5 Milliarden DM investiert werden.

Das Bild zeigt Harvard-Forscher Leder mit seiner „Erfindung": Die „Onco-Maus" bekommt durch Genmanipulation mit über fünfzigprozentiger Wahrscheinlichkeit in den ersten zehn Lebensmonaten Krebs. Sie ist ausschließlich für die verbrauchende Forschung bestimmt.
Auf diese Maus wurde das erste US-Patent für ein höheres Lebewesen erteilt: Das Tier hat die Nummer 4736866. Das Patent wurde vom Chemiekonzern Dupont gekauft. Nun kosten die Mäuse 50 Dollar pro Stück . . .

Manager Manager auf dem Weg zur Arbeit. Je höher das Einkommen, umso höher der Energieverbrauch, der Platzverbrauch, der Umweltverbrauch. Umso größer die Limousinen, umso häufiger die Flüge, umso mehr Konsum. Mann ist gesichert, begütert, gepanzert, gestylt, gesponsort, geschult. Mann ergreift nur im Notfall Umweltmaßnahmen und verdient noch daran. Mann liefert lieber Rüstung und Giftgasanlagen dorthin, wo der nächste Krieg bevorsteht. Mann hat nie Zeit. Mann verkauft alles, was sich zu Geld machen läßt. Sogar sich selbst.

Bilanz der Wiederaufarbeitungsanlage Wackersdorf

Im April 1989 läßt der VEBA-Konzern das Projekt sterben. Die Probleme des Atommülls sind damit nicht erledigt: Er wird exportiert — nach La Hague und Sellafield. "Energieanwendung vergewaltigt die Gesellschaft, bevor sie die Natur zerstört." Ivan Illich

Bilanz der Wiederaufarbeitungsanlage Wackersdorf:

Kosten für Stromkunden: mindestens 3,3 Milliarden DM für Planung, Projektierung, Bauten, darunter 30 Millionen DM für die 4,8 km langen Sicherungsanlagen (Zaun und Betongraben)

Kosten für Steuerzahler: 58,4 Millionen DM für Polizeieinsätze (u.a. 2 Mill. Dienststunden der Polizei und 41.000 verschossene Tränengasgranaten)
16,6 Millionen DM für zusätzliche Aufwendungen der Justiz wegen Strafverfahren
3.326 Ermittlungsverfahren
1.000 rechtskräftige Verurteilungen
2.173 Einstellungen
Neues Gesetz des „Polizeilichen Unterbindungsgewahrsams" auf 14 Tage ('Lex Wackersdorf')

9,2 Millionen DM für Straßen- und Wasserleitungsbau
12 Millionen DM für Strom- und Gasanschlüsse
3,4 Millionen DM für Öffentlichkeitsarbeit der Bayerischen Staatsregierung

800.000 gefällte Baume

Kosten für Bürgerinitiative Schwandorf:
13 Millionen Gesamtkosten, davon
600.000 DM Prozeßkosten
130.000 DM Erörterungstermin
55.000 DM Gutachten

Gesundheitliche Schäden:
Ungezählte Verletzte, 3 Tote

Die Umwelt-Minister 12 Umweltminister auf dem Weg zur Arbeit, Mai 1990 in München. Die MERCEDES-VIP-Flotte des Modells 560 SEL (mit Chauffeur) gibt sich die Ehre. Da halten sie ihre Treffen mit Luxuslimousinen ab, schwimmen durch den Rhein, essen mit Teelöffeln radioaktive Molke, sprechen sich gern gegen ein Tempolimit aus und benennen Sonderabfälle um, damit sie auf Hausmülldeponien gelagert werden können.
Müssen Umweltminister auf solche Weise natürliche Feinde der Umwelt sein?

Kreidefresser Umweltschutz hat Konjunktur. Konjunktur für Filterbauer, Wasserreiniger, Abwasserbehandler, Müllverbrenner, Saubermänner. Umweltschutz hat einen aufwendigen Reparaturbetrieb in Gang gesetzt. Und Umweltschutz ist zum Schlagwort der Kreidefresser geworden. „Umweltschonender denn je. Strom." DIE DEUTSCHEN STROMVERSORGER Juli 90. „Für den Stern, auf dem wir leben." MERCEDES Juni 90. „Bleifrei ist umweltfreundlich. Diesel ist umweltfreundlich und sparsam." BOSCH Juli 90 . . .

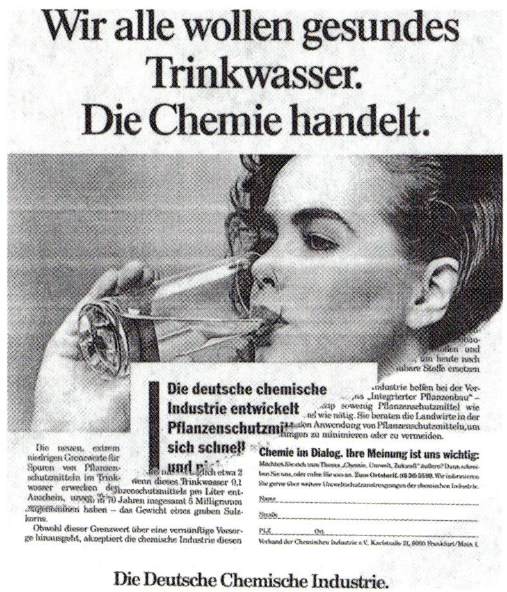

V DIE ANDERE ZUKUNFT
Vom Wert der Natur

Alle Zerstörer, die ganze Industriegesellschaft, verlassen sich, wie unmündige Kinder darauf, daß die Sonne scheint, daß es regnet, nach der Nacht der Tag folgt und die Jahreszeiten in der richtigen Reihenfolge eintreffen: daß im Frühjahr die Zugvögel zurückkehren, der Sommer warm und grün ist, der Herbst die Blätter der Bäume färbt und der Winter kalt und schneereich wird. Erst langsam setzt sich die Erkenntnis durch, daß diese Aufeinanderfolge, der „unabänderliche Lauf der Natur", gar nicht so unabänderlich ist und wie die Gewässer, die Böden oder die Luft zerstört werden kann. Und daß es nicht damit getan ist, immer neue Techniken, Chemikalien und Maschinen zu erfinden, die alles wieder heil und sauber machen — wie ein kaputtes Spielzeug.

Die Natur ist keine Maschine, deren defekte Teile einfach ausgetauscht werden können. Diese Einsicht sollte sich endlich auch bei Konzern-Chefs und Politikern durchsetzen. Und nicht nur die Einsicht, sondern auch das Handeln, das Tun — und das Lassen. „Das Wesen der Natur ist ihre Eigenständigkeit", schreibt Bill McKibben.

Das muß begriffen werden: Natur ist kein technokratisches Gebilde, sie ist nicht menschlich oder unmenschlich. Die Natur ist eigen-sinnig. Erst wenn die heutige Kultur Natur als *wertvoll und unabhängig* anerkannt und diese Eigenschaften achten lernt, können sich andere Umgangsformen mit der belebten und unbelebten Welt einstellen. Voraussetzung ist das Wissen, daß die Lebens- und Überlebensbedingungen für Natur und Menschen die gleichen sind.

Am Verhältnis der Gesellschaft im Umgang mit Natur wird sich ihre Entwicklungsfähigkeit und ihre Menschlichkeit zeigen.

„In Wirklichkeit ist die gesamte Welt ein lebender Organismus, der durch das Sonnenlicht lebensfähig ist.

Und die Bäume spielen, mit allen anderen grünen Pflanzen, die zentrale Rolle . . . denn sie sind es, die das Sonnenlicht transmutieren und es nutzbar machen für die anderen Lebewesen. Die Pflanzen können ohne uns leben, wir aber nicht ohne sie." (George Wald)

Von unserer Verantwortung

„Jeder Mensch trägt eine Welt in sich, die sich aus all dem zusammensetzt, was er je gesehen und geliebt hat, und in die er immer wieder zurückkehrt, auch wenn er meint, eine fremde Welt zu durchstreifen und zu bewohnen."

(François René Chateaubriand)

Diese Worte vom Anfang des letzten Jahrhunderts haben ihre Gültigkeit bewahrt. Wir leben auf diesem Planeten, der durch unglaubliche Zufälligkeiten, Konstellationen, glückliche und seltene Umstände Leben entstehen ließ. Wir sind diesem Leben verpflichtet. Und wir dürfen die permanente Zerstörung von Natur und Leben nicht länger hinnehmen.

Sein oder Nichtsein — eine Bestandsaufnahme der Zerstörung: Ökonomie gegen Ökologie. Eine Welt fällt in Scherben, weil eine industriesüchtige Führungscrew unter Teilnahme eingelullter Käufer und eingeschüchterter Bewunderer ihr Zerstörungswerk bis zum Schluß durchziehen will. Gedroht wird uns mit dem Verzicht: „Die Leute müssen sich entscheiden, ob sie mehr Grün oder mehr Wohlstand wollen" (die Transportindustrie); uns wird angekündigt, daß die „Lichter ausgehen", wenn wir nicht für Atomkraft sind und daß das Klima nur mit einem Zuwachs an AKWs zu retten sei. Wir sollen glauben: „Je mehr wir sparen, desto teurer wird es" (die Stromindustrie), und überhaupt wird uns erzählt, daß eine Industrie umso umweltschützender ist, je mehr sie zerstört. Vom pausenlosen Einsatz für unser aller Wohlbefinden ist die Rede — und von Verantwortung. „Das Wort Macht hören die Mächtigen der Wirtschaft nicht so gerne. Sie sprechen lieber von Verantwortung: Denn das klingt bescheidener, ja fast ein wenig opferbereit." (Elmar Kowalski)

Wer ist aber dafür verantwortlich, daß unsere Lebensmöglichkeiten global verschwinden, daß in Deutschland die Hälfte der Bevölkerung zu Allergiekranken gemacht wurde, daß Muttermilch zur Sondermüll-Deponie industrieller Gifte geworden ist und daß bei Kindern inzwischen die häufigste Todesursache Krebs ist? Wer nimmt sich eigentlich das Recht, — und mit welcher moralischen Begründung —, daß der sichere Strahlen- und Hautkrebs der eigenen Nachkommen kein Grund ist, aus dem Atom- und dem FCKW-Geschäft auszusteigen — und zwar sofort? Wer sorgt dafür, daß gläubige Untertanen mit ihren Automobilen sich weiterhin das Leben zur Hölle machen, weil ihre wirklichen Bedürfnisse tot gemacht wurden? Wer setzt die Diktatur der Medien ein, die zu immer weiterer Zerstörung, zu immer mehr Warenkäufen und Konsum-Idiotien anhalten? Und wer verheizt immer noch mehr Rohstoffe, Energien und damit Länder, Menschen und unser globales Klima? Kein militärischer Krieg ohne Industrie — die Energieverteilungskriege beginnen gerade. Kein 'ziviler' Krieg ohne Industrie — der Selbstzerstörungsprozeß unserer Industriezivilisation ist nicht mehr zivil: „Es herrscht Krieg, aber nur eine Seite ist bewaffnet. Das ist heute der Kern der technologischen Frage." (David Noble)

Krieg aber ist nicht unser Geschäft. Wir sind nicht dafür verantwortlich, daß die Konzerne expandieren, daß die Wirtschaft immer weiter wächst, das Bruttosozialprodukt laufend steigt und Maschinen rund um die Uhr laufen: Wir sind aber dafür verantwortlich, daß dieser Planet eine Zukunft hat, daß die Lebensgrundlagen von allem Lebendigen — von Menschen, Tieren, Pflanzen — garantiert werden. Die Zukunft des Blauen Planeten ist nicht die Zukunft des Industriesystems.

Wir werden über andere Wirtschaftsformen nachdenken müssen: die nicht mit Zerstörung und Profit, Vergiftung und Müll zu tun haben. Wir werden jeweils den ökologischen und sozialen Sinn genau zu bedenken haben. Wir werden viel mehr miteinander zu reden haben. Wir werden mehr infrage stellen und mehr Unsicherheit ertragen müssen. Was uns die Industrie als „Sicherheit" verkauft, ist uns zu gefährlich geworden. Wir werden neu lernen müssen, Dinge und Handlungen auf ihre wirkliche Brauchbarkeit zu prüfen.

Wir sind lern-pflichtig, und Resignation hilft nur der Industrie in ihrer jetzigen Form. Einer Industrie, die ihren diskreten Charme verspielt hat, die schwerfällig, zerstörerisch und völlig veraltet ist in ihren Herrschaftsverhältnissen und Produktionsmethoden — wie ein alter geldgieriger König, der mit Tricks versucht, noch immer seine Untertanen in Schach zu halten und dumm zu machen:

Aber wenn niemand mehr zum König geht, so heißt es in Afrika, dann ist der König kein König mehr.
Das ist auch hier so.

Forderungen für einen friedlichen Umgang mit Natur

Diese skizzenhaften und notgedrungen unvollständigen Punkte können nur eine Richtung andeuten:
wie wir der selbstverschuldeten ökologischen Katastrophe wieder entkommen *könnten.*

Wir brauchen eine intakte Natur zum Leben:

- ○ Priorität hat die Erde, die Natur und nicht die Erhaltung des industriell vorgegebenen Lebensstandards.
- ○ Gesellschaftliche Güter wie ein gesunder Wald, saubere Luft, reines Wasser sollen wieder Vorrang erhalten.
- ○ Es muß das Reinheitsgebot für Luft und Wasser gelten — nur die „natürlichen Zutaten" gehören hinein.
- ○ Speziell der Wald muß mit viel Einsatz wiederaufgeforstet und gepflegt werden. Er ist eines der wichtigsten Ökosysteme unserer Welt.
- ○ Grundsätzlich gilt: so wenig Eingriffe in das Ökosystem wie möglich. Angesichts des Treibhaus-Effektes und der drohenden Verwüstung der Erde ist der Verbrauch von Ressourcen und Energie und die Herstellung umweltschädlicher, energiefressender Produkte so schnell wie möglich zu senken bzw. ganz einzustellen.
- ○ Die Unschädlichkeit jeder Produktion und jedes Produktes muß bewiesen werden. Deshalb müssen neue Technologien und Produkte gründlich auf ihre Umweltfolgen, auf ihre möglichen medizinischen Risiken und auf ihre Energiebilanz geprüft werden.

Das heißt:

- ○ keine hohen Kamine mehr, keine heimlichen oder unheimlichen Abwasser- und Gifteinleitungen mehr, keine Verdünnungen, keine Verklappungen, keine Verbrennungen mehr. Wir fordern ungiftige, ungefährliche Produktionsverfahren
- ○ und damit langlebige, sinnvolle und intelligente Produkte, die zu einem Höchstmaß wieder in den Herstellungsprozeß rückführbar sind. Qualität statt Quantität.
- ○ keine zweite „technische" Ersatz-Natur und keine neuen Großtechnologien — wie Gentechnologie — zur Lösung der Probleme. Wir fordern eine Orientierung an echten — nicht an technisch manipulierten oder nachgeahmten — Naturabläufen.
- ○ Wir brauchen neue Arbeitsplätze, wo die Arbeit sinnvoll, umweltfreundlich, sozial verträglich und phantasievoll ist, wo Menschen mit Rohstoffen und Energie bewußt umgehen können.

Wir brauchen weniger Energie:

- ○ So konsequent wir in die Energieprobleme hineingesteuert sind, so problemlos kann man auch wieder herauskommen. Gerade Energie, also Kilowattstunden, Liter Erdöl, Kubikmeter Gas sind bestes meßbar, teilbar, nachweisbar. Warum also nicht alle CO_2-Verursacher, Luftverschmutzer, Atmosphärenschädiger so hoch besteuern und sanktionieren, daß die Energie so wertvoll wird, wie sie ist und so gut genutzt, wie es möglich ist?
- ○ Ein vervielfachter Strompreis mit linear steigenden Tarifen bringt keine Katastrophe mit sich, sondern einen vernünftigeren Umgang mit dieser Edelenergie. Das heißt auch: kein Billigstrom für Großverbraucher.
- ○ Ausstieg aus der Atomenergie — sofort und konsequent.
- ○ Energie war bisher nur ein Geschäft wie jedes andere. Das muß sich ändern.
- ○ Energiesparen als wichtigste Energiequelle — dazu ist am besten eine dezentrale und kommunale, sozial verträgliche Energieversorgung geeignet.
- ○ Priorität für regenerative Energiequellen wie Sonne und Wind.
- ○ Umsteigen auf ökologische und energieeffiziente Bautechniken (Solararchitektur, Wärmeisolation etc.)

Wir brauchen eine chemische Abrüstung:

- ○ Ausstieg aus der chemischen Giftproduktion, insbesondere aus der Chlorchemie und damit — eine der dringlichsten Forderungen überhaupt — ein sofortiger Ausstieg aus der FCKW- Produktion und der PVC-Herstellung.
- ○ Ausstieg aus der Pestizid- und Herbizid- Herstellung.
- ○ Auch für die Chemie-Industrie gilt: Die Verantwortlichen sollen sich endlich um den hohen Energie-, Rohstoff- und

Wasserverbrauch und den damit verbundenen Giftausstoß, die Abwasser, Abfälle und Abluft kümmern und in umweltfreundliche Verfahren und umweltfreundliche Produkte investieren, die es längst gibt und die weiterentwickelt werden müssen.

Wir brauchen gesunde Nahrungsmittel:

- ○ Wir wollen eine naturgemäße, nach ökologischen Kriterien ausgerichtete Landwirtschaft, die gesunde Nahrungsmittel herstellt, ihre Tiere gut behandelt und ihre Böden und damit das Trinkwasser schont. Die heutige Agrargiftwirtschaft sollte mit allen zur Verfügung stehenden Mitteln umgestellt werden — bei einer Umstrukturierung des gesamten Agrarbereiches ist genug Geld vorhanden. Dabei soll auch die regionale, gut organisierte Vermarktung gefördert werden.

Wir brauchen weniger Konsum:

- ○ Gewinnen Sie Spaß daran, sich dem ganzen Konsumgetriebe und Maschinentheater zu entziehen. Sokrates ging über den Marktplatz und war erstaunt über die vielen Dinge, die es dort gab und die er *nicht* brauchte.
- ○ Überlegen Sie genau, was Sie auf keinen Fall kaufen sollten, wo Sie auf keinen Fall mitmachen wollen — und umgekehrt: was Sie wollen und wofür Sie sind.
- ○ Sie müssen nicht die Produkte von jedem Hersteller kaufen. Man kann den Kauf bestimmter Waren boykottieren, wenn die Hersteller umweltfeindlich sind oder den Käufer mit falschen oder ungenauen Angaben betrügen. Sie können Verpackungen in den Geschäften zurücklassen, Industrie-Nahrung nicht mehr kaufen und das ganze Giftarsenal Ihres Haushalts "abrüsten" — es ist völlig unnötig, kostet viel und ist gefährlich.
- ○ Werden Sie kritisch gegenüber den Scheinvorzügen der Wegwerfindustrie: Die endgültige Rechnung kommt später — und sie wird für uns alle zu teuer.
- ○ Reduzieren Sie radikal Ihren Energieverbrauch, Ihre Autofahrten, Ihre privaten Müllberge: Das ist einfacher als Sie glauben! Und verlernen Sie soweit wie möglich den Umgang mit Maschinen, Mattscheiben und Motoren: Die bringen Sie nur in andere Zustände, aber nicht weiter.

Wir brauchen viel weniger Verkehr:

Grundsätzlich gilt: Der Verkehr muß reduziert werden, das Verkehrssystem selbst muß effektiviert werden. Seine Emissionen, sein Platz- und Energieverbrauch müssen minimiert werden. Das ist weder mit Autos noch mit Flugzeugen möglich. Deshalb können auch hier nur kurzfristige und absolut notwendige Lösungen angegeben werden:

- ○ Der Auto- und LKW-Verkehr muß drastisch reduziert werden. Autos raus aus der Stadt, Menschen raus aus den Autos.
- ○ Tempo 30/80/100 senkt sofort den hohen Erdölverbrauch der Bundesrepublik; ebenso gemeinschaftliche Autobenutzung.
- ○ Einführung der strengen amerikanischen Abgas-Standards.
- ○ Die direkte und indirekte Subventionierung des umweltschädlichen Autoverkehrs muß eingestellt werden.
- ○ Steuerliche Bevorzugung und das Kilometergeld als Waldsterbebeihilfe sollen einer besseren Subventionierung des öffentlichen Verkehrs weichen.
- ○ Motoren mit minimalstem Energieverbrauch.
- ○ Der Benzinpreis soll nicht dem Absatz von Automobilen und der Präsentation von Aggression und Destruktion dienen, sondern die realistischen gesellschaftlichen Kosten (mit Vergangenheitsbewältigung!) tragen.
- ○ Ersatz der LKWs im Fernverkehr durch die umweltfreundlichere Eisenbahn und Binnenschiffe.
- ○ Der Flugverkehr muß radikal reduziert werden.
- ○ Priorität muß ein funktionsfähiger, öffentlicher Verkehr haben — für nah und fern; er soll flächendeckend, billig und häufig sein.
- ○ Vernünftige, sparsame, umweltfreundliche Verkehrsmittel

für die Allgemeinheit müssen entwickelt werden. Oder wie Reiner Klingholz schrieb: "Wenn es jedoch gelingt, aus Schwertern Pflugscharen zu machen. muß es auch möglich sein, bei Porsche Straßenbahnen zu bauen."

Wir brauchen keinen Müll:

- ○ Müll muß vor allem vermieden, überflüssig gemacht und verwertet werden.
- ○ Das schmutzige Müll-Geschäft muß aufhören: der Müll-Tourismus, die Müll-Verbrennung, die Sondermüll-Verschiebungen und Deponie-Geschäfte.
- ○ Langlebige Produkte aus wiederverwendbaren und -verwertbaren Materialien und umweltfreundliche Stoffe, verbunden mit einem maximalen Recycling, sorgen für einen minimalen Müllanfall.
- ○ Umweltfreundliche Verfahren zur ungiftigen Restmüll-Entsorgung sind längst bekannt und erprobt. Voraussetzung hierfür sind ungiftige Ausgangsmaterialien.
- ○ Und was für feste Abfälle gilt, gilt auch für flüssige und gasförmige. Keine weitere Einleitung von Giften und Dreck in Gewässer und Meere, Böden und Luft.
- ○ Keine Tiefbrunnen und kein Trinkwasser für die Industrieproduktion, sondern möglichst geschlossene Wasserkreisläufe.
- ○ Wassereinsparungen führen auch zu weniger Abwasser.

Wir brauchen keine Chefetage:

- ○ Eigentum sollte einmal verpflichten und nicht quälen und zerstören. Das wird zukunftsweisend werden. Damit müssen viele alte Ziele neu definiert werden: Profitgier und Expansionsdrang und Ausbeutung sind hoffnungslos veraltet und gefährden unser aller Zukunft.
- ○ Haus- und Grundbesitz sollte mehr bedeuten als das Herausholen maximaler Gelder: Unsere Städte müssen wieder lebenswert werden, unsere Häuser energiesparend, unsere Umwelt wieder naturnah.
- ○ Wir brauchen neue Formen im Umgang mit Natur, aber auch neue soziale und besitzmäßige Umgangsformen.

An die Besitzer von Geld und Macht:

Auch Sie wollen ein Opfer Ihres Systems sein? Auch Sie können nichts dafür? Oder sind Sie nicht doch Täter? Oder war es schon wieder niemand?
Oder sind Sie "lern-unwillig" — wollen nichts sehen, nichts hören und nicht reden? Kümmern Sie sich doch einmal nicht um Ihre glänzenden Bilanzen, sondern um die ruinierte Natur — und Sie werden erschrecken!
Wann endlich endet das Schweigekartell der Manager, Ingenieure, Bürokraten und Verantwortlichen und teilt mit, was es alles an Zukunftsgefahren angerichtet hat und wie diese zu entschärfen sind? Wann endlich bekennen sich die Wissenschaftler zu ihrer Verantwortung — und geben ihre Angst vor ihrer Arbeit und deren Ergebnissen zu?
Wenn Sie wirklich nichts ändern können, dann ist das Gehen vertretbarer als das Bleiben. Dann müssen Sie aus den Labors, Vorstandsetagen, Zentralen hinaustreten: Es gibt immer eine Türe.
Und wenn das Geld vorhanden ist, umweltzerstörende und energieverschwendende Entwicklungen zu fördern, die sehr teuer sind, dann kann dieses Geld auch anders — zukunftsweisend, umweltverträglich, energiesparend, intelligent und kreativ — eingesetzt werden: mit breitem Wirkungsgrad, dezentral, menschlich, ressourcenschonend, mit vielen Begünstigten, mit einem fairen und gleichberechtigten Verhältnis zu den Ländern der Dritten Welt — und einem neuen Umgang mit Natur.
Das heutige Industriesystem ist das Ende der Natur und damit der Welt. Also kann es nicht die Zukunft sein. Deshalb brauchen wir etwas neues, anderes.
Daran wollen wir mitwirken.

Peter M. Bode

Erst kommt die Industrie — und dann die Moral

Wir wüten gegen die Erde, bis sie wieder wüst und leer ist: Wir verseuchen die Luft, das Wasser und den Boden. Wir vernichten die Wälder und vergiften die Atmosphäre. Wir mißbrauchen die Meere als Kloake. Wir verschleudern auch noch die letzten Ressourcen und machen schließlich aus der Welt eine einzige Mülldeponie. Ausbeuten, produzieren, wegwerfen. Wir versklaven die Tiere in der Massenhaltung, und die wildlebenden Arten werden ausgerottet. Wir sägen an dem Ast, auf dem die Menschheit sitzt.

Sollen wir resignieren? Sollen wir es den Kindern und Kindeskindern überlassen, mit den Folgen globaler Umweltkatastrophen fertig zu werden — wenn sie dann noch Gelegenheit dazu haben? Frönen wir weiter, bis zur Bewußtlosigkeit, dem Energie- und Konsumrausch? Lassen wir uns von den industriellen Mächten immer noch — blindlings und willenlos, verführt und irrational — wie die Lemminge ins Verderben ziehen? Huldigen wir dem „Fortschritt" bis zum bitteren Ende? Was kann der Einzelne tun, wenn er erkannt hat, daß nur die entschiedene Abkehr vom Raubbau in jeglicher Hinsicht und die Hinwendung zum umweltverträglichen Wirtschaften unser Überleben ermöglicht? Wir müssen Bewußtsein schaffen, die Fakten aufdecken, die Wunden zeigen, die Schuldigen benennen, über Alternativen aufklären. Die Vernunft gegen die Unvernunft einsetzen. Für das Primat der Ökologie vor der Ökonomie kämpfen. David tritt gegen Goliath an.

Moral und Ethik sind wieder in ihr Recht einzusetzen. Wer wider das Leben handelt, verhält sich kriminell. Umweltverbrechen schädigen die Gemeinschaft oft erheblich schwerwiegender als Straftaten der herkömmlichen Art. Dafür einige Beispiele: Im englischen Sellafield, an der Irischen See gelegen, arbeitet eine Wiederaufbereitungsanlage für atomare Brennstoffe. Betrieben wird sie von dem Unternehmen „British Nuclear Fuels Limited". In Sellafield erkranken die Kinder achtmal häufiger an Blutkrebs (Leukämie) als im übrigen England. Die Wissenschaftler gehen inzwischen davon aus, daß den Kindern diese Leukämie-Anfälligkeit von den Vätern vererbt wird, deren Sperma sich durch die Tätigkeit in der Atomfabrik genetisch verändert hat. Statt aber nach dieser deprimierenden Erkenntnis die Strahlenbelastung in der Wiederaufbereitungsanlage drastisch zu senken — oder, falls das nicht möglich sein sollte, die Fabrik zu schließen — , empfiehlt der Gesundheitsdirektor des Werks den Arbeitern, „keine Familie zu gründen". Deutlicher und zynischer kann man es kaum ausdrücken, daß die Betriebsleitung in Sellafield bereit ist, über Leichen zu gehen. Tote pflastern den Weg des Profits. Und da ist kein Staat, der gegen dieses verwerfliche Tun bzw. Nichthandeln einschreitet.

Auch in der Sowjetunion haben Behörden, Manager und Betroffene zwei Jahrzehnte lang untätig zugesehen, wie der riesige Aralsee — einst das viertgrößte Binnengewässer der Erde -, teilweise ausgetrocknet ist, weil sein Wasser auf die Baumwollplantagen Usbekistans umgeleitet wurde. Seit 1960 haben sich die Ufer des Sees an manchen Stellen schon über hundert Kilometer weit zurückgezogen und eine tödliche Salzwüste hinterlassen. Die wasserlosen Häfen liegen jetzt mitten im Land, und nutzlos gewordene Fischdampfer verrotten im Sand. Das Trinkwasser ist durch die chemischen Mittel, die bei der Baumwollzucht massiv eingesetzt werden, so verseucht, daß sich die Kindersterblichkeit von 1970 bis 1990 verdoppelt hat: 52 von 1000 Säuglingen haben keine Chance. Die extrem salzhaltige Luft greift auch die Atemwege und Lungen der Erwachsenen an. Die meisten Bewohner leiden zudem an Blutarmut. Mehr als siebzig Prozent der Bevölkerung am Aralsee sind schon erkrankt. Die Krebsrate steigt erschreckend. Die Salzstürme machen das Leben zur Qual. Die Männer, die früher Fischer waren, starren in die Ferne und hoffen auf die Rückkehr des Aralsees, der in ihrer Jugend noch bis zu ihren Gärten reichte. Doch der See ist verschwunden, geblieben sind die Baumwollplantagen. Kurzsichtige Ökonomen, eindimensional erzogen, sind für ein gigantisches Umweltunglück verantwortlich. Aber sie werden dafür nicht haftbar gemacht. Leiden müssen immer die Anderen. Für die Schäden kommt die Allgemeinheit auf. Das Verursacherprinzip wird nicht angewendet. Der Filz der Korruption zwischen der Politik, der Verwaltung und den Technokraten ist zu dicht. Diese Priester der Religion des Fortschritts sind Wachstumsfetischisten, die für das Planziel einer hypertrophen Massenproduktion das Wohl der Menschen opfern, die ihnen ausgeliefert sind. Kurz vor dem Umkippen soll auch der sibirische Baikalsee (das größte Süßwasser-Reservoir der Erde) sein: Die gewaltigen Industriekombinate an seinen waldreichen Ufern lassen alle Abwässer in den See laufen, der ihre Existenz erst ermöglicht hat.

Erinnert sei außerdem an die mehr als zweitausend toten Inder in Bhopal, die der amerikanische Chemiekonzern „Union Carbide" auf dem Gewissen hat. Ein Gasunfall. Einfach so. Das kann jederzeit wieder passieren. Die Produktion läuft weiter. Diese Anlagen sind nur solange sicher, bis sie explodieren. Ein „Seveso" hat noch nicht gereicht. Auch der „Gau" von Tschernobyl genügte nicht, endlich vom Atomstrom Abschied zu nehmen. Da müssen schon noch mehr Reaktoren platzen. Die Industrie bleibt risikofreudig bis zum letzten Gefecht. Erst wenn die Asbest-Toten nicht mehr zu verheimlichen sind, wird Asbest aus dem Verkehr gezogen. Wird die Herstellung von FCKW erst dann beendet, wenn die ansteigende Fieberkurve des Erdballs bereits den drohenden Klimakollaps ankündigt? Wird der Ausstoß von Kohlendioxid erst zurückgehen, wenn es ohnehin nichts mehr zu verbrennen gibt, wenn der absolute Mangel die Autos zum Halten und die mit fossilen Stoffen befeuerten Kraftwerke zu Abschalten zwingt?

Ich glaube und hoffe jedoch, daß die zunehmende Information über die exponentiell zunehmenden Gefährdungen der Umwelt mittelfristig doch eine Änderung unseres Verhaltens bewirkt. Die Welt ist transparenter geworden, und dadurch hat sich auch die Wachsamkeit der kritischen Menschen erhöht. Vor einigen Jahren wäre es von den Bewohnern der Südsee vielleicht gar nicht bemerkt worden, daß die USA ihre Giftgasgranaten auf dem Johnson-Atoll verbrennen. Heute dagegen löst das unverfrorene Unternehmen, diese hochbrisante toxische Fracht in der Dritten Welt abzuladen, massive Proteste aus. Und der politische Druck ist so stark, daß die amerikanischen Bomben-Entsorger immerhin zu schwanken beginnen und darüber nachdenken, ob es nicht angemessener ist, das Teufelszeug im eigenen Land zu entschärfen. Als in den 50er Jahren das Bikini-Atoll als Testgelände für Atomexplosionen beschlagnahmt wurde, konnten die betroffenen Anlieger noch nicht einmal erahnen, welch grauenhaftes Schicksal sie durch diese frevelhaften Versuche erleiden würden — trotz Evakuierung. Die Verharmloser der Waffenindustrie hatten leichtes Spiel.

Das Ziel unserer Ausstellung „Sein oder Nichtsein" ist, die Informationen über die industrielle Zerstörung der Welt zu bündeln, die globale Vernetzung von Ursachen und Wirkungen aufzuzeigen und über das Wissen an das Gewissen der Handelnden und Behandelten zu appellieren. Man soll erkennen, daß die vom gestrandeten Tanker „Exxon Valdez" verschuldete Ölpest an den Küsten Alaskas auch mit dem Benzin des eigenen Autos zu tun hat. Es soll begriffen werden, daß die kranken Käfig-Lachse in den Fjorden Norwegens eine Folge der feisten Wohlstandsgesellschaft sind, in der die Lust auf das einst teure Edelfischfilet demokratisiert wurde. Und wer die erschütternden Bilder aus den malträtierten Alpen sieht, wird hoffentlich so sensibilisiert werden, daß er künftig auf den Skilauf verzichtet. Man stelle sich vor: Die Berge sind verschneit — und keiner fährt hin. Dann stünden die Lifte still, und die rasierten Hänge könnten sich erholen. Waffenstillstand zugunsten der Natur. Wir wollen vor Augen führen, daß auf einer entwaldeten Erde die Atemluft und das Trinkwasser für die Menschheit knapp werden; daß ohne die Schutzwälder die Gebirgstäler nicht mehr bewohnbar sind; wie sich der Beton über die Alpen ergießt und die Millionen Tonnen der Abgase des Transitverkehrs das Leben ersticken. Wir stellen die Grausamkeiten der Massentierhaltung und -verwertung den friedvollen Bildern einer artgemäßen Aufzucht gegenüber. Die chemiegetränkte Industrielandwirtschaft konfrontieren wir mit der Alternative des ökologischen Landbaus, der auf gesunden Böden gesunde Nahrungsmittel erzeugt. Wir plädieren für den sparsamsten Umgang mit den nichtregenerativen Energiequellen und die konsequente Ausschöpfung des solaren Energiepotentials. Wir überlegen uns, was zu erreichen wäre, wenn die 50 Milliarden

Mark — die jährlich allein von der deutschen Verpackungsindustrie umgesetzt werden — durch die Verweigerung umweltbewußter Verbraucher zumindest halbiert würden. Müllfreies Haushalten ist möglich. Man muß nur damit anfangen. Langlebige, wiederverwendbare, reparaturfähige und zerlegbare Konsumgüter sind das Gebot der Stunde. Denn ohne Recycling wird es auf der Erde in absehbarer Zeit keine anorganischen Rohstoffe mehr geben. Der natürliche Kreislauf ist wieder zu schließen. Die Verteidiger der auf Wachstum gegründeten Industrie wollen uns stets mit Argument verunsichern, daß in einer strikt ökologisch ausgerichteten Wirtschaft die Lichter ausgingen, daß unsere Kultur in die Steinzeit zurückfiele. Es verhält sich aber nun genau umgekehrt: Die Ausplünderung und Verwüstung der Erde durch den hemmungslosen industriellen Raubbau wird dafür verantwortlich sein, daß spätere Generationen unter Steinzeitbedingungen ihr Leben fristen müssen — falls uns nicht vorher doch noch der Absprung von diesem in den Abgrund rasenden Zug gelingt. Die logisch notwendige, radikale Reform der Industriegesellschaft — zu einer Wirtschaft, die Maß hält und die von der Vernunft, nicht jedoch von der Gier gesteuert wird -, bedeutet mitnichten die Regression in eine primitive, vor-technische Lebensweise. War etwa die Epoche zwischen 1870 und 1914, als sich die Welt ökologisch vergleichsweise noch einigermaßen im Lot befand, primitiv und dürftig? Nein: Denn die Arbeitserleichterungen durch die moderne Technik standen schon zu Verfügung. Eisenbahnen bewältigen den großräumigen Verkehr, und die Maschinen in den Werkstätten hingen an ledernen Transmissionsriemen. Aber die Alpen waren nahezu unberührt, das Meer war sauber, die Strände waren unverbaut, die Landwirtschaft blühte, Obst und Gemüse waren noch schmackhaft, das Fleisch einwandfrei, und die Familien kamen ohne vierzig elektrische Geräte im Haushalt aus. Auch reiste man nicht in den Ferien auf die Seychellen oder die Malediven. Der Regenwald war noch nicht angetastet, den heimischen Wäldern ging es gut - und die Autos hatten noch kaum Anteil an der Luftverschmutzung.

In den USA existiert inmitten der amerikanischen Zivilisation eine religiöse Bevölkerungsgruppe - die „Amischen“ -, die sich fern von der Gegenwart hält. Diese Menschen leben bewußt ohne Strom, ohne Auto, ohne Telefon, ohne Cassettenrecorder, ohne elektrische Bohrmaschine. Die Amischen sind Bauern, die keine Chemie benützen und für die Feldarbeit nur Pferde einsetzen. Sie lehnen die heutige Technik ab und gehören dennoch zu den besten und erfolgreichsten Landwirten in den Vereinigten Staaten. Ihre schönen Höfe sind groß und stattlich. Das Beispiel der Amischen beweist immerhin, daß der Verzicht auf die „Segnungen“ der Industrie nicht unbedingt mit dem Verzicht auf allgemeinen Wohlstand gleichzusetzen ist. Und: Würden wir so bescheiden und sanft wie die Amischen mit den Schätzen der Erde umgehen, müßten wir uns um die Zukunft nicht sorgen.

Es ist an der Zeit, den „Supermarkt“ hinter sich zu lassen. Konsum macht auf Dauer nicht froh. Außerdem: Des einen Luxus ist des andern Not. Aber wer mithilft, der Welt das „Sein“ zu sichern und die Nachkommen vor dem „Nichtsein“ zu bewahren -, der wird das Glück empfinden, das Richtige zu tun. Die Erde ist uns nur geliehen. Deshalb müssen wir sie unbeschädigt zurückgeben. Darum: Erst kommt die Moral — und dann die Industrie. Nur mit dieser Reihenfolge der Werte können wir retten, was noch zu retten ist.

Sylvia Hamberger

Maschinen-Mensch und Industrie-Natur

Ein kurzer Gang durch die Geschichte der Gen-Technik

Umbruch. Neuzeit.
Die Zeit zwischen dem 15. und 17. Jahrhundert ist die Zeit der Entdeckung Amerikas, die Zeit der Reformation, die Zeit des Aufbruchs der Wissenschaften und der Entstehung der Marktwirtschaft.

Die Kopernikanische Wende läßt von nun an die Erde um die Sonne drehen, und die Ausdehnung von Seefahrt, Handel und Kriegswesen begünstigt die Entwicklung neuer Maschinen und optischer Geräte. Der Naturalientausch wird von der Geldwirtschaft abgelöst, und Geld dient seither als abstraktes und austauschbares Äquivalent für Waren und als unbegrenzter Wertspeicher des (vor)industriellen Reichtums.

In diesen Jahrhunderten wird ein Weltbild verbannt, das Kosmos, Erde und Natur als einheitlichen, beseelten und belebten Organismus sah. Dieses alte Weltbild war ebenso wie die Stellung von Mensch und Gesellschaft nicht mehr vereinbar mit neuen Techniken, wachsenden Städten und expandierenden Märkten. Die wirtschaftliche Ausbeutung und damit „der Tod der Natur" läßt sich nur mit neuer Weltensicht und neuen Wissenschaften legitimieren. Die Herausforderungen liegen seither im Kampf gegen Natur. Mit Hexenverbrennungen und Teufelsaustreibungen werden Andersgläubige — vor allem Frauen — vernichtet, denn sie gelten als Verbündete einer gefährlichen, 'wilden' und kontrollbedürftigen Natur.

Nicht nur die Kirche, sondern auch die neuen Fortschrittsgläubigen beteiligen sich an der Hexenverfolgung. Alte Naturweisheiten, magische Vorstellungen und das Wissen der Alchemie werden gereinigt in die neuzeitlichen Wissenschaften von Medizin, Chemie und Physik übernommen.

Im 17. Jahrhundert setzt sich ein neuer Gedanke durch: Die ganze Welt ist eine universale Maschine, vergleichbar der Räderuhr, und alle Lebewesen sind *Teile* ihres Räderwerkes. Dieser Gedanke setzt sich an die Stelle des alten organismischen Weltbildes und speist schon damals die Phantasien von künstlicher Natur und künstlichen Menschen. Die synthetische Zeit bricht damit an.

Maschinensprache benennt Maschinenkörper. William Harvey, der als erster den Blutkreislauf beschreibt, bezeichnet 1628 das Herz als Wasserpumpe mit Röhren und Ventilen, und Baglivi, ein Arzt der italienischen Schule der Laromechaniker, stellt in seiner 'praxis medica' 1696 den menschlichen Körper als Apparat dar: „Mit Zähnen bewaffnete Kiefer, was sind sie anderes als Zangen? Der Magen ist ein Kolbenzylinder, die Adern, das ganze Gefäßsystem sind hydraulische Schläuche, das Herz ist eine Sprungfeder ..."

Mit René Descartes werden diese Ansichten des Maschinenleibes philosophisch und damit weit in unsere Zeit hinein untermauert. Seiner Auffassung nach sind Pflanzen, Tiere und auch der menschliche Leib nichts anderes als Maschinen, die sich jedoch von den herkömmlichen Maschinen durch die bessere Konstruktion und das „wunderbare Getriebe" unterscheiden. Die Seele wird zur eigentlichen Triebkraft des Lebens. Das Signum der Seele aber ist die vernünftige Sprache, die weder Tiere noch Maschinen sprechen und die die Unterscheidbarkeit des Menschen ausmacht. Im Gegensatz zu Kepler und Galilei, die noch an eine eigene göttlich eingeprägte Sprache der Natur glaubten, schlägt Descartes eine artifizielle Universalsprache vor, die alle Dinge und alle Gedanken, die je gedacht wurden, erfassen soll. Ebenso wie einige seiner Zeitgenossen ist Descartes der Ansicht, daß sich alle Erscheinungen des Lebendigen mit den Gesetzen der Mechanik, der Physik und der Chemie erklären und auf sie zurückführen lassen.

Diese Vorwegnahme der modernen Wissenschaften und die maschinellen Träume seiner Zeit werden von Isaac Newton begrifflich gefaßt. Er führt die Bewegung der Himmelskörper und den Fall des Apfels vom Baum auf eine gemeinsame Idee zurück und schafft damit ein in sich geschlossenes System der Naturbeschreibung: die klassische Mechanik. Unfaßliche Dinge in der Welt des Alltags und der unendliche Lauf der Himmelskörper begegnen sich seither in der Sprache der Mathematik.

Das 18. Jahrhundert verhilft den Maschinenkörpern und Wunschmaschinen zum Durchbruch. La Mettrie hebt in seinem Buch „Der Mensch als Automat" (L'Homme Machine) die Trennung zwischen Mensch und Tier, zwischen Seele und Körper auf, die noch Descartes betont hatte. Dem Menschen wird nur noch der Status einer besonders komplizierten Maschine zugestanden. Es entstehen Modelle vom Menschen, Automaten, die musizieren, lesen, schreiben und zeichnen. Doch nicht der praktische Nutzen beflügelt die Mechaniker jener Zeit, sondern nur das Spiel mit der Phantasie ihrer höfischen Zuschauer. Was hier theoretisch wie praktisch geschieht, ist der Probelauf des menschlichen Körpers als Maschine.

Im 19. Jahrhundert ersetzen Kraft und Leistung das Spiel. Mit dem industriellen Einsatz der Dampfmaschine wird der Arbeitsablauf zu einem abstrakten Ordnungssystem, das die Menschen als „Rädchen im Getriebe“ in seinen mechanischen Gleichlauf zwingt. Gilt das Lebewesen schon in dieser Zeit eher als maschinelles Objekt, so kehrt nun in der Beschreibung der Maschine „Natur“ zurück. Maschinen erscheinen als Lebewesen, die geliebt oder gehaßt werden, denen die Gefühle gelten.

In der Erforschung der Natur interessiert das einzelne nur noch als Verallgemeinerbares, und Herz wie Blick des Forschers erstarren in eisiger Distanz. Naturforschung darf nur noch betreiben, wer seine „Restnatur“ verleugnet, wer zum „Maschinisten“ wird: objektiv, emotionslos, unparteiisch, kalt. Als Fortschritt in der Methode kann von nun an das wissenschaftliche Experiment betrachtet werden: Ein Objekt der Natur wird in einem artifiziellen Raum unter eindeutigen Bedingungen befragt. Man erwartet auch eindeutige Antworten. Sadistische Folterungen und die akribische Zerteilung der Lebewesen gelten als legitim, ja notwendig zur Erforschung der Vorgänge des Lebens.

Der kalte Blick bedient sich seines wichtigsten Gerätes, des Mikroskops, von dem der Mikrobiologe Vishniac später sagen wird, es habe zur „Bewaffnung des Auges“ geführt. Die Perfektionierung und Herstellung der Mikroskope wie der Farbstoffe hat im 19. Jahrhundert industrielle Ausmaße erreicht und ermöglicht damit die Bestückung zahlloser Labors. Mit Hilfe der Vergrößerungen wird die Grenze des menschlichen Auges überschritten, und damit verändert sich die visuelle Gestalt der Dinge. Und es wird sichtbar, daß Lebewesen aus kleinen und kleinsten Teilchen bestehen. Damit sind sie — zunächst theoretisch — in diese *Teile* zerlegbar.

Unterdessen züchtet Gregor Mendel Erbsen im Klostergarten zu Brünn, die in die Geschichte eingehen werden. Über die Vererbung ihrer Samen- und Blütenfarben formuliert er Gesetzliches: Die Vererbung äußerlich sichtbarer Merkmale beruht auf der Vererbung einzelner Faktoren innerhalb der Pflanze. Außerdem dominiert ein Merkmal über ein anderes Merkmal. Damit liegen auch der Vererbung *Teile* eines Ganzen zugrunde. Doch Mendel forscht zu früh. Zu seiner Zeit nimmt ihn niemand ernst, obwohl er einen sehnlichen Wunsch der Naturforschung erfüllt hat: die Einführung des mathematisch-statistischen Experiments, das aufgrund einer riesigen Anzahl von untersuchten Individuen zu allgemeinen und quantifizierbaren Aussagen kommt.

Zur etwa gleichen Zeit (1859) formuliert Charles Darwin in England seine Ansichten über die „Entstehung der Arten“, die das gesamte Bild der belebten Natur verändern und die Begriffe der gemeinsamen Abstammung aller Lebewesen, des stetigen Wandels der Geschöpfe als zeitliche Struktur innerhalb der Erdgeschichte und der natürlichen Auslese postulieren. Während diese Thesen auf naturwissenschaftlicher Seite heftige Kontroversen auslösten, kamen sie anderen gesellschaftlichen Bereichen zu dieser Zeit entgegen. Das starke Anwachsen der Industrie ließ die soziale Auslese und das Prinzip der Arbeitsteilung quasinatürlich erscheinen. Der „Kampf ums Dasein“ und das Recht des Stärkeren beherrschte auch den Alltag der Industriegesellschaft. Und die „natürliche Auslese“ führte zu sozialdarwinistisch begründeten eugenischen Schriften und Pamphleten in jeder gewünschten Richtung.

Was in der zweiten Hälfte des 19. Jahrhunderts in der Naturforschung geschieht — die Überführung der unmittelbaren Anschauung der Naturvorgänge 'als Ganzes' in abstrakte Gesetzmäßigkeiten und zeitlich bestimmbare Strukturen —, vollzieht sich mit der Industrialisierung in allen Bereichen des Lebens. In der Zirkulation von Menschen, Rohstoffen, Natur und Waren verschwinden individuelle Eigenschaften und sinnlich-direkte Erfahrungen.

Doch kehren wir in die Laboratorien zurück. Das 20. Jahrhundert wird das Jahrhundert der genetischen Forschung und Anwendung. Um 1900 entdecken Correns, De Vries und Tschermak die Mendelschen Gesetze neu. Sie werden der Vergessenheit entrissen und gehören als Naturgesetz von nun an zum Unterrichtsstoff. Inzwischen hat auch die Zellforschung die ersten zusammenfassenden Übersichtsdarstellungen über die Chromosomen ermöglicht. Doch wie können diese zu den Mendelschen Erbfaktoren in Beziehung gesetzt werden? Boveri kommt 1904 zu der Ansicht, daß zu den bisherigen Untersuchungsmethoden eine weitere hinzukommen müsse: die systematische Züchtung und Bastardisierung der lebenden Forschungsobjekte. De Vries formuliert bereits 1901: „Die Kenntnis der Gesetze des Mutierens wird voraussichtlich später einmal dazu führen, künstlich und willkürlich Mutationen hervorzurufen und so ganz neue Eigenschaften an Pflanzen und Thieren entstehen zu lassen . . .“
Immer weiter dringt der Blick in den Mikrokosmos ein auf der Suche nach dem Getriebe der Natur. Die Modellvorstellungen und Denkgebäude chemischer und physikalischer Prozesse werden in dieser Zeit mehr und mehr zur Deckung gebracht. Doch bleiben beide Wissenschaften getrennte und machtvolle Einzeldisziplinen: Später wird man sagen, daß die Chemiker den ersten Weltkrieg und die Physiker den zweiten Weltkrieg gewonnen hätten.
In der Biologie setzt Hermann Muller 1926 die Experimente zur Erzielung von Mutanten fort. Er bestrahlt Exemplare der Fliege Drosophila mit energiereicher Strahlung, die das Erbgut verändert. Diese Erbgutveränderung durch eine „physikalische Erfindung“ erweckt das Interesse der Physiker an der Biologie. Anfang der 30er Jahre ist noch immer nicht die Frage nach dem 'Leben an sich' verstummt. Niels Bohr schlägt damals vor, einen „Lebensbegriff einzuführen, irrational vom Standpunkt der Physik“. Doch beschränkt sich die Suche nach der 'Qualität des Lebens' zunehmend auf physikalische und chemische Versuchsanordnungen und Gesetzmäßigkeiten. Als Folge davon erscheinen Manipulationen technisch möglich. 1934 führt der Genetiker Timoféeff-Ressovsky den Begriff des GENETIC ENGINEERING ein: Lebewesen sollen durch künstliche Manipulation menschlichen, d.h. industriellen Zwecken angepaßt werden. Ende der 30er Jahre kommen Physiker und Genetiker zu dem Schluß, daß die Vermehrung von Lebewesen „als besonderer Trick der organischen Chemie“ zu sehen sei. Die Härte des Lebens kommt seither aus der Kälte der Moleküle.

In Deutschland haben sich inzwischen andere Herren an die Genetik herangemacht - auf ihre Weise. Die Rassenlehren des Dritten Reiches nehmen die genetischen Möglichkeiten und eugenischen Lehren, die seit dem 19. Jahrhundert propagiert wurden, willig auf. Die Nazis machen daraus die Lehre der germanischen Herrenrasse. Der arische Mensch ist das neue Ideal. „Genetisch bedingt“ heißt: Man kann ihn züchten, bereinigt und in der gewünschten Richtung. Millionen Menschen fallen auf grausamste Weise den Maßnahmen zur „Reinhaltung der Arischen Rasse“ zum Opfer und werden ermordet, vergast, liquidiert. 1979 sagt dazu der amerikanische Molekularbiologe Ethan Signer: „Die Endlösung war ein genetisches Programm. Es war ein Versuch, die Zusammensetzung des menschlichen Gen-Pools zu manipulieren. Es kann sich jederzeit wiederholen. Ob in Deutschland oder anderswo . . .“
Die angloamerikanische Forschung schreitet in den 40er Jahren trotz der Kriegswirren und der eugenisch begründeten Massenmorde fort. Man weiß nun, daß die Chromosomen chemisch aus Eiweißen oder Proteinen und aus der proteinfreien Desoxyribonukleinsäure — der DNS oder DNA — bestehen. In den 50er Jahren beginnt das kybernetische Zeitalter, das auch für die Genforschung entscheidende technische Voraussetzungen schafft. Das Prinzip der Organisation setzt sich durch. Was in den Jahrzehnten zuvor zerpflückt und zerteilt wurde, erhält Einheit zurück: die Einheit kybernetischer Modelle. Lebewesen und Naturereignisse erscheinen seither als „Systeme“ und „Regelkreise“. Und die technischen Abbildungen des Verstan-

des beginnen mit ihrer formallogischen Arbeit: Das Computerzeitalter beginnt, und die Computermetapher beschreibt von nun an Lebensvorgänge.
Das Jahr 1953 kann in zweifacher Hinsicht als besonders bemerkenswert gelten: Der damalige US-Präsident Eisenhower leitet mit seiner Rede „Atoms for Peace“ die sogenannte friedliche Nutzung der Atomenergie ein, und Francis Crick und James Watson stellen ein Modell der Erbstrukturen vor: das Raummodell der DNS. Eine gewundene Doppelspirale bildet seither die gedankliche Grundlage für den Aufbau aller Organismen. Zunächst war dieses Modell nur für Mikroorganismen postuliert; aber bald gehen die Vorstellungen davon aus, daß diese Substanz in ihrer doppelspiraligen Form — einer gedrehten Strickleiter gleich — in allen lebenden Zellen vorliegt. So entlarven sich also auch die kleinsten Elemente des Leibes — die Zellen — als miniaturisierte Biomaschinen, die mit einem chemischen „Informations-Speicher“ im Zellkern die Baupläne des Lebens festlegen. Maus und Mensch, Zebra und Zitrone geraten so zu Agenten einer Säure, die mit chemischen Tricks und in vielfältiger Gestalt aus der Ursuppe heraus alle Nischen des Erdballs erobert hat. Formallogisch ist diesem Weltbild nur hinzuzufügen: Welcome to the machine. Nun beginnt die Reise in die Strukturen der DNS — es wird ein Weg ohne Wiederkehr: *Wenn* Lebewesen aus DNS-Bausteinen aufgebaut sind, *dann* können sie auch aus diesen Bausteinen anders — effektiverleistungsorientierterverwertbarer — zusammengesetzt werden. Die Logik des biochemischen Legospiels setzt sich durch.
In den 60er Jahren wird die Zelle zur Baustelle. Eine intensive „Dechiffrierungskampagne“ beginnt. Bereits 1950 hatte Erwin Chargaff die Vermutung geäußert, daß die genetischen Anweisungen den Signalen eines Morsecodes ähnlich seien. 1961 entschlüsselte Marshall Nirenberg das erste Stück genetischen Codes. Die Basen Adenin, Thymin, Cytosin und Guanin — A, T, C und G - bilden paarweise die Sprossen der DNS-Leiter, ihre spezifische Aufeinanderfolge ergibt den „Text“ der genetischen Information. Code-Lexika entstehen wie einst die Karten fremder Kontinente. Alle theoretischen Ansichten basieren zu dieser Zeit auf der Untersuchung einiger Mikroorganismen. Zu erkenntnistheoretischen Überlegungen fehlt in der Biologie ohnehin die Zeit, denn die Modelle drängen zur Anwendung.
1962 findet das Symposium der CIBA-Foundation unter dem Titel „Der Mensch und seine Zukunft“ statt. Genetiker, Mediziner und Biologen äußern ihre Visionen über die Rolle der Biologie. Der Bakteriengenetiker Joshua Lederberg spricht von der „Ausübung verantwortungsvoller Macht in der Konstruktionsbiologie“, beklagt die Kluft zwischen akademischer Wissenschaft und wirtschaftlicher Anwendung und sieht die Zukunft seiner Zunft in der biologischen Kontrolle des menschlichen Lebens: „Die höchste Anwendungsstufe der Molekularbiologie wäre die direkte Steuerung der Nukleotidsequenzen in menschlichen Chromosomen, verbunden mit der Möglichkeit, die erwünschten Gene ... zu erkennen, auszusondern und zu integrieren.“ Auch die Regulation des menschlichen Gehirns, die Enteignung und Kontrolle der menschlichen Fortpflanzung zur Gewährleistung „des Fortschritts“ und die biologische Kontrolle des menschlichen Genoms als „Gegenmaßnahme“ zu den Umweltschäden werden schon hier diskutiert.
1966 schlägt Lederberg bei anderer Gelegenheit die Züchtung von Mensch-Affen-Chimären für die Raumfahrt, die Klonierung ausgewählter Menschen und die Aufhebung von Rassen- und Geschlechtsunterschieden durch genetische Maßnahmen (!) vor. Lederberg steht mit einer ganzen Reihe seiner Vorschläge nicht alleine da. Auch andere Genetiker und Molekularbiologen haben sich in den letzten Jahrzehnten eindeutig eugenisch geäußert. Inzwischen sind die Macht- und Machbarkeitsvisionen leiser und diskreter geworden. Von den heutigen Betreibern der Gentechnologie werden sie völlig heruntergespielt. Gerade das gibt aber zu den schlimmsten Befürchtungen Anlaß.
Die 70er Jahre werden das Jahrzehnt der großen Umweltdesaster, der Sevesokatastrophe, des beginnenden Waldsterbens und der Erkenntnis, daß gerade die Naturwissenschaften keinerlei Lösungsmöglichkeiten für diese Entwicklungen bereitstellen können. Doch während die äußere Natur pathologische Veränderungen erfährt, nähert sich der technische Zugriff be-

reits der inneren Landschaft der Erbstrukturen. Das erklärte Ziel dieser Manipulationen ist die „Verbesserung“ des Erbgutes, vom Bakterium bis hin zum Menschen. Der Glaube an die eigene Schöpfermacht paart sich mit trickreicher Labortechnik. Maschinelles, Synthetisches und Lebendiges wird vereint als vorerst letzte Stufe industrieller Eroberungen, als technobiologische Frischzellenkur der Warengesellschaft. „Alte“ Natur hat in diesen Vorstellungen ausgedient, ist sie doch den Anforderungen des Fortschritts längst nicht mehr gewachsen. Industrielle Normen und Kosten-Nutzen-Analysen gelten als Maßstäbe für zukünftiges wert-volles Leben. Die Macher der Natursynthetik sind sich ihres Erfolges sicher. Medienwirksam bieten sie an, die Probleme einer bankrotten Zukunft zu lösen, deren Bankrott sie selbst mitverursacht haben.

Aber noch reichen in den 70er Jahren die neuen Wesen nicht an das Niveau von Disneyland heran. Das rein dokumentarische Bild zeigt folgendes: 1970 gelingt die erste Laborsynthese eines Gens der Hefe. Das heißt, Gene können zum ersten Mal künstlich hergestellt werden. 1974 veröffentlichen die Forscher Cohen, Boyer, Stanley und Goodman die Ergebnisse eines weiteren Durchbruchs: Sie verpflanzen die Gene eines Frosches in das Darmbakterium Escherichia coli. Der Versuchsablauf gleicht der Suche nach der Nadel im Heuhaufen. Unter Tausenden von Bakterien werden die wenigen herausgesucht, die das fremde Froschgen tragen. Sie werden — nun als Klon bezeichnet — weitervermehrt. Mit dieser Methode können sowohl bestimmte Gene irgendwelcher Lebewesen über Bakterien vervielfältigt werden als auch die Eiweißprodukte dieser Gene. 1975 entstehen in den USA die ersten Bürger- und Umweltinitiativen gegen die genetischen Manipulationen. 1975 findet auch die Konferenz von Asilomar statt. Die Angst vor selbstgebastelten Krankheitserregern wächst auch unter den Begründern der neuen Technik. Über hundert Wissenschaftler verabschieden ein Moratorium zur Beschränkung der eigenen Versuche. Als Resultat werden 1976 Richtlinien der amerikanischen Gesundheitsbehörde veröffentlicht, die aber nur für öffentlich geförderte Forschungen bindend sind. Schon 1980 werden die Auflagen für die meisten Versuche stark gelockert, da nun die Wissenschaftler behaupten, das allermeiste ihres Tuns sei völlig ungefährlich. Jede weitere Kritik an den gentechnischen Versuchen, die von außen kommt, wird mit dem Hinweis auf das Moratorium als inkompetent und unwissenschaftlich zurückgewiesen. Auch in der Bundesrepublik wurden Auflagen der vor allem von Industrie und Betreiberseite besetzen ZKBS (Zentrale Kommission für Biologische Sicherheit) immer wieder gelockert. Nach dem neuen Gen-Gesetz ist die ZKBS dafür zuständig, die Versuche in Sicherheitsstufen einzuteilen. Die Sicherheitspolitik der Genforschung steht weltweit unter dem Motto: „Solange nichts passiert, passiert nichts.“ Und es ist die Frage, ob wir es überhaupt erfahren, wenn etwas passiert. Genmanipulierte Lebewesen haben eine Eigenschaft aller Lebewesen behalten: Sie vermehren sich — unkontrollierbar.

Doch kehren wir noch kurz in die Geschichte der Genlabors zurück: In den 70er Jahren gelingt es, menschliche Gene für Wachstumshormone und Insulin in Bakterien einzuschleusen. Die Bakterien produzieren daraufhin menschliches Wachstumshormon oder Insulin, die sie für ihren Einzellenorganismus nicht brauchen. Sie produzieren eine Ware. Damit kündigt sich sofort die kommerzielle Verwertung der Genforschungsergebnisse an. Schon Mitte der 70er Jahre gründen Genforscher nach dem Vorbild der Computerbranche eigene Forschungsverwertungsfirmen, sogenannte „Bio-“ oder „Gen-Boutiquen“. Die bekannteste Gründung, 1976, ist 'Genentech'. Erste Millionen investierten der Chemiemulti Monsanto und die Minengesellschaft International Nickel. Schon 1980 kam eine gerichtliche Entscheidung den kommerziellen Wünschen entgegen. Damals wurde vom obersten Gerichtshof der USA das erste Lebewesen, eine ölfressende Mikrobe, patentiert, dessen Erbsubstanz verändert worden war. Damit wird die Genmanipulation zum großen Geschäft, der Gentechniker zum „Erfinder“ neuer Lebewesen. Mit der Patentierbarkeit von genmanipulierten Lebewesen in den USA wird ein Bioboom eingeleitet, an dem inzwischen fast alle großen Chemie-, Agrarindustrie -, Pharma- und Nahrungsmittelmultis sowie Minengesellschaften und Energie-

konzerne beteiligt sind. Das Gengeschäft ist global: „Nie zuvor ist eine technologische Neuerung über international so verflochtene ökonomische Strukturen verbreitet worden wie die Gentechnik." Öffentliche Gelder floßen reichlich und Industriegelder erst recht. Obwohl inzwischen eine gewisse Ernüchterung der ersten Euphorie gewichen ist — Natur ist eben keine Maschine —, kaufen sich die großen Chemiekonzerne in die forschereigenen Firmen ein oder investieren in öffentlich geförderte Institute, um die verwertbaren Ergebnisse der 'Grundlagenforschung' direkt zu vermarkten.
Hoffmann-La Roche hat 1990 eine 60%-Übernahme von Genentech für 2,1 Mrd. Dollar verkündet. Genentech hatte zuletzt einen Umsatz von 440 Mill. Dollar durch die Herstellung und den Lizenzverkauf gentechnisch hergestellter Wachstumshormone, Infarktmittel und das gentechnisch hergestellte Humaninsulin, das u.a. vom Chemiemulti Eli Lilly produziert wird. 500 Mill. Dollar sollen in Genentech investiert werden. Die Firma Hoechst hat sich schon 1982 für zehn Jahre mit einer 50 bis 60 Millionen Dollar-Beteiligung in ein Harvard-Institut eingekauft. Bayer gründete 1981 mit Yale-Professoren in den USA eine eigene Genfirma und steckt seit einem Jahrzehnt über 50 Millionen DM pro Jahr in die reine Gentechnik. Die Konkurrenz im Gengeschäft wird zunehmend zwischen Europa, USA und Japan ausgetragen. Deutsche Chemiemultis kaufen sich in USA und anderen Ländern in die Gentechnik ein, da hier bisher die rechtliche Grundlage zu vage war. Deshalb wurde 1990 schnell ein industriekonformes Gengesetz durchgeboxt.
Auf dem Markt sind bisher einige, über gentechnisch manipulierte Bakterien hergestellte Arzneimittel und andere Pharmaka. Die Kosten explodieren, da die Forschungs- und Entwicklungskosten der Gen-Präparate ungewöhnlich hoch sind. Aber es wird weiter kräftig investiert. Viel Geld fließt inzwischen in die Publicity und die „Akzeptanz der Genforschung". Unter dem Slogan „Zurück zur Natur" wird die Genmanipulation — nun „Biotechnologie" genannt — als 'Alternative' zur „harten Chemie und Technik" verkauft. Denn es geht ein Gespenst um im Gen-Geschäft: „Potentielle Kunden könnten sich den Produkten der Gentechnik verweigern." Das aber wäre die Lösung für viele Probleme, die wir heute mit der industriellen Produktion haben: die Verweigerung der Kunden. Doch die Genforschung ist sich ihres zukünftigen Erfolges noch immer sicher, arbeitet sie doch nicht nur auf dem Feld des direkten Konsumenten, sondern teilweise schon an seiner Herstellung. Doch das sind Spekulationen mit der Zukunft, auf die zurückzukommen sein wird.
Neben dem Pharmamarkt sind die Chemie- und Energiekonzerne vor allem am gentechnisch intensivierten Agrobusiness interessiert. Die ohnehin stark überproduzierende Landwirtschaft soll mit genmanipulierten Nutzpflanzen und industriekonform umgebauten Tieren einen neuen Produktivitäts-Boom erleiden. Schon seit vielen Jahren kaufen sich Firmen wie Ciba Geigy, Sandoz, Hoechst, Shell, Volvo und Exxon u.a. in kleinere Saatgutunternehmen ein. Neben einem Monopol im Landwirtschaftsgeschäft geht es hier wohl um folgende Entwicklung:

Die Transgene Pflanze

Der Pflanzen-Bau wird beim Wort genommen. In den 80er Jahren wird die Änderung und Normierung der Erbstrukturen höherer Pflanzen, Tiere und des Menschen begonnen. Wie Maschinenteile oder Mikrochips sollen Gene und damit Eigenschaften aus- und eingebaut werden. Genomanalysen wichtiger Nutzpflanzen sind in Bearbeitung. Resistenzen werden getestet, fremde Eigenschaften eingebaut. Am bekanntesten wurde die „herbizid-resistente Pflanze", und sie zeigt auch gut die Richtung dieser Machenschaften auf: Verschiedene Nutzpflanzen wie Soja oder Kartoffeln sollen auf gentechnologischem Weg gegen die Totalherbizide der großen Chemiefirmen immun gemacht werden. Nach einer Behandlung mit Herbiziden auf z.B. einem Maisfeld könnten dann ohne weiteres andere Pflanzen angebaut werden, die diese Herbizide ebenfalls „vertragen". Damit können Breitbandherbizide das ganze Jahr über in hohen Konzentrationen ohne Ernteverluste ausgebracht werden. Jeder Chemiekonzern ist nun bestrebt, bestimmte Pflanzen auf sein Herbizid — bei Hoechst unter dem Namen BASTA, bei Monsanto ROUND-UP usw. — hin umzubauen. Das Saatgut der herbizid-resistenten Pflanzen wird dann im Doppelpack mit dem Herbizid — und wahrscheinlich noch dem Dünger — verkauft. Damit kann man landwirtschaftliche Flächen endgültig zu Industriezonen erklären.

Das Transgene Tier

Auch die gentechnischen Entwicklungen in der Tierzucht sind makaber. Bereits 1983 werden in vorbereitenden Versuchen Wachstums-Gene einer Ratte in eine Maus verpflanzt — Ergebnis ist die „Riesenmaus". 1988 erhält eine gentechnisch manipulierte Maus das US-Patent Nr. 4736866. Das ist das erste Patent, das für ein höheres Lebewesen vergeben wird. Patentiert wird ein Tier und die Technik seiner unfreiwilligen Veränderung. Doch damit nicht genug. Patentiert wird ein Tier, eine Maus, dem die „Eigenschaft" eingesetzt wurde, mit etwa 50prozentiger Sicherheit an Krebs zu erkranken. Dieses Tier und alle seine Nachkommen dienen ausschließlich der verbrauchenden Forschung. Für 50 Dollar pro Stück werden die Tiere vermarktet — Lizenzen müssen bei Nachzucht an den „Erfinder" und inzwischen an die Firma Du Pont gezahlt werden.

Das Bundesforschungsministerium in Bonn fördert seit 1986 das Forschungsprojekt: *Schwein*. Es soll „groß, stark, mit mehr Fleisch und krankheitsimmun sein und als lebender Bioreaktor verschiedene Pharmaka wie Humaninsulin, Interferon und menschliche Gerinnungsfaktoren" liefern. Diese werden ihm dann über die Milch und das Blut abgezapft.

Das Tier als Biofabrik — abgesichert im Hochsicherheitsstall der Industriekonzerne — liegt in naher Zukunft. Die „Herstellung" dieser bedauernswerten Tiere erfolgt in den ersten vierundzwanzig Stunden. In die befruchtete Eizelle wird DNS-Lösung mit entsprechenden Geninformationen eingespritzt. Bei manchen Tieren „springt das Gen an", sie produzieren für ihren Körper völlig unsinnige menschliche Stoffwechselprodukte wie Humaninsulin. Gearbeitet wird in dieser Richtung an Rindern, Schafen, Mäusen (und Pflanzen).Dieser Gentransfer wird als „neue Dimension in der Züchtungstechnik" gefeiert. Darüber hinaus soll die tierische Produktion wie Milch und Fleisch über gentechnisch hergestellte Hormonpräparate (BST — Rinderwachstumshormon; PST — Schweinewachstumshormon) um 20 bis 40 Prozent gesteigert werden. Die Zulassungen dieser Mittel werden im EG-Rahmen heftig diskutiert. So absurd es klingt: Die hormonbehandelten Kühe haben eine verkürzte Lebenszeit und sind nur noch mit speziellem Kraftfutter und Tierarzneien am Leben zu erhalten. Das bedeutet einen Doppel- bis Dreifachverdienst für die entsprechende Industrie. Die Tiere, die Umwelt, die Bauern und die Verbraucher sind schon jetzt durch viel zu hohe Milchleistungen, Gülle- und Rückstandsprobleme belastet. Aber gemacht wird, was *technisch* machbar ist: wider alle menschliche Vernunft und nur einer eindimensionalen industriellen Logik folgend.

Noch finden die meisten gentechnologischen Versuche in geschlossenen Räumen, unter Laborbedingungen statt. Erste Freilandversuche hat es bereits Anfang der 80er Jahre in USA gegeben. Seither haben Freilandtests in USA und anderen Ländern stattgefunden, die von Protestkundgebungen begleitet sind. In der Bundesrepublik wurde der erste Freilandversuch im Mai 1990 gestartet. Das Max-Planck-Institut für Züchtungsforschung in Köln-Vogelsand pflanzte auf einem Versuchsfeld 30.000 genmanipulierte Petunien, denen ein Maisgen und ein Gen gegen eine Antibiotikaresistenz eingebaut worden waren. Dieser Versuch hat Initialfunktion. Jeder weitere Freilandversuch wird dadurch erleichtert: Die Freilandversuche der Industrie werden nachgeschoben.

Über die Auswirkungen genmanipulierter Lebewesen auf die Umwelt ist so gut wie nichts bekannt. Experten streiten sich mit widersprüchlichen Aussagen oder halten von vornherein alles für völlig harmlos nach dem Motto: „Wir machen ja das gleiche wie die Natur selbst." Die Folgen dieser Aktivität sind nicht einmal abzuschätzen. Sie können durch den raschen Verbreitungsgrad und die Eigenvermehrung der manipulierten Lebewesen die gesamte belebte Natur betreffen. Rückholbar wird es nicht.

Doch nicht nur die Natur der Pflanzen und Tiere wird verändert. Die Idee der Maschine galt ja von Anfang an auch dem Menschen selbst. Nun wird aus der Maschinenidee Maschinenpraxis. Vor über zehn Jahren wurden die ersten „Retortenkinder" geboren. Das elterliche Grundmaterial — Ei und Sperma — wurde, noch ohne weitere Manipulation, in einer Glasschale vereinigt und die befruchteten Eier nach den ersten Teilungen zurück in die Mutter verpflanzt. Auch hier werden schon „Qualitätskontrollen" zur Prüfung durchgeführt. Die Versuche laufen unter dem Begriff „Mutterglück" und lassen den Ausdruck vom „Kindermachen" Wirklichkeit werden. Inzwischen wurden weltweit Tausende Retortenkinder geboren. Mit Gentechnologie hat das nichts zu tun - aber es ist eine Voraussetzung dafür. Denn wie in der Tierzucht kann der Embryo außerhalb der Mutter gentechnologisch „überarbeitet" werden. 1982 schlagen die Erfinder der Retortenzeugung in England eine Embryobank für menschliche Embryonen vor. Da „In-vitro" immer viele Eier befruchtet werden, wollte man den Rest lieber tieffrieren als wegkippen. Die erste Rückverpflanzung eines tiefgefrorenen menschlichen Embryos — er lag vier Wochen bei minus 196°C in flüssigem Stickstoff —, gelingt 1984. Die ersten Tiefkühlkinder werden Mitte der 80er Jahre geboren. 1983 werden die Gesetze in einigen Ländern geändert. Embryonen werden dort für wissenschaftliche Versuche freigegeben. Dem „Embryo-Engineering" steht von dieser Seite nichts mehr im Wege.

In Genbanken und vermehrt über Mikroorganismen sind menschliche Gene und Gensequenzen längst erfaßt. Gezielte Gentherapie und umfassende Gendiagnostik setzen aber den „Gläsernen Menschen" voraus — die vollständige Genom-Analyse des Menschen. An diesem Forschungsprogramm wird weltweit intensiv gearbeitet. Das EG-Programm „Analyse des menschlichen Genoms" (vormals: Prädiktive = voraussagende Medizin) muß mehrmals überarbeitet und sprachbereinigt werden, bevor es 1990 gestartet wird. Noch immer ist dieses Projekt heftig umstritten, denn schon heute werden in einigen Ländern aufgrund vergleichsweise noch harmloser genetischer Tests genetisch empfindliche ArbeitnehmerInnen nicht eingestellt. Genetisch „stabile" Menschen müssen stark mit Umweltgiften belastete Arbeitsplätze in Kauf nehmen.

Frauen zwingt man zu bestimmten Schwangerschaftsuntersuchungen als „Qualitätstest"; Kinder, die nicht der Gesundheitsnorm entsprechen, werden auf Anraten der Ärzte und der Krankenkassen abgetrieben; Geschlechtstests ändern das Geschlechterverhältnis, so werden z.B. in Indien Mädchen nur aufgrund ihres Geschlechtes abgetrieben.

Die Begriffe „Krankheit" und „Gesundheit" werden sich vollständig verändern und als Qualitätsmerkmale eingeführt. Die Gesundheitsnorm wird umso größer werden, je mehr Gene als „anormal" eingestuft werden können. Schon kleinste Abweichungen und Auffälligkeiten können unter diesem Zwang aus der Norm fallen. Die kommerzielle und freiwillige Eugenik in Richtung auf „erbgesundes und industriekonformes Normkind" ist damit geebnet. „Die Information über medizinische Verfahren ist prinzipiell nichts anderes als die Werbung für einen neuen Rasierapparat . . ." Der Schutz der Gesellschaft vor „Kranken" und die Anpassung des Menschen an Technik und Umweltgifte werden zu einer neuen Eugenik führen: „Die Eugenik, die uns heute droht, kommt nicht mit der Rassentheorie, sondern hat sich das Gewand von Gesundheit, Produktivität und Gewinnverheißung angelegt." (Hiltrud Breyer vor dem EG-Parlament). Körperlich wie mental: Die Industrie baut sich ihren Verbraucher selbst. Noch ist das nicht Realität, aber auch das bisher Unvorstellbare könnte eines Tages gemacht werden — wenn es technisch machbar ist.

Die „bessere Konstruktion" und das „wunderbare Getriebe", von denen schon Descartes schwärmte, bestimmen noch immer das Ziel der maschinellen Träume. Bio-Design, Synthetik-Moleküle und Bio-Maschinen, die sich nach den Bauplänen des Lebens selbst konstruieren, sind die bereits anvisierten nächsten Schritte zur vollkommenen Maschinennatur. Denn die Reste des (Eigen)Lebens sind noch zu unberechenbar. In Veröffentlichungen wird schon jetzt die Gentechnologie als „Übergangslösung" bezeichnet.

Es ist ein leiser und aseptischer Krieg, der da geführt wird. Und er betrifft in neuer Dimension die ganze zukünftige Erdgeschichte. Was als Spielerei in Wissenschaftlerköpfen begann — und dann verkaufbar schien —, läßt die alte Welt in Gefriertruhen und Genbanken verschwinden. Hat sie bald nur noch musealen Wert — als Denkmalschutz für altmodische Gefühle? Wie hieß es doch in einer Zeitung schon vor Jahren: „Ersatzmutter für Tiefkühlwaisen gesucht." Soll es so aussehen: das menschliche Glück?

Noch können wir feststellen, welche Fülle, welchen Reichtum, welche Lebendigkeit unbeeinflußte Natur haben kann. Die Weichen werden heute gestellt: Wir sollten diesem Maschinen-Traum und seiner Industrie-Natur auf alle Ebenen lebendigen Widerstand entgegensetzen.

Literatur:

Merchant, Carolyn
Der Tod der Natur
Ökologie, Frauen und neuzeitliche Naturwissenschaft
München 1987

Helbig, Jost
Die Gen-Ingenieure
München 1978

Die Träume der Genetik
Hg. Ludger Weiß
Hamburg 1989

Rifkin, Jeremy
Genesis zwei
Hamburg 1989

Der codierte Leib
Hg. A. Schuller, N. Heim
Zürich, München 1989

Die zweite Schöpfung
Geist und Ungeist in der Biologie des 20. Jahrhunderts
Hg. R. Hohlfeld, J. Helbig
München 1990

Multis in der Mutation
W. Gehrmann, in:
DIE ZEIT extra 8.4.88

GID
Gen-Ethischer Informations Dienst
Berlin, versch. Jg.

Wolfgang Zängl

Kleiner Versuch über die Industrie

Woher sie kommt, wohin sie will

"... schon die Chinesen machten sich zu Herren und Besitzern der Natur. Sie schufen ein Reservoir, aber sie hängten zugleich ein schweres Schwert über ihre Häupter. Zwischen den Deichen lagerte der Huang Ho Woche für Woche Tonnen von Löß ab und stieg. Also erhöhte man die Dämme und Deiche. Und so weiter. Was sollte man anderes tun? Das Modell ist großartig — und schreckenserregend. Man baut eine Mauer, und das Wasser hinter der Mauer steigt, also erhöht man die Mauer, und das Wasser steigt weiter und verbreitert sich. Die Lösung eines Problems enthüllt zehn weitere Probleme, und so fort ... Sind unsere Wissenschaften, unsere Technologien, unsere westliche Kultur eine Arbeit zu Füßen des Huang Ho?" Michel Serres, Der Parasit

Auch die beste Werbeagentur kann es nicht gänzlich leugnen: Unsere Umweltprobleme hängen fast ausschließlich mit der industriellen Massenproduktion zusammen. Seit Beginn der Industrialisierung stiegen der Energieverbrauch, der $C0_2$-Gehalt der Atmosphäre, der Verbrauch von Rohstoffen und menschlicher Arbeit, die Produktion von Müll und Giftstoffen.
Dennoch wissen wir wenig bis nichts über das Wesen der Industrie, über ihre hintergründigen Ziele und Abgründe: Wir müssen sie immer wieder neu entdecken. Sie selbst dagegen kennt ihre wahren Absichten umso besser, und sie verrät ungern ihre eigene Historie und ihre Machtallüren. Auch heute frißt die Industrie lieber Kreide und pflegt mit hohem Aufwand ihre Corporate Identity, ihre äußere Fassade, statt ihr wahres Gesicht zu zeigen.
Der vorliegende kleine Versuch über die Industrie soll Anfänge und Ausgangspunkte nahebringen: Er erhebt keinen Anspruch auf Vollständigkeit.

1) Was heißt Industrie?
Das Wort stammt aus dem Lateinischen (industria) und bedeutet: Fleiß, Betriebsamkeit. Es kam über das Französische in das Deutsche, wo Fleiß und Betriebsamkeit, wie sich denken läßt, offene Türen fanden. Meyers Konversationslexikon von 1876 definiert Industrie folgendermaßen: Es ist „die Gesamtheit derjenigen Arbeiten, welche die Erhöhung des Werts der von der Natur dargebotenen Rohstoffe, also die Stoffveredelung mittels technischer Vorrichtungen, zum Zweck haben". Durch sie entsteht ein nationaler und internationaler Wettbewerb, der „für die Konsumenten und damit für das Ganze nur höchst vorteilhaft ist, insofern durch die eintretende Konkurrenz nicht nur die Qualität und Wohlfeilheit der Industrieerzeugnisse, sondern auch deren Quantität erhöht wird". Euphorie im Jahr 1876. Und weiter: „Auch hat die Erfahrung bewiesen, daß, wo ein reges industrielles Leben herrscht, leicht neue Erwerbszweige aufgefunden werden, welche den Abgang oder die Schmälerung eines älteren ersetzen." Neue industrielle Erwerbszweige bedeuten den Tod der alten Erwerbszweige; neue sind umweltzerstörender, alte sind naturnäher. Langfristig sollen historische Berufe wie Bauer, Gärtner, Winzer, Handwerker keine Chance gegen neue Großindustrien und ihre künstlichen Waren haben. Und die Rückwege zur umweltschonenden, energiesparsamen, rohstoffarmen Erzeugung von Gütern werden permanent verbaut, verschüttet, verlacht.
Dennoch braucht die Industrie ihre Vorfahren. Zitat aus Meyers Lexikon: „... wo mithin auf der Grundlage der natürlichen Produktion, also durch Ackerbau, Viehzucht etc., schon ein gewisses Maß von Wohlstand geschaffen ist, kann industrielles Leben sich gedeihlich und für das Ganze ersprießlich entwickeln." Industrie baut also auf ihren historischen Vorgängern auf, die erst als Geburtshelfer zu dienen haben und dann geplündert und ersetzt werden.
Das Lexikon fährt fort: „Der Aufschwung der Industrie wurde dann der Grund zu einer Reihe neuer socialer Entscheidungen: der höheren Ausbildung des Kredits durch ein Banksystem, der anspruchsloseren Stellung des Arbeiterstandes, die in Koalitionen ihren vorzüglichen Ausdruck fand, der vom Staate durch Fabrikgesetze gehandhabten Polizei zum Wohl der Arbeiter." Die Bedingungen industrieller Produktion prägen die Gesellschaft, nicht umgekehrt. Oder mit einem geflügeltem Wort: Politik ist der Spielraum, den die Industrie ihr läßt.

2) Was ist die Industrie?
a) Industrie produziert billig und viel.
In Wahrigs Fremdwörterlexikon von 1974 steht unter dem Stich-

wort Industrie ganz schlicht: „Herstellung großer Mengen gleichartiger Waren mit technischen Mitteln und auf Grund von Arbeitsteilung in Großbetrieben ...“ Unbestreitbar produziert die Industrie Unmengen von Waren, die wiederum ein Eigenleben gewinnen und die ganze Gesellschaft beeinflussen. Dazu ein frühes Beispiel aus dem Geschäftsbericht des Rheinisch-Westfälischen Elektrizitätswerkes aus dem Jahr 1903:
„Wir ... gedenken dadurch unsere Aufgabe für uns und die Allgemeinheit zu erfüllen, daß wir den Konsumenten ... zu den denkbar billigsten Preisen größtmögliche Strommengen zur Verfügung stellen.“
Das RWE beschreibt hier das grundsätzliche Phänomen industrieller Massenproduktion, wobei diese vordergründig nur deshalb so „billig“ im Vergleich zu einer sinnvollen, ökologisch ausgerichteten Warenherstellung sein kann, weil sie Güter und Qualitäten umsonst benutzt und beschmutzt, die in ungeklärtem Zusammenhang zur Gesellschaft stehen: Wasser, Boden, Luft, Umwelt, Natur im weiteren Sinn. Mehrfach wird die industrielle Massenproduktion direkt und indirekt hoch subventioniert. Die Chemieindustrie beispielsweise prosperiert durch verbilligten Strom und die Entsorgung ihrer Giftstoffe in die Umwelt. Die Autoindustrie produziert einen Boom nach dem anderen, weil die Benzinpreise einen Tiefstand erreicht haben und ihre Folgeschäden in keine gesamtwirtschaftliche Bilanz einfließen (Waldsterben, Lärm, Straßenbau, Emissionen und Immissionen etc.). Elektrizitätswerke verkaufen Elektrizität, Wasserwerke verkaufen Wasser, Verkehrsbetriebe verkaufen Verkehr, Stadtwerke verkaufen Stadt, Versicherungen verkaufen Sicherheit.
Je größer die Quantitäten der Chemieprodukte, Energien, Fahrzeuge und Gifte sind, umso billiger können sie wiederum hergestellt werden, und umso unvereinbarer sind sie mit Natur, Umwelt und Mensch. Weitere Folgen der Massenproduktion sind neben dem Quantitätszuwachs erschreckende Qualitätsverluste. Hergestellt werden: Baumarkt-Sondermüll, Einkaufscenter-Ramsch, Möbelgiganten-Sperrmüll, Freizeitcenter-Wracks, Tourismus-Horden, Kultur- und Medien-Schrott, Geschmacks- und Körper-Verletzungen und Naturvergehen jeder Art. Hergestellt werden kann schließlich alles. Massenproduktion heißt auch: Verkürzung der Benutzungsdauer. Maschinen laufen, Geldausgaben steigen, Umweltbelastungen nehmen zu, Müllberge wachsen. Letztlich wird durch Massenproduktion langfristig nichts billiger, sondern alles teurer. Dazu kommt, daß die Industrie in der Hauptsache Vorformen von Müll und Sondermüll herstellt: Der Großteil ihrer Produkte darf zwar gekauft, aber eigentlich schon gar nicht mehr weggeworfen werden. Am Kauf, am Betrieb, am Abtransport und an der Beseitigung der Maschinen, Geräte, Produkte läßt sich mehrfach verdienen. Das Geschäft hat sich vervielfacht.
Dennoch ist nicht zu leugnen: Die Masse der Verbraucher scheint mit der Masse der Waren zufrieden zu sein. Konsumenten im Glück; Glück als Ware; Ware als Schicksal. 30 Millionen Autofahrer fahren ihr ganz persönliches Auto, 40 Millionen Fernsehzuschauer sehen ihr individuelles Programm, 200 Millionen Europäer lieben ihr großes, vereintes Industrie-Europa.

b) Industrie schafft Gleiches und Identisches.
Industrielle tun das, was sie können — nichts sonst: Sie vermehren die Güter, die Gesetze, die Methoden und die Gültigkeit der Industrie — grenzenlos. Sie multiplizieren ihre Waren, Denkweisen, Gelder, Potenzen, Möglichkeiten. Nicht von ungefähr kommt immer das Selbe, Gleiche, Ähnliche dabei heraus: keine Abweichungen.
Die Industrie schafft identische Güter: bestimmbar, meßbar. Ihr Beginn mag beim Übergang von handgefertigten Schrauben und Nägeln zu industriell gefertigten Maschinenschrauben und -nägeln gelegen haben oder bei der Normierung von Eisenprofilen, der Festlegung von Qualitätskriterien etc. Natürlich wurden gleichzeitig auch die Zeiteinheiten der Fertigung immer kürzer, die Messung von Geschwindigkeiten und Fortbewegungen immer präziser, die Überprüfung von Leistung immer genauer. Die Normierung ging und geht weiter.
Das ideale Gut der Industrie ist die Energie: der Liter Benzin, die Tonne Heizöl, der Kubikmeter Erdgas. Am idealsten genügt allen Ansprüchen die Kilowattstunde: beliebig teilbar, leicht

meßbar, überregional übertragbar, international absolut identisch. Die Normierung geht weiter — Autos, Konserven, Fernsehprogramme, Eier, Milchkühe, Weizenpflanzen. Die Gentechnik macht aus Lebewesen und Lebendigem EDV-Programme, Regaltiere, Reagenzmutationen. Jederzeit nachvollziehbar, identisch, einfältig, ohne Abweichung oder Absonderlichkeiten, ohne Spezifika: Die Norm wird zum Ideal, das Modell wird zum Standard. Und umgekehrt: Abweichler, Sonderlinge, Charaktere werden eliminiert. So geschah es jenen Äpfeln alter Sorte, die nach einem EG-Beschluß von 1990 nicht mehr auf den Markt kommen dürfen, wenn sie einen Durchmesser von 55 Millimetern unterschreiten: ausgemustert, ausgerottet. Das passiert mit Früchten, Pflanzensorten, Tierrassen — für die Anpassung von Menschen hat sich die Industrie (vorerst noch) andere Methoden einfallen lassen.

c) Industrie wächst permanent und total.
1953 steht im „Neuen Lexikon“: „Der modernen Fabrik-Industrie eigentümlich ist der Zug zum größeren Betrieb, ferner aus technischen und ökonomischen Gründen das relative Überhandnehmen kapital- bzw. maschinenintensiver Produktionstechnik.“ Menschen heraus; Energie, Maschinen und Rohstoffe hinein: Darin besteht das Geheimnis der sogenannten modernen Produktion. Und mit ihrer Zunahme nimmt auch die Umweltzerstörung zu.
Größe schafft Macht, Macht schafft Größe. Beide schaffen auch die rechtlichen Grundlagen und immer weiteres Kapital, staatliche Gelder, Subventionen und gesellschaftliche Akzeptanz, wie zum Beispiel im Fall DAIMLER-BENZ und seinen Filialen MTU, DORNIER, MBB, AEG, DASA und wie auch immer diese staatsindustrielle Hydra heißt. Wieder ist ein Konzern unangreifbar geworden — gegenüber dem Staat, den Gewerkschaften, der öffentlichen Meinung. Der Preis der Akzeptanz dieser Fusion: Nachdem die militärische Luft verteilt wurde, ist auch noch das militärische Meer und der militärische Boden unter den deutschen Industriekonzernen aufgeteilt worden.

In der Bundesrepublik wurde 1990, nach dem praktisch erfolgten Zerbrechen des Warschauer Paktes für Militärforschung der sechzehnfache Betrag wie für Umweltforschung ausgegeben; 1991 waren allein für Militärforschung 4,1 Mrd. DM vorgesehen. Und der Haushalt des Umweltministers beträgt gerade zwei Prozent des für die Industrie interessanteren Militärhaushaltes. Oder soll man froh sein, daß der Umwelthaushalt als Mittel zur Finanzierung der Industrie noch nicht endgültig entdeckt wurde?
Rasten heißt Rosten: ein Horror für jeden Konzernchef. Deshalb wird ungebrochen geplant und gebaut, hochgezogen und hingerammt: Reaktorblöcke und Brennstäbefabriken, Chip-Reinsträume und Automobilfabriken, Teststrecken und -flughäfen, Genetiklabors und Fusionsversuchsanlagen. Industrielles Wachstum will — besonders angesichts des „sozialistischen Ruins“ — unhinterfragbar und unkritisierbar werden. Allerdings ist der Preis des Fortschritts der Untergang unserer Umwelt. Aber nichts kann die Industrie am unbeirrten Vormarsch hindern oder aufhalten: nicht einmal Katastrophen wie Seveso und Bhopal, Sellafield und Tschernobyl.
1867 schrieb Karl Marx: „Die große Industrie zerriß den Schleier ... Ihr Prinzip, jeden Produktionsprozeß, an und für sich und zunächst ohne alle Rücksicht auf die menschliche Hand, in seine konstituierenden Elemente aufzulösen, schuf die ganz moderne Wissenschaft der Technologie.“
Durch Mikroelektronik, multinationale Konzerne und die Verschmelzung von Staat, Militär, Industrie und Wissenschaft werden Produkte und Produktionen undurchschaubar. Oft ist nicht einmal mehr feststellbar, welchen Rang man in der Produktion einnimmt, für wen man wirklich arbeitet und an was tatsächlich. Günther Anders sprach von den „Objekthirten“, „deren Tätigkeit im sogenannten Überwachen, d.h. im Nichtstun besteht. Sie wissen nicht einmal mehr, was sie nicht tun, und wenn sie auf das Flackern eines Warnlichtes mit einem Knopfdruck reagieren, sehen sie weder dem Licht noch dem Knopf an, ob am anderen Ende der Leitung Frischluft in die Hühnerfabrik gepustet wird oder der Deckel über einem Raketensilo

sich hebt." (Jürgen Langenbach) Moralische Kategorien lösen sich genauso auf wie historische Verpflichtungen und ökonomische Kategorien — siehe das SDI-Programm, das ebenfalls fast nahtlos weitergeführt wird. Industrie duldet keine Nachdenklichkeiten. So formulierte der Chef einer japanischen Roboterfabrik: „Meine Leute brauchen keine Bücher. Wenn Ingenieure lesen, können sie nichts neues entdecken. Wenn sie an der Vergangenheit hängen, können sie die Zukunft nicht erfinden."

d) Industrie ist — merkwürdigerweise — revolutionär.
"Die moderne Industrie betrachtet und behandelt die vorhandene Form eines Produktionsprozesses nie als definitiv. Ihre technische Basis ist daher revolutionär, während die aller früheren Produktionsweisen wesentlich konservativ waren." Was Marx (für sich) positiv definierte, wurde zur Crux unserer Zeit. Die Industrie als Revolutionär: unerbittlich gegen ihre Vorläufer, gegen sich selbst, gegen ihre Zeit, ihre Menschen, ihre Umwelt. Die eigene Produktionslogik wird fortlaufend modernisiert, automatisiert, rationalisiert. Ihre Vorgänger werden entwertet, werden zu Abfall; sie enden auf der Mülldeponie der technischen Geschichte. Die Revolution frißt ihre Kinder. Die Industrie als Revolutionärin frißt ihre Kinder ebenfalls. Hier wäre über den Revolutionsbegriff neu nachzudenken.

e) Industrie ist international, global, total.
Ökologische Katastrophen sind zumeist von der Industrie verursacht: Und sie sind international, grenzüberschreitend. Die Radioaktivität aus Tschernobyl und die Auswirkungen des Ozonlochs, Dioxine und andere Industriegifte, die Ölkatastrophen der EXXON VALDEZ und anderer Großtanker in Billigbauweise mit Billigmannschaften enteignen alle und sozialisieren das ökologische Elend.
Die Schnittstellen von ABflußrohren, ABwasserkanälen, ABluftkaminen und ABfalltonnen werden global. Der industrielle Flächenbrand wird immer weiter getragen: in die Fremde, in die Makro-Welt, in die Mikro-Welt. Die Idyllen werden immer ferner, bis der Globus endlich totalindustrialisiert ist. (Auch die Seychellen und die Malediven blieben davon nicht lange unberührt: Die dort Urlaub machenden Industriellen waren nur die Vorreiter des industriellen Tourismus.) Die Welt wird zur Industriewelt, die Staaten samt und sonders zu Industriestaaten. Das ist der Preis einer scheinbaren Potenz von Energien, Rohstoffen, Technologien und Maschinen.

f) Der Staat gehört der Industrie.
Jede Umweltkatastrophe fördert den Ruf nach dem Staat. Aber der Staat ist auch heute das, was er immer war: Handlanger, Helfershelfer, Komplize von Handel, Großfinanz und Industrie. Dafür gibt es genügend Beispiele aus den letzten Jahren. Der Staat hat: Vergehen und Verstöße zu sanktionieren, Aktivitäten zu signalisieren, saubere Gesinnung zu präsentieren, Grenzwerte in Absprache mit der Industrie zu legalisieren, Unabhängigkeit zu demonstrieren, Verantwortung für Nichtzuverantwortendes zu übernehmen, Kompetenz vorzuspielen und vor allem: Die Gelder der Steuerzahler an die Industrie rückzuverteilen.
(Kurze Anmerkung anläßlich der 3. Nordsee-Konferenz: „Minister Töpfer brachte beim eingangs erwähnten Pressetermin das kleine Kunststück fertig, sich anderthalb Stunden lang über Nordseeprobleme und mögliche Lösungsansätze auszulassen, ohne einen dezidierten Satz über die Industrie zu verlieren." Ulrich Stock, Das Nordsee-Ritual, DIE ZEIT 16.3.1990)
Der Staat hat nicht: Alternativen zu schaffen, wirklich einzugreifen, industrielle Interessen zu stören, Aufmerksamkeit zu erregen. Oder wie Churchill festhielt: „Eine Elite sorgt dafür, daß etwas geschieht, ein paar andere beobachten, was geschieht, und die meisten merken gar nicht, daß etwas geschieht." Viel mehr hat der Staat nicht zu tun. Er ist erstaunlicherweise nicht „moderner" als früher. Seine Herrschaftsrituale und seine symbolischen Handlungen sind uralt. Lediglich einige Werkzeuge haben sich verfeinert. Der Industriestaat ist ein EDV-gestützter Neofeudalismus mit Korruption, Pfründewirtschaft, mittelalterlichem Potentatengehabe und kafkaesk anmutenden Verdunklungsversuchen. Oder wie Adorno schon

Anfang der fünfziger Jahre feststellte: „. . . und demgemäß werden Industrie, Staat und Reklame fusioniert".

3) Industrie in alle Ewigkeit?

„Wir denken an die Zukunft. Und nicht an Ausstieg."
(Werbeanzeige der deutschen Stromversorger zum 4. Jahrestag der Katastrophe von Tschernobyl)

Das Industriesystem, seine Träger, seine Wegbereiter sind fest entschlossen, den einmal eingeschlagenen Weg fortzusetzen: bis zum letzten Tropfen Benzin, bis zur letzten Kilowattstunde, bis zum letzten Sack Pestizide, bis zur letzten Kontoabbuchung. Ist Industrie lernfähig? könnte man an dieser Stelle fragen. Entscheidend ist: Warum sollte sie lernfähig sein wollen?

Werner Sombart schilderte 1927 in seinem Werk 'Der moderne Kapitalismus' eine grundsätzliche Debatte mit aktuellen Bezügen: „Als ich einmal mit Max Weber über die Zukunftsaussichten sprach und wir die Frage aufwarfen: wann wohl der Hexensabbat ein Ende nehmen würde, den die Menschheit in den kapitalistischen Ländern seit dem Beginn des 19. Jahrhunderts aufführte, antwortete er: 'Wenn die letzte Tonne Erz mit der letzten Tonne Kohle verhüttet sein wird.' "

Von dieser gültigen Prognose zur heutigen Verifikation: 1968 wurde das Ozonloch entdeckt. 1973 wiesen Rowland und Molina die FCKWs als Hauptverursacher des Ozonlochs nach. 1982 wechselten die Briten das Photospektrometer ihrer antarktischen Ozon-Meßstation aus, weil sie einen Defekt vermuteten. 1986 wunderte sich die NASA, warum ihre Satelliten diese globale Bedrohung nicht gemeldet hatten: Ihr EDV-Programm eliminierte automatisch dieses Ereignis wegen abweichender Ergebnisse. Ungeachtet zweier Jahrzehnte Erkenntnisse über die globale Bedrohung geht die Produktion der FCKWs weiter. Die deutschen Konzerne HOECHST und KALI-CHEMIE produzierten 1989 mit 100.000 Tonnen FCKWs 12 % der Weltproduktion. Das Geschäft geht vor.

Der Daseinszweck der Industrie ist die Ausweitung der Produktion und der Absatzmärkte, die Erhöhung von Gewinnen und Dividenden, die Stabilisierung von Aktienkurs und Macht. Deshalb wird auch nie in die direkte Produktion, die Primärproduktion, eingegriffen. Die Eingriffe setzen bestenfalls in der Sekundär- oder Tertiärproduktion ein: der Welt der Filterbauer und Schornsteinverlängerer, der Klärwerkgenies und Abwasserstrecker, der Abluftreiniger und Grenzwertkönige, der Energielieferhelden und Giftmüllaufbereiter, der Katalysatorfetischisten und Endlagerungsfanatiker, der Verdünner und Verlängerer, der Vollzugsanordner und Paragraphenvollstrecker.

Fatalerweise hat sich die Industrie noch eine historische Premiere einfallen lassen, um ihre Macht und Existenz zeitstabil zu zementieren. Sie versucht Irreversibles, also nicht rückgängig zu Machendes, zu schaffen: Es soll keinen Weg mehr zurück oder anderswohin geben. Dies geschieht vor allem auf den Gebieten Atomkraft und Gentechnik. Leben wird radioaktiv und deformiert, aber auch verseucht und vergiftet durch Abgase und Müllverbrennung, industrielle Schadstoffe in Boden, Wasser, Luft, Giftstoffe und Schwermetalle in Nahrungsmitteln usw. Man kann das Ganze auch als industriellen Großversuch beurteilen: welchen Weg die Gifte in globalem Maßstab nehmen bzw. welche Schäden sie kurz- und langfristig hinterlassen.

Wie wird die industrielle Zukunft? MBB warb im März 1989 mit folgender Anzeige: „Neue Produkte tragen zur Gestaltung der Zukunft bei"; genannt wurden u.a. der Jäger 90, der Airbus 330 und 340 und neue Hubschrauber-Entwicklungen . . . Was bleibt uns also im ausgehenden 20. Jahrhundert, in der ausgehenden — Umwelt? Welche Antworten und Lösungen hat die Industrie speziell in der BRD parat? Höchstgeschwindigkeitsautomobile im Zeitalter des Waldsterbens, eine hochgefahrene Flugzeugproduktion angesichts einer dramatischen Verdünnung der Ozonschicht, Dutzende von geplanten Müllverbrennungsanlagen angesichts des Treibhauseffektes und der Zunahme der Allergie-Erkrankungen, Aufschwung und Subventionierung der Rüstungsindustrie im Zeitalter der Abrüstung, Förderung der Gentechnik in der Ära des Artensterbens, Milliardensummen an Chip-Hersteller und Medien-Industrie bei gleichzeitiger Arbeits- und Wohnungslosigkeit, sozialem und ökologischem Elend usw.

Je größer die Potenz der Industrie und ihrer Fabriken wird, umso schwächlicher ist der Gesamtzustand unseres Blauen Planeten: Das ist der Preis einer scheinbar unaufhaltsamen, aber letztlich nur äußerst kurzfristigen Macht. Das Industriesystem ist ein nekrophiles, ein todeswütiges, ein sich selbst vernichtendes System: Aber es vernichtet auch alles andere.

4) Wie kommen wir nun aus dem Industriesystem heraus, wo endet es?

Wir Bewohner der industrialisierten Welt haben die Nähe zur Natur und Welt verloren in dem Maß, wie wir die Nähe zur industriellen Welt gefunden haben. Naturvölker — der Name ist wörtlich zu nehmen! — tun sich (oder taten sich) leichter: Sie hatten diese Nähe nie verloren.

Zivilisationen im Einklang mit Natur sind im fortschrittlichen Sinn eher modern als industrielle Zivilisationen, die dies heute noch nicht begriffen haben. Damit entsteht — leider — eine dreifache Aufgabe für eine ökologische Politik:

- eine Korrektur der Industriezivilisation mit ihren Fehlern und Wertesystemen,
- dazu das Wiederauffinden des Einklangs mit Natur, mit der Welt schlechthin in einer zerstörten Umgebung, die wiederum dieses Auffinden so schwer macht, und schließlich
- Aufklärung und Zerstörung des industriellen Mythos, denn: Vordergründig funktioniert Industrie. Sie ist augenscheinlich sauber, pünktlich, professionell, potent und mächtig. In Wirklichkeit ist sie aber für das ganze ökologische Elend der Welt verantwortlich.

Andererseits: Die Welt könnte real anders aussehen — ohne Industrie. Wir würden nicht mehr über ein unermeßiches Warenlager gebieten können, über die riesige Palette industrieller Möglichkeiten und Mittel. Aber würde es uns deswegen grundlegend schlechter gehen, wenn es dem Planeten Erde besser geht? Es ist eine Situation wie 1789, wie 1919, wie 1968: Reform oder Revolution. Wollen wir eine bessere Industrie, oder wollen wir gar keine Industrie? Das Möglichkeitsspektrum wird von diesen beiden Extremen geprägt.

Bessere Industrie läßt sich durch Widerstand erreichen: Das zeigen die Sicherheitsstandards der deutschen Atomkraftwerke, die von der Atomwirtschaft allein nie erfüllt worden wären, sondern von der Anti-AKW-Bewegung erstritten und erkämpft wurden. Aber soll man an Symptomen laborieren, ohne bis zu den Ursachen vorzustoßen? Kann es überhaupt eine „bessere" oder umweltverträgliche Industrie geben? Soll man ihr einen „ökologischen Imperativ" vorschreiben?

Andererseits: Kann man Industrie überhaupt abschaffen? Und was kommt nach ihr bzw. kann etwas nach ihr kommen? Und wird das, was nach ihr kommt, eventuell noch schlimmere Auswirkungen haben? Ist die Diktatur des Mangels die Alternative? Weder das kommunistische noch das kapitalistische Wirtschaftsmodell haben wirkliche ökologische Perspektiven anzubieten. Diese Diskussion wird in den nächsten Jahren, gerade im Hinblick auf die Übernahme der DDR durch die westdeutsche Industrie, zunehmend wichtiger werden.

Was tut not für den nötigen Widerstand gegen die Industrie? Werte setzen, ohne Profite zu meinen; enthusiastisch und euphorisch die von der Industrie Bedrohten und Verfolgten — Minderheiten, Lebensweisen, Natur im allgemeinen — zu verteidigen, ohne vor der industriellen Macht zu kapitulieren; das Gehirn für die Welt frei halten und weder Zyniker noch Demagoge werden.

Der diskrete Charme des Industriesystems endet: bei Besitz, der keinen Besitzer mehr hat, bei Geld, das niemand haben mag, bei Autos, die nicht gefahren werden, bei Computern, die keiner bedient und bei Arbeit, die keiner tut, bei Strom, den niemand braucht und bei Geräten, die niemand anschaltet, bei Reisen, die keiner antritt und Informationen, die keiner abruft.

Ich möchte noch einmal an das Beispiel des Huang Ho vom Anfang erinnern: Wir sollten alle und zu jeder Zeit und an jedem Ort bedenken, wie hoch unser eigenes Deichbauwerk schon gediehen ist — und ob wir es wirklich fortführen wollen.

Peter Schütt

Das Waldsterben — ein Warnzeichen wird verharmlost, zerforscht und beiseitegeschoben

Einleitung

Seit fast elf Jahren kennen es die Spezialisten und seit gut acht Jahren gehört es zumindest in der deutschen Öffentlichkeit zu den geläufigen Begriffen: das Waldsterben. Um eine zuvor nicht beobachtete Erkrankung an vielen Baumarten der Nordhalbkugel geht es dabei, fast gleichzeitig in vielen europäischen Wäldern auftretend und dieses unabhängig von Klima, Geologie und Standort sowie von der Art der forstlichen Behandlung.

Inzwischen hat es sich stetig ausgeweitet — von Mitteleuropa nach Nord-, Süd- und Osteuropa, über weite Teile des nordamerikanischen Kontinents, wahrscheinlich sogar nach Sibirien und in den Fernen Osten. Ähnlich eindrucksvoll ist die Zunahme der erkrankten Arten. Es darf bezweifelt werden, daß in Mitteleuropa noch Baumarten wachsen, die nicht vom Waldsterben betroffen sind.

Für das Jahr 1989 werden für einige europäische Länder folgende Daten genannt:

	Schadensprozent	geschädigte Waldfläche (in ha)
Belgien	56	344.430
BR Deutschland	53	3.916.122
Frankreich	21	3.165.766
Großbritannien	59	1.239.000
Italien	24	1.527.058
Polen	78	6.768.060
Schweden	48 *	10.939.155
Schweiz	43	516.000
Spanien	22	2.332.000

*) = nur Nadelholz

Unschwer kann man aus diesen Zahlen ablesen, daß es sich hier um ein länderübergreifendes Phänomen handelt, das acht Jahre nach seinem ersten Auftreten einen erheblichen Teil der europäischen Wälder erfaßt.

Zumindest in der Bundesrepublik wurde die Entwicklung der Krankheit von der engagierten Anteilnahme der Bevölkerung begleitet. Unter dem steten Druck der Öffentlichkeit begannen Bund und Länder mit regelmäßigen Schadensinventuren und mit der Finanzierung zahlreicher Forschungsvorhaben, deren Ziel es war, Ablauf und Ursachen des Waldsterbens zu ermitteln.

Dieses Ziel wurde bis heute nicht erreicht, und Gründe dafür gibt es viele. Weil diese nicht allein in den Bereichen Pathologie und Ökologie zu suchen sind, sondern sich offenkundig weit in die Spannungsfelder von Politik und Wirtschaft erstrecken, besteht eine unmittelbare Verbindung zum Thema dieser Ausstellung.

Definitionen, Kennzeichen, Besonderheiten

Um etwas Wichtiges vorwegzunehmen: Selbst für Fachleute enthält das Waldsterben noch immer eine stattliche Reihe ungelöster Rätsel. Das betrifft nicht allein die Ursachenfrage. Auch die örtliche und die regionale Schadensverteilung, die höchst heterogene Ausprägung von Symptomen sowie der teils schleppende, teils rasche Krankheitsablauf lassen sich nur mit Mühe plausibel erklären.

Und dennoch: Daß klare Ursache-Wirkung-Beziehungen eher die Ausnahme darstellen und an ihrer Stelle höchst komplexe, multifaktorielle Wirkungsbeziehungen dominieren, steht weitgehend in Einklang mit der von vielen Wissenschaftlern akzeptierten Definition, wonach das Waldsterben eine Erkrankung des gesamten Waldökosystems darstellt. Keine Häufung von altbekannten Baumkrankheiten also, die zufällig am selben Ort und zur selben Zeit auftreten.

Erkrankung des Ökosystems — das bedeutet mehr, denn es berührt die Stabilität eines „sich selbst regulierenden" Puffersystems, getragen von unzähligen Komponenten biologischer, chemischer und physikalischer Natur, deren Interaktionen so vielschichtig sind, daß sie sich unserem Erkennen weitgehend entziehen.

So könnte ein erkranktes Wald-Ökosystem an ganz anderen

Stellen als den Waldbäumen geschädigt sein und dennoch — sekundär - bestimmte, aber keineswegs identische Krankheitsbilder bei verschiedenen Baumarten aufweisen.
Zugegeben, das hört sich recht kompliziert an - aber die Ökologie in biologischen Systemen ist nun einmal ungemein komplex und deshalb für uns kaum zu überschauen. Ein weiteres, vergleichsweise einfaches Beispiel aus dem Bereich des Waldsterben-Syndroms mag das veranschaulichen:
Komplexkrankheiten, so bezeichnet man Erkrankungen langlebiger Pflanzen, an deren Entstehen mehrere Ursachen beteiligt sind, welche entweder zur gleichen Zeit oder nacheinander angreifen. Auch das Waldsterben zählt zu den Komplexkrankheiten.
Zu seinem Entstehen braucht es eine Primärursache, welche die Vitalität der Bäume auf direktem oder indirektem Wege herabsetzt, und es braucht eine oder mehrere Sekundärursachen, welche dann den bereits geschwächten Baum mühelos schädigen. Die Schwierigkeit besteht in der Praxis darin, daß der Primärschaden oft allein in einer symptomlosen Herabsetzung der Widerstandskraft besteht und deswegen unerkannt bleibt. Erst die Sekundärschäden (durch Pilze oder Insekten, Frost oder Dürre) fallen auf. Aber längst nicht in allen Fällen läßt sich ihre Sekundärnatur zwingend nachweisen.
Diese für das Auftreten des Waldsterbens entscheidenden Abläufe hängen eng mit dem Begriff *Prädisposition* zusammen. Sie werden später näher behandelt.

Luftschadstoffe als Ursache?

Träfe es zu, daß die Entstehung des Waldsterbens tatsächlich an eine das Ökosystem schwächende Primärursache gebunden ist, so müßte diese etwa zur gleichen Zeit in weiten Bereichen der Nordhalbkugel wirksam gewesen sein. Kaum etwas läge dann näher, als mit der Luft transportierte Schadstoffe als auslösendes Agens anzunehmen. Eine Annahme, die heute genauso plausibel ist wie vor 10 Jahren, der aber von seiten der Industrie und der ihr nahestehenden Gruppierungen jetzt wie einst vehement und trickreich widersprochen wird.

Zunächst aber ein paar Sätze zur Sachlage. Luftverunreinigungen, die beim Verbrennen fossiler „Energieträger“ entstehen, lösen nicht erst seit 1980 Schäden an Pflanzen aus. Schon um 1865 wurden entsprechender Symptome an Waldbäumen beschrieben. Inzwischen kennt man die Schadbilder bei vielen Pflanzenarten und weiß über die Biochemie der Wirkungsweise dieser Gase gut Bescheid. Allerdings beschränken sich unsere Kenntnisse auf die „klassischen“ Schadgase Schwefeldioxid (SO_2) und Fluorwasserstoff (HF), die heute noch u.a. aus Kohlekraftwerken sowie bei der Eisen- und Aluminiumverhüttung freiwerden und dann rings um die entsprechenden Werke oder — wie im tschechischen Teil des Erzgebirges zu bestaunen — großflächig den Wald zum Sterben bringen. Mit dem „Waldsterben“ im hier gebrauchten Sinne haben diese Vorgänge aber wenig zu tun, denn zu dessen Besonderheiten gehört es gerade, in sogenannten Reinluftgebieten aufzutreten.
Sollte es sich also um Luftschadstoffe handeln, die das Waldsterben auslösen, dann müssen es offenbar andere sein als die uns wohlbekannten „klassischen“ Komponenten Schwefeldioxid und Fluorwasserstoff. Und in der Tat ist die Auswahl an weiteren Möglichkeiten recht stattlich, denn Luftchemiker schätzen die Zahl der anthropogenen Fremdstoffe in der Luft auf 2000 bis 5000. Diese Angaben beziehen sich auf die Gesamtheit der Gase, Partikel und Flüssigkeiten. Sie lassen offen, wieviele davon einzeln oder in Kombination phytotoxisch sein könnten. Auch ist weder etwas über die Mengen und Konzentrationen noch über die regionale Verteilung ausgesagt.
Letztere läßt sich allerdings aus den Ergebnissen einer mehrjährigen Studie ablesen, die unter dem Namen „Arctic Haze“ (etwa: Sichttrübung in der Arktis) von Chemikern und Meteorologen mehrerer Nationen durchgeführt wurde. Ihre Resultate sind auch und gerade für die Waldschadensforschung bedeutsam, werden hierfür allerdings nur wenig in Betracht gezogen.

Anlaß für das Forschungsvorhaben gaben rätselhafte, fünf Monate pro Jahr andauernde atmosphärische Sichttrübungen, wie sie an mehreren arktischen Wetterstationen registriert worden waren. Wie sich herausstellte, handelt es sich dabei um eine zusammenhängende, von ca. 800 m bis etwa 10 000 m Höhe reichende „Wolke“, die sich von Alaska über den Norden des amerikanischen Kontinents, über Grönland und die Arktis bis nach Nord-Skandinavien erstreckt. Sie besteht aus Luftschadstoffen. Deren Zusammensetzung entspricht ziemlich genau jener Mischung von Emissionen, die auch über europäischen, sibirischen und nordamerikanischen Industriezentren zu registrieren sind. Zuordnungen von Teilbereichen der „Wolke“ zu regionalen Industriegebieten sind möglich. Kaum eine Untersuchung hat ähnlich zwingend nachgewiesen, daß — zumindest auf der Nordhalbkugel — eine die Kontinente übergreifende Verfrachtung von Luftschadstoffen stattfindet. Dieser sogenannte „Ferntransport“ ist keineswegs die Ausnahme, sondern der Regelfall. Er macht begreiflich,

- daß Luftschadstoffe als mögliche Ursache des Waldsterbens nicht nur in unmittelbarer Nähe des Emittenten, sondern auch in „Reinluftgebieten“, fern von jeder Industrie, wirksam werden,
- daß Waldsterben etwa zeitgleich an vielen Baumarten in verschiedenen Kontinenten auftritt,
- daß je nach der zeitlichen und örtlichen Zusammensetzung der „Schadstoffwolke“ Unterschiede in der Ausprägung der Krankheitssymptome vorkommen.

Damit soll zum Ausdruck kommen, daß viele „nicht-konservative“ Luftschadstoffe praktisch überall gegenwärtig sind. Es ist aber nicht gemeint, daß sie am Ort ihrer Entstehung oder in dessen Nähe wirkungslos bleiben. Freimachen müssen wir uns auch von der Vorstellung, daß jeder Schadstoff von Haus aus ein nur für ihn typisches Schadenssymptom auslöst. Unglücklicherweise ist die Sachlage um vieles komplizierter. Am Beispiel der Stickoxide läßt sich das belegen.
Stickoxide (NO_x) entstehen bei Verbrennungsvorgängen unter hohen Temperaturen. Ihre Gesamtmenge wie ihr Anteil an den Luftschadstoffen steigen ständig an, woran nicht zuletzt der Autoverkehr die Schuld trägt. Die staatlichen Gegenmaßnahmen bleiben unzureichend, und trotzdem sind sie in der gegenwärtigen, höchst kommoden Form bei Politik, Industrie und Autofahrern gleichermaßen unbeliebt. Und dabei besteht aller Anlaß, gerade diesen Schadstoff wegen seiner Wirkung auf Menschen, Pflanzen und Boden nicht zu ignorieren, sondern sehr, sehr ernstzunehmen. Zumindest drei Arten von Schädigung gehen von NO_x aus:

1. Stickoxide entwickeln sich in einiger Entfernung vom Entstehungsort u. a. unter Mitwirkung von Kohlenwasserstoffen in mehreren Oxidationsschritten zum Ozon (O_3), einem für Mensch und Pflanze gefährlichen Schadgas.

2. Stickoxide verbinden sich mit dem Wasserdampf der Luft zu saurem Regen. Dieser wiederum führt zu schädlichen Veränderungen der Bodenchemie und — vor allem in Form von saurem Nebel — zu Blattvergilbungen bei Laub- und Nadelbäumen.

3. Stickoxide schwächen exponierte Waldbäume und prädisponieren sie für sekundäre Erkrankungen. Beispiel: Realistischen, wenn auch relativ hohen NO_2-Konzentrationen ausgesetzte Laub- und Nadelbaumsämlinge wiesen nach vier Monaten keinerlei Schadenssymptome auf und erlitten auch keine Abnahme des Trockengewichtes. Eine anschließende Begasung mit ebenfalls praxisnahen SO_2-Konzentrationen rief jedoch eklatante Schäden hervor; die nicht mit NO_2 vorbehandelten Kontrollpflanzen blieben ungeschädigt.

Offenkundig verleitet uns der Umstand, daß die ständige Anwesenheit relativ hoher Stickoxidkonzentrationen zu keinen unmittelbar erkennbaren Pflanzenschäden führt, zur Sorglosigkeit. Für die Ursachendebatte zum Waldsterben bieten die hier angedeuteten symptomlosen, aber prädisponierenden Effekte indessen einen wichtigen Erklärungsansatz.

Prädisposition — ein Schlüsselwort

Es ist eine von jedermann anerkannte Binsenweisheit, daß Menschen in geschwächtem Zustand leicht Gefahr laufen, von Infektionskrankheiten befallen zu werden. Auch Human- und Pflanzenpathologie akzeptieren diesen Grundsatz. Sie nennen ihn Prädisposition (=Krankheitsbereitschaft) des Wirtes und wissen zugleich, daß der Kreis von prädisponierenden Einflüssen sehr groß ist, daß sich die Größenordnung ihres Einflusses aber nur schwer nachweisen läßt.

So ist es z.B. den Förstern wohlvertraut, daß Stickstoffdüngung sowohl die Gefährdung der Bäume gegen Frühfröste als auch deren Empfindlichkeit gegen den Befall pathogener Pilze erhöht. Weiterhin kennen sie die in hohem Maße krankheitsfördernde Wirkung extrem trockener und extrem nasser Jahre für den Hallimaschbefall von Kiefer und Fichte.

Weit weniger vertraut ist ihnen jedoch die krankheitsfördernde (prädisponierende) Wirkung von Luftschadstoffen. Gerade auf diesem Gebiet gibt es aber in letzter Zeit eine Reihe überzeugender experimenteller Resultate. Dazu gehören:

- SO_2-Begasung setzt die Empfindlichkeit der Fichte gegen Winterkälte um mehrere Celsius-Grade herauf.
- Ozon-Begasung führt zu Mykorrhiza-Schäden bei Kiefern und fördert so die Anfälligkeit der Sämlinge gegen Wurzelpathogene.
- Waldsterben-Schäden an amerikanischen Tannen und Fichten verstärken sich dramatisch (von 9 auf 43 %) nach Sommerdürre.
- Mehrere Wochen lang mit Ozon (O_3) und SO_2 in Intervallen begaste Fichten erlagen 15 Monate (!) nach der Behandlung einem Dürrestress; nicht behandelte Pflanzen überlebten.

Auch in der entgegengesetzten Richtung können derartige Zusammenhänge ablaufen. So wurde wiederholt deutlich, daß vom Waldsterben vorgeschädigte Altfichten bevorzugt vom Borkenkäfer befallen werden, schadensfreie und stark geschädigte Bäume dagegen befallsfrei blieben.

Demnach kann die krankheitsdisponierende Wirkung von Luftschadstoffen auch für Waldbäume als ein durch viele Versuchsergebnisse belegtes Faktum gelten. In aller Regel finden derartige Experimente mit den mengenmäßigen dominierenden Schadgasen NO_X, O_3 und SO_2 sowie mit saurem Nebel statt. Die zahlreichen organischen Immissionen bleiben unberücksichtigt. Daß auch sie unter bestimmten Konstellationen vegetationsvernichtende Wirkungen auslösen können, demonstrierten italienische Wissenschaftler an einem absterbenden Wald unmittelbar an der Küste des Thyrrenischen Meeres bei San Rossore, nahe Pisa.

Dort sterben Bäume, Sträucher und Kräuter, und zwar um so schneller, je näher sie am Strand wachsen und je stärker sie dem Meereswind ausgesetzt sind. Hauptverantwortlich für dieses Desaster sind Detergentien(Tenside) aus Waschmittelrückständen. Diese werden von der Bevölkerung in die Flüsse geschüttet, gelangen mit dem biologisch toten Flußwasser ins Meer, vermischen sich sodann mit dem Salzwasser und werden als Gischt auf die Blattorgane gesprüht. Dort verändern sie die Oberflächeneigenschaften der Cuticula so stark, daß die Zellwand für Wasser passierbar wird. Das Meerwasser dringt in das Zellinnere ein und tötet infolge seines hohen Salzgehaltes den lebenden Protoplasten. Bräunung und Abfall der Blätter sind die Folge.

Ganz gewiß handelt es sich hier nicht um eine typische Form des Waldsterbens. Dennoch ist sie lehrreich, denn es wird demonstriert, daß zwei Stoffe, von denen jeder einzelne für den Wald ohne Bedeutung ist, die Vegetation sogleich flächig zum Absterben bringen können, wenn sie zufällig zusammentreffen. Ein Einzelfall oder angesichts der steten Präsenz von Hunderten anthropogener Luftschadstoffe nur ein Fall von vielen?

Ziehen wir eine Zwischenbilanz:

Das Waldsterben grassiert etwa zur gleichen Zeit an vielen weit voneinander entfernten Orten und an vielen verschiedenen Baumarten. Als Ursache kommen Luftschadstoffe infrage, denn diese werden sehr weit transportiert und wirken auch in industriefernen Regionen auf Wälder ein. Sie setzen sich aber aus Tausenden von Einzelkomponenten mit unterschiedlichen Wirkungsweisen zusammen, führen zunächst zur Schwächung und erhöhten Krankheitsdisposition des Waldes und erst später zur Ausprägung klar erkennbarer Schadenssymptome.

Forschung als Alibi

Zugegeben, die hier skizzierte Deutung des Waldsterben-Syndroms läßt sich experimentell ebensowenig bestätigen wie widerlegen. Sie ist auch nicht brandneu. Ihr gravierendster Nachteil liegt allerdings darin, in keiner Weise mit den derzeit herrschenden politischen Vorstellungen übereinzustimmen — und das nicht nur auf nationaler Ebene.

Wer als Politiker anerkennt, daß pflanzenbedrohende Schadstoffe allgegenwärtig sind, muß unverzüglich für ihren konsequenten Abbau sorgen, sofern ihm an Glaubwürdigkeit und Rechtschaffenheit liegt. Erreichen läßt sich dieses Ziel aber nur über Einschränkungen bei Produktion, Konsum und Mobilität. Wer aber läßt sich schon darauf ein, gleich drei Tabus auf einmal anzutasten, insbesondere wenn dieses Tun sowohl die Wähler wie die Geldgeber der politischen Parteien schockieren muß?

Der Ausweg ist somit vorgezeichnet: Man nimmt Unbequemes nicht zur Kenntnis, man betreibt eine möglichst breit angelegte, aufwendige Forschung, und man meldet Zweifel an, damit Gründe bestehen, weiterzuforschen. An einer objektiven Lösung des Problems ist man nur dann interessiert, wenn sie in das politische Konzept paßt.

Daß sich staatliche Verwaltungen in dieses wenig erfreuliche, hauptsächlich parteipolitisch motivierte Geschehen nahtlos einfügen, gehört zu den besonders beklemmenden Erfahrungen. Auch „die Wissenschaft“ hat es nicht vermocht, der Waldsterbensforschung das aufzupfropfen, was die wichtigste Voraussetzung für eine objektive Lösung komplexer Problemkreise darstellt, nämlich eine klare Forschungsstrategie und eine enge Koordination. Waldschadensforschung war in unserem Lande nie anders als diffus und kopflos, d.h. ohne Konzept, zumeist stand sie unter der „Regie“ von fachfremden Managern. Wenn der Begriff Forschungskoordination mehr beinhaltet als das gemeinsame Anhören von Zwischen- und Abschlußberichten, dann verlief die vom Bund gesteuerte Waldschadensforschung gänzlich unkoordiniert, von den zahlreichen Länderprojekten ganz zu schweigen. Hier wurde in den vergangenen acht Jahren viel Geld ausgegeben, das man im Sinne der Sache sehr viel effektiver hätte einsetzen können.

So gesehen ist es schon verständlich, wenn die experimentellen Ansätze zur Klärung der Ursachen des Waldsterbens trotz des unbestritten großen Mitteleinsatzes zu keinen eindeutigen Resultaten führten.

Bezeichnend ist jedoch die schlichtweg zynische offizielle Lesart desselben Tatbestandes, wonach trotz langer und aufwendiger Forschungen der Nachweis nicht zu erbringen war, daß Luftverunreinigungen für das Waldsterben verantwortlich zeichnen.

Ausblick

Unbestritten: Der Wald ist auf großer Fläche krank. Inventuren weisen nach, daß er auf mehr als 50 % der Fläche sichtbare Schäden aufweist. Sichtbare Schäden, das bedeutet Krankheitssymptome im Kronenbereich. Weit weniger bekannt sind die parallel dazu auftretenden Abbauerscheinungen im Feinwurzelsystem, und gänzlich unbekannt ist der Öffentlichkeit die mit dem Eintrag von Schadstoffen verbundene genetische Einengung unserer Waldbaumpopulationen.Sie entsteht u.a. durch selektive, schadstoffbedingte Ausfälle von Bäumen aller Entwicklungsstadien. Ganz zwangsläufig sind damit auch Verluste an Erbanlagen verbunden, die mit mangelnder Widerstandsfähigkeit gegen Schadstoffe gar nichts zu tun haben. Das aber berührt die genetische Vielfalt unserer Wälder, eine über Jahrtausende wirksame Grundlage ihrer Stabilität und damit die Voraussetzung für ihr Überleben unter wechselnden Formen der Klima- und Umweltbelastung. Dieser Effekt aber kommt wegen der bei unserer erdgeschichtlich begründeten Armut an Baumarten und der aus wirtschaftlichen Gründen erfolgten Bevorzugung leistungsfähiger „Wirtschaftsholzarten“ einer schweren Hypothek gleich. Käme es wirklich zu der vorhergesagten Klimaveränderung durch CO_2-Anstieg, so würden die Veränderungen auf einen durch Waldsterben geschwächten und durch Immissionen genetisch eingeengten Wirtschaftswald treffen. Seine Überlebenschancen wären nicht die besten.

Was bleibt zu tun?

Gesetzt den Fall, man würde sich verbindlich entscheiden, der Erhaltung gesunder Wälder Priorität einzuräumen vor Wirtschaftswachstum und ständig steigendem Konsum, dann gilt es sogleich einen guten Teil jener Forderungen zu realisieren, die von Umwelt- und Naturschutzverbänden seit Jahren artikuliert werden, so z.B.:

- radikale Senkung des Schadstoffausstoßes;
- Abbau des Kfz-Individualverkehrs (Schiene vor Straße);
- Energiesparen und nochmals Energiesparen;
- Dezentralisierung der Energiewirtschaft.

Unser Wissen reicht aus, um diese Maßnahmen rechtfertigen zu können.

Was dagegensteht, sind Geschäftsinteressen und Machtbestrebungen von Industrie und Politik sowie die grenzenlose Gleichgültigkeit des Durchschnittskonsumenten gegenüber zukunftsorientierten Problemen.

Wälder sind wohlausgewogene ökologische Systeme, die seit Tausenden von Jahren mancherlei Belastungen widerstanden haben, ohne daß ihre Existenz infragegestellt wurde. Wenn sie beginnen, deutliche Schäden zu zeigen, handelt es sich um Warnzeichen, die die gesamte Natur betreffen.

Wir haben guten Grund, sie sehr, sehr ernstzunehmen — vor allem in Interesse unserer Kinder und Enkel.

Helmut Klein

Der Untergang der Alpen

Die Alpen, die als klassisches Reinluftgebiet gelten und von Fremdenverkehrs-Managern als heile Welt gepriesen werden, entwickeln sich zum Schwerpunkt europäischer Zivilisationsschäden. Die Gründe hierfür liegen einerseits in der hemmungslosen Überlastung und andererseits in der besonders hohen Empfindlichkeit der Gebirgsregionen.

Die verschiedenen Böden

Zum Verständnis der Zusammenhänge zwischen dem Sterben der Bergwälder und der drohenden Unbewohnbarkeit der Alpen ist eine kurze Charakteristik der Gebirgsböden notwendig.

Am Nordrand liegt ein schmaler Streifen niederer, runder, meist bewaldeter Berge, die zum *Flysch* (schweizerdeutsch für „fließen“) oder zum Bereich der *Faltenmolasse* gehören. Diese Berge tragen tiefgründige Böden mit eingelagerten tonigen Schichten, die Sickerwasserströme stauen und mit zunehmendem Wassergehalt schlüpfrig werden. Dies kann zum Abrutschen ganzer Hänge (Murenbildung) oder zu Felsstürzen führen.

Nach Süden schließt sich der Bereich der Kalkalpen an. Hier sind die Böden meist flachgründig, austrocknungsgefährdet und bestehen zu hohen Anteilen aus verrottetem Pflanzenmaterial, sogenannten *Rendzinen*. Diese Böden können bei Erwärmung durch starke Sonnenbestrahlung durch ihre Mikroorganismen abgebaut werden. Damit schwinden Lebensgrundlage und Wasserspeicher. Ohne Vegetationsschutz trocknen sie aus und sind leicht wie Torfmull und damit für Erosion durch Wind und Wasser extrem anfällig. Die Folgen sind Verkarstung mit Abtrag lockerer Gesteinsmassen und extrem unausgeglichenem Wasserabfluß.

In den Zentralalpen sind die Böden meist tiefgründig, aber grobkörnig und wasserdurchlässig. Hier werden riesige Sand- und Geröllmassen von Hochwässern mitgerissen, die durch das Siechtum der Wälder noch zunehmen werden.

Berg und Tal

Auch die Form der Taleinschnitte hat wesentliche Bedeutung für die Wirkung abgehender Boden- und Geröllmassen. In V-Tälern mit schmaler Talsohle kann durch Muren oder Bergstürze der Wasserfluß abgesperrt werden. Der Fluß wird gestaut und überflutet die Krone des entstandenen Dammes. Danach reißt eine großen Flutwelle das Material als Geschiebe mit sich. Eine solche *Verklausung* passierte z.B. 1987 in Saalbach/Hinterglemm und an vielen anderen Orten der Alpen.

In breitgründigen U-Tälern ist eine solche Verklausung seltener; ein Beispiel war der 20-Millionen-Kubikmeter-Bergsturz bei Bormio. In solchen Tälern verschärfen sich Hochwasserprobleme, weil die Flüssen ihre Gerinne immer wieder selbst durch Geschiebe verlegen und sich dann ständig neue Wege suchen. Riesige Flächen werden überschottert. Beispiele hierfür sind die Vorgänge 1987 im Veltlintal unterhalb von Bormio oder im Martelltal und an seiner Mündung in das Etschtal.

Das Wetter

Im Gebirge sind die Durchschnittstemperaturen umso niedriger, je höher eine Region liegt. Gleichzeitig erhöhen sich Windbelastung, Einstrahlung von ultraviolettem Licht und die Verdunstung des Wassers. Diese Faktoren erschweren das Überleben der Pflanzen. Zusätzlich spielt die hohe Intensität der Ultraviolettstrahlung bei der Bildung sekundärer Schadgase (Photooxidantien) eine wichtige Rolle. In den engen Alpentälern verschärfen sich die Auswirkungen der Schadstoffbelastung der Luft durch die Wetterbedingungen weiter. Am Tag kommt es durch die Erwärmung zu hangaufwärts gerichteten Luftströmungen, die Gifte aus geringerer in größere Höhe verfrachten. Häufig kommt es auch zu Inversionsschichtungen der Luft, bei denen die Schadgase das Tal nicht verlassen können, sondern sich unterhalb der Trennschicht der Inversion ansammeln. Regelmäßige Winde, die morgens talabwärts und nachmittags talaufwärts ziehen, spülen dann solche Giftmischungen mehrmals hin und her, also auch durch die Schutzwälder an den Hängen. Hochgelegene Straßen baut man wegen der längeren Schneefreiheit nach Möglichkeit auf Südhängen: Hier entstehen wiederum die stärksten thermischen Aufwinde.

Lebensgemeinschaft Bergwald

Das Ökosystem Bergwald besteht aus etwa 10.000 verschiedenen Arten von Lebewesen. Das Wort „System“ besagt dabei, daß jede der beteiligten Arten von allen anderen direkt oder indirekt abhängig ist und daß jeder Art besondere „Aufgaben“ zukommen.

Im bayerischen Alpenraum spielen die drei Hauptbaumarten Fichte, Tanne und Buche zusammen mit Bergahorn die zentrale Rolle. Auf trockenen Standorten finden wir die Waldkiefer, im zentralalpinen Bereich kommen Lärche, Spirke und Zirbe hinzu.

Besondere Aufgaben in dieser Lebensgemeinschaft haben oft unterbewertete Arten, auf die Karl Partsch hinwies. Hierzu gehören Arten, die durch ihre Fähigkeit zur Erstbesiedlung vegetationsloser Flächen und durch ihre Schnellwüchsigkeit Boden und Schutt befestigen. Beispiele hierfür sind Vogelbeere, Aspe, Mehlbeere, Felsenbirne, Hasel, Berberitze.

Von besonderer Bedeutung sind noch Gehölze wie Bergkiefer, Grünerle und Alpenrose, die scheinbar forstwirtschaftlich unbedeutend sind, die aber den eigentlichen Wald nach oben fortsetzen und die dadurch der Bedrohung durch abrutschende Schnee- oder Geröllmassen entgegenwirken.

Unsere Bergwälder sind zu einer Zeit mit wesentlich milderem Klima entstanden und konnten deshalb in höhere Lagen vordringen. Sie können sich dort heute nur halten, weil sie selbst das Klima an ihren Standorten wesentlich mildern. Die Folge ist, daß bei großflächigem Waldverlust in den Hochlagen eine Wiederbewaldung auf absehbare Zeiträume kaum möglich ist. Die obersten Bestände oder Individuen einer Baumart leben unter Bedingungen, mit denen sie gerade noch zurechtkommen. Leistungsreserven gibt es nicht mehr. Damit aber führen selbst geringe Zusatzbelastungen durch Gifte oder andere menschliche Einflüsse zum Kümmern oder Absterben.

Der Schutzwald

Im Mittelalter fand die wichtigste Besiedlungs- und Rodungswelle der Alpen statt. Die obere Waldgrenze wurde in weiten Bereichen um hundert bis fünfhundert Höhenmeter abgesenkt und Bauernhöfe und Almen angelegt. Für Salz- und Metallgewinnung wurden zum Beispiel um Reichenhall und am Ofenpaß in Graubünden große Waldflächen abgeholzt. Das Ergebnis waren schwere Katastrophen und eine erste Welle von Schutzwaldausweisungen. Bekannte Beispiele sind die Bannbriefe von Muotathal 1339, Flüelen 1382, Altdorf 1387 und Andermatt 1391.

Aber nach eineinhalb Jahrhunderten mußten die Bannwälder neuerlich unter Schutz gestellt werden: Der Bannbrief von Altdorf wurde 1515 erneuert, Bannwaldausweisungen im Großen Walsertal wurden 1526 erlassen.

Drei Jahrhunderte später gab es in der Schweiz erneut schlimme Hochwasserkatastrophen, und P.C. Planta aus Graubünden erläuterte die Bedeutung der Bergwälder eindringlich, als er 1848 für den Schutz der Schweizer Wälder gegen kurzsichtige Abholzungen kämpfte:

“Was wäre unser Land ohne Wälder? Den kalten Winden und Frösten ausgesetzt, den Lawinen, Rüfen, Überschwemmungen, Erdschlipfen und Steinstürzen ringsum preisgegeben, eine unwirtliche, öde, größtenteils unbewohnbare Wüste!“

Schließlich schuf die Schweiz im Jahr 1876 ihr vorbildliches Forstgesetz, das unter anderem ein generelles Kahlschlagverbot für Hochlagen enthielt.

Dauerhaft kann der Bergwald seine Schutzfunktion nur ausüben, wenn er aus Bäumen aller Altersklassen in einer Dichte von mindestens 300 Stämmen pro Hektar besteht. Die Hauptwirkung bringen in den Hochlagen, wo sie sehr langsam wachsen, Bäume im Alter von hundert Jahren und mehr. Die natürlichen Höchstalter dieser Hauptbaumarten liegen bei 250-600 Jahren. Die beste Schutzwirkung wird erzielt, wo die flachwurzelnde Fichte die Oberschicht des Bodens fixiert, während daneben tiefer wurzelnde Buchen und besonders Tannen die tieferen Schichten befestigen.

Diese Wälder regeln aber auch den Wasserhaushalt des Bodens. Das beginnt mit der 'Interzeption'. Man bezeichnet damit das Phänomen, daß im Kronenbereich eines gesunden, dichtkronigen Bergwaldes etwa 30 Prozent des Jahresniederschlages zurückgehalten wird. Er verdunstet gleich wieder. Der Wassergehalt im Boden wird dadurch geregelt, daß die Bäume aus den von ihnen durchwurzelten Schichten umso mehr Wasser entnehmen, je nässer diese sind. Bei Trockenheit wird der Entzug stark eingeschränkt.

So stellt die Hangneigung eines bewaldeten Berges ein Gleichgewicht aus den Eigenschaften von Boden und Untergrund einerseits und der Wirkung des Waldes andererseits dar.

Der kranke Bergwald

Auffälligstes Merkmal erkrankter Wälder ist die Kronenverlichtung. Unsere Bergwälder haben 1990 im Mittel eine Entlaubung/Entnadelung von etwa 30 Prozent. Das Ausmaß der Entlaubung bestimmt aber die Höhe der Interzeption. Für unsere Alpengebiete bedeutet dies bei Niederschlagsmengen bis zwei Meter eine wesentliche Erhöhung der Wasserzufuhr an der Bodenoberfläche.

Eine Reihe weiterer gefährlicher Folgen der Kronenverlichtung kranker Bäume entsteht durch die vermehrte Sonnenbestrahlung des Waldbodens: Es kommt zur Erwärmung und Bodenverdichtung durch Humusabbau und zu vermehrtem Graswuchs. Die Versickerung des Wassers wird schlechter, der oberflächige Abfluß nimmt zu. Es gibt Hochwässer. Gleichzeitig entsteht durch das Gras eine äußerst schlüpfrige Unterlage für den Schnee. Dadurch kommt es zu vermehrtem Schneegleiten mit gebrochenen oder ausgehebelten Bäumen, zu ausgerissenen Pflanzen und Steinen, die aus ihrem Lager gedrückt werden. Die Folge sind vermehrte Erosionsansätze und Steinschläge sowie Ausweitung und Neuentstehung von Lawinenbahnen. Siedlungen und Verkehrswege werden bedroht.

Es ist also klar, daß die Probleme nicht erst mit dem *flächigen Absterben* der Schutzwälder beginnen, sondern daß auch ein *erkrankter* Schutzwald seine Funktion nicht mehr voll erfüllt. Die drohenden Gefahren sind inzwischen in zahlreichen Detailszenarien untersucht und auch kartographisch dargestellt worden.

Statistik des Untergangs
Bis zum Jahr 1982, als bundesweit bereits mindestens 8 Prozent des Waldes immissionsgeschädigt waren, galt der Alpenraum als sicheres Reinluftgebiet. Bereits 1986 war das Schadensausmaß in den bayerischen Alpen mit 80,3 Prozent der alpinen Waldflächen alarmierend. Neuere Zahlen sind seither nicht mehr verfügbar, weil bei der Schadenserhebung 1987 und 1988 nur noch 31 der 171 eingerichteten Probeflächen im Alpenraum untersucht wurden, bzw. weil die erhobenen Daten von 1989 nicht veröffentlicht wurden. Von den über 100jährigen Bäumen mit voller Schutzwirkung waren 1986 bereits über 97 Prozent amtlich als erkrankt eingestuft und über 16 Prozent in Schadstufen drei und vier, also als absterbend oder tot vermerkt. Dabei fällt auf, daß bereits 1985 schon 24,2 Prozent, also 8 Prozent mehr, als absterbend oder tot erfaßt worden waren. Dieser Anteil, der etwa dem normalen Holzeinschlag von zehn Jahren entspricht, „verschwand" einfach innerhalb eines Jahres aus der Statistik. Die mittlere Stammzahl der Bestände dieses Alters lag bereits 1986 bei nur noch etwa 300 Stämmen pro Hektar, also an der unteren Grenze der Schutzfähigkeit.
Für die Beurteilung der Schadensentwicklung ist außerdem wichtig, daß die regenreiche Witterung in den letzten sieben Vegetationsperioden für den Wald sehr günstig war, da immissionsgeschädigte Wälder besonders trockenheitsempfindlich sind. Es muß aber nach dem nächsten Trockenjahr wieder wie nach den Trockenjahren 1976 und 1982 mit einer dramatischen Schadenszunahme gerechnet werden.
Darüber hinaus gilt die Aussage von Forstdirektor Scheiring der Landesforstdirektion Tirol: „Wenn man an einem Ökosystem wie dem Bergwald innerhalb eines Jahres überhaupt eine Veränderung messen kann, ist das dramatisch." Und schließlich muß klargemacht werden, daß Mittelwerte natürlich die Dramatik des überdurchschnittlichen Einzelfalls kaschieren; sie schönen.

Die Ursachen des Bergwald-Sterbens
Die Alpen, eine der herrlichsten Gegenden Europas, wurden nach 1960 zu Tode entwickelt. Durchgangsstraßen über den St. Gotthard, den Brenner und Tauern ließen Verkehr, Siedlungsdichte und Tourismus steigen. Dazu kam der energieverprassende Sommerski-Tourismus. Die Transit- und Touristenströme erzeugten Abwasserfluten, Müll-Lawinen, Abgaswolken, Erosionshänge. Der schützende und luftreinigende Wald wurde quadratkilometerweise dem kurzfristigem Gewinn der Pistenbetreiber geopfert. In den Restwäldern aber züchtet eine spätfeudale Politikerkaste zusammen mit frühkapitalistisch geprägten Unternehmern Schalenwild in solchen Mengen, daß kaum noch Tanne, Buche, Bergahorn und Vogelbeerbaum hochkommen, so daß sich der Bergwald nicht mehr oder nur noch als ungemischter Fichtenforst verjüngt. Dazu kommt das Verkehrsproblem. Die LKW-Flut am St. Gotthard stieg auf 9000 Schwerfahrzeuge pro Tag. Über den Brenner fährt derzeit eine Kraftfahrzeugschlange, deren Länge, Stoßstange an Stoßstange, den Äquator übertrifft. Sie produziert Tausende Tonnen Abgase, dazu Schwermetallemissionen, Reifenabrieb, und sie erfordert pro Kilometer 70 Tonnen Streusalz pro Jahr.

In den Talkesseln reichern stationäre Emittenten diesen Giftcocktail mit weiteren Zutaten an. So entsteht eine Mischung aus drei- bis viertausend Substanzen. Ihre zahllosen Wirkungen sind schon im einzelnen praktisch unerforschbar. Zusätzlich werden aber diese Substanzen in der Natur teilweise in noch wirksamere Gifte umgewandelt. Ein Beispiel hierfür ist die Entstehung des stark pflanzengiftigen Ozons aus Stickoxiden durch ultraviolettes Sonnenlicht unter Mitwirkung von Kohlenwasserstoffen. Dazu kommen aus verwandten chemischen Prozessen andere Photooxidantien, wie das extrem giftige PAN (Peroxiacetylnitrat), das PPN (Peroxipropionylnitrat) und das PBN (Peroxibutyrylnitrat). Der Nachweis dieser Gifte ist sehr schwierig und der Kenntnisstand über ihre zeitliche und räumliche Verteilung folglich höchst unzureichend.

Die Giftküche

Im Alpenraum stammen über 80 Prozent der Stickoxidemissionen aus dem KFZ-Verkehr. Diese Stickoxidproduktion ist umso höher, je größer die Motorbelastung ist. Außerdem gilt diese Angabe pro Motorumdrehung. In niederen Gängen wird folglich pro gefahrener Strecke nochmals entsprechend der Übersetzung im Getriebe mehr NO_X produziert. Also werden bei Bergfahrten — vor allem mit schwerem Gepäck, Anhänger o.ä. — besonders große Mengen NO_X emittiert.

Auf der Talfahrt bremsen Motoren: Ihre Verbrennung ist besonders schlecht. Es entstehen große Mengen Kohlenwasserstoffe. Damit sind an den Alpenstraßen ideale Bedingungen für die Ozonbildung gegeben. Die Mischung der Ausgangstoffe ist „ideal", die Sonnenstrahlung im Gebirge ist intensiv, die beschriebenen Luftströmungen tragen das Ausgangsgemisch in noch größere Höhen zu noch empfindlicheren Baumbeständen. Der Verkehr — und damit das Emissionsgeschehen — konzentriert sich noch besonders auf die strahlungsreichen Schönwetterperioden.

Die natürliche Ozonkonzentration in bodennahen Luftschichten beträgt höchstens 50 Mikrogramm pro Kubikmeter. Dieser Wert stieg in den letzten Jahren in allen sogenannten Reinluftgebieten stark an. Der größte Anstieg ist für die Alpenregion und das bayerische Voralpenland belegt: Am Hohenpeißenberg stieg er allein zwischen 1967 und 1982 auf mehr als das Doppelte. 1990 hat Greenpeace Werte bis 308 Mikrogramm pro Kubikmeter im bayerischen Voralpenland gemessen. Seit etwa 1984 ist klar, daß allein schon die Ozonkonzentration im Alpenraum hinreichend wäre, schwere Schäden an der Vegetation auszulösen. Das Schweizer Innenministerium erklärte damals: Es „werden oftmals über längere Zeit Ozonkonzentrationen gemessen, welche als eindeutig pflanzenschädigend bezeichnet werden müssen". Und die Landesforstdirektion Tirol meldete im gleichen Jahr: „Ozonmessungen in Tiroler Waldgebieten haben ergeben, daß die Ozonkonzentration so hoch ist, daß Schädigungen zu erwarten sind."

Es bleibt die nüchterne Analyse, daß der Giftcocktail in der Luft die alpinen Wälder ruiniert. Klare Ursache-Wirkung-Beziehung sind durch überlagernde Ursachen und Reaktionen nicht mehr analysierbar, eindeutige Symptombilder nicht mehr zu erwarten. Der Wald wird vergiftet. Wir kennen die Beteiligten und die Ursachen, nicht aber ihren exakten Beitrag. Die wesentlichsten Komponenten stammen aber sicher aus dem Verkehr, und die Verkehrsplaner prognostizieren eine Verdoppelung des Alpentransitverkehrs in den kommenden 15 Jahren.

Da wir nichts über die Niederschlagsverhältnisse in diesen kommenden Jahren wissen, können wir natürlich auch keine Prognosen über die weitere zeitliche Entwicklung der Waldschäden wagen. Katastrophen großen Ausmaßes werden aber kommen. Die Pflicht zur Vorsorge verlangt, daß wir uns auf den schlimmsten möglichen Fall einstellen. Ein derart verantwortungsbewußtes Handeln zeichnet sich aber bei den politisch Verantwortlichen in Deutschland nicht und in den alpinen Nachbarländern nur schwach ab. So gilt weiterhin, was der langjährige Leiter der Schweizerischen Forschungsanstalt für das forstliche Versuchswesen, Dr. Bosshard, einst feststellte: „Mit den in den Berggebieten zu erwartenden Folgeschäden des Waldsterbens stellt sich nicht nur die Frage nach Recht und Verantwortlichkeit im juristischen Sinn. Es stellt sich mit zunehmender Dringlichkeit auch die Frage nach Verantwortung und Schuld im moralischen Sinn. Und hier ist wohl festzustellen: Wer dank seiner Ausbildung und beruflichen Erfahrung die Zusammenhänge erkennt und schweigt, der macht sich schuldig. Wer höhere, namentlich politische Verantwortung trägt und nicht energisch handelt, der ist fehl an seinem Platz."

Hartmut Graßl

Verbrennen wir unsere Zukunft?

Der zusätzliche Treibhauseffekt und das Weltklima

1. Die Empfindlichkeit des Klimasystems

Der Planet Erde ist im Vergleich zu den Nachbarn Venus und Mars durch mindestens drei Besonderheiten gekennzeichnet: Mehr als zwei Drittel seiner Oberfläche sind mit Wasser, sogar drei Viertel mit Wasser oder Eis bedeckt; die Hauptbestandteile der Atmosphäre sind für Absorption von Sonnenstrahlung und Emission von Wärmestrahlung kaum von Bedeutung; die Zusammensetzung der Atmosphäre wird von den Lebewesen wesentlich bestimmt. Daraus folgt:

- Wasserdampf und nicht Kohlendioxid wie auf Venus und Mars ist *das* Haupttreibhausgas; er trägt etwa 3/4 des natürlichen Treibhauseffektes der Atmosphäre von ungefähr 30°C und garantiert somit Leben in der uns bekannten Form;
- starke Klimaänderungen sind das Resultat nur kleiner Störungen der Zusammensetzung der Atmosphäre;
- die Lebewesen sind Verstärker beziehungsweise Dämpfer von Klimaänderungen oder sogar Anlaß dafür.

Verhindern Gase und Partikel in der Atmosphäre eines Planeten die Abstrahlung von Wärme stärker als das Vordringen der Sonnenstrahlung zur Oberfläche, so erwärmt sich die Oberfläche so lange, bis das Energiegleichgewicht wieder hergestellt ist. Die so erzwungene Erwärmung wird in grober Analogie zum Treibhaus eines Gärtners Treibhauseffekt der Atmosphäre genannt. Ohne Zweifel bestimmen die weiteren Treibhausgase Kohlendioxid (CO_2), Ozon (O_3), Distickstoffoxid (N_2O) und Methan (CH_4) — hier entsprechend ihrer Bedeutung gereiht — mit zusammen etwa 0.3 Promille Volumenanteil an der Atmosphäre in einer Warmzeit und nur etwa 0.2 Promille während der beiden letzten starken Vereisungen das globale Klima wesentlich; denn die Änderung des Treibhauseffektes bei irgendeiner Konzentrationsänderung eines dieser Gase wird durch die starke Temperaturabhängigkeit der maximal möglichen Wasserdampfmenge in Luft (10% pro Grad) vergrößert. Addiert man Wasser in Form des Wasserdampfes, des Wolkenwassers und des Wolkeneises zu den Spurengasen, so sind noch immer weniger als drei Promille der Masse der Erdatmosphäre die wesentlichsten klimawirksamen Substanzen.

Die gegenwärtige Empfindlichkeit des Klimasystems, abgeschätzt als mittlere globale Temperaturänderung in Oberflächennähe bei einer in CO_2-Äquivalente umgerechneten Spurengasänderung, lautet nach Klimamodellrechnungen: + 2.5 Grad bei Verdoppelung des äquivalenten CO_2-Gehalts vom vorindustriellen Wert von 280 Millionstel Volumenanteilen auf 560. Diese Modellrechnungen mit Einschluß einer Variation der Bewölkung sind für die wolkenlosen Teile in Übereinstimmung mit Satellitenbeobachtungen. Demnach erhöht sich die Oberflächentemperatur um etwa 0.5 Grad, wenn die Strahlungsbilanz um 1 Watt pro Quadratmeter zunimmt. Die Modelle behandeln also die Verstärkung durch den Wasserdampf und zurückweichendes Meereis korrekt. Würden die Wolken durch Kompensation geringerer Abstrahlung von Wärme und erhöhter Rückstreuung von Sonnenstrahlung dabei keine Treibhauseffektänderung bewirken, sollte eine CO_2-Verdoppelung im globalen Mittel die Temperatur um 2.2 Grad anheben. Die angegebene Empfindlichkeit von 2.5 Grad drückt also eine geringe Verstärkung des zusätzlichen Treibhauseffektes durch die Bewölkung aus. Die große Unsicherheit bei dem Verständnis der Rolle der Wolken macht aber noch immer die Angabe eines großen Schwankungsbereiches notwendig (siehe Abschnitt 3).

Wie schwierig es ist, Veränderungen des Klimas bestimmten Ursachen zuzuordnen, wird auch schon bei der Betrachtung des einfachen Schemas des Klimasystems in Abb. 1 deutlich. Die Wechselwirkung des in etwa 1000 Jahren sich einmal umwälzenden Ozeans z.B. mit der rasch reagierenden Atmosphäre, den kurzen Phytoplanktonblüten, den sehr trägen großen Inlandeisgebieten muß verstanden werden.

Ändert der Mensch den Anteil irgendeines der wesentlichen Treibhausgase H_2O, CO_2, O_3, N_2O, CH_4 (nach Bedeutung für den heutigen Treibhauseffekt gereiht), oder fügt er neue hinzu, so ist er auch Klimamacher.

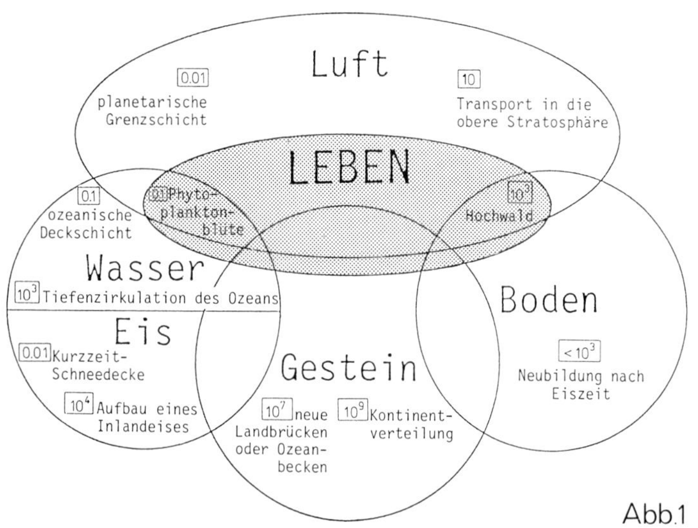

Abb.1

2. Der Spurengasanstieg und die Gründe dafür

Daß der Mensch die Zusammensetzung der Atmosphäre stört, ist ebenso zweifelsfrei belegt wie die Bedeutung der Treibhausgase für das Klima. CO_2 ist weltweit seit dem Jahre 1750 von 280 auf jetzt 353, CH_4 von 0.65 auf 1.7 und N_2O von 0.28 auf 0.31 Millionstel Volumenanteile angestiegen. Alle Anstiege sind überwiegend vom Menschen verursacht. Gegenwärtig nehmen die Anteile der langlebigen Spurengase jedes Jahr um 0.7-1% (CH_4), etwa 0.5% (CO_2) bzw. 0.3% (N_2O) zu. Seit 160000 Jahren waren der CH_4 und CO_2-Anteil nie auch nur annähernd so hoch wie heute. Das für den natürlichen Treibhauseffekt drittwichtigste Gas, nämlich das Ozon (O_3), nimmt ebenfalls, aber nur in der unteren Atmosphäre bis etwa 12 km Höhe, wo es besonders treibhauswirksam ist, über Industrie- und Brandrodungsgebieten sowie deren Nachbarschaft zu. Von besonderer Bedeutung für die Dauer einer Störung ist auch die Überlebenszeit eines Gasmoleküls in der Atmosphäre. Sie steigt für die Treibhausgase von typischerweise einigen Tagen bis Monaten für Wasserdampf (H_2O) und troposphärisches Ozon (O_3) auf etwa 5-7 Jahre für CO_2 und ungefähr 10 Jahre für Methan (CH_4), erreicht mindestens 100 Jahre für das vom Menschen zusätzlich eingebrachte CO_2, bis das vom tiefen Ozean aufgenommen worden ist, oder gar 150 Jahre für Distickstoffoxid (N_2O).

Wegen der stark unterschiedlichen Absorption von Wärmestrahlung pro Einheit der Konzentration sind auch manche besonders gering konzentrierte Spurengase nicht ohne Bedeutung für das Klima. Bekanntestes Beispiel dafür sind die ausschließlich vom Menschen hergestellten und fast zu 100% in die Atmosphäre entweichenden Fluorchlorkohlenwasserstoffe (FCKW). Trotz eines Volumenanteils von insgesamt nur etwa einem Milliardstel und bei Zuwachsraten von noch immer etwa fünf Prozent pro Jahr bei annähernd stagnierender Produktion tragen sie zur Zeit schon mit fast einem Viertel zum Zusatztreibhauseffekt bei, sie sind damit bereits bedeutender als Methan. Für die Bundesrepublik Deutschland gilt: Die Produktion von zur Zeit 0.1 Millionen Tonnen FCKW ist ähnlich klimawirksam wie die von etwa 720 Millionen Tonnen CO_2, von ihrer Rolle beim Abbau stratosphärischen Ozons und damit der Zunahme ultravioletter Strahlung am Erdboden sogar noch abgesehen.

Die wesentlichen Gründe für die Zunahme der natürlichen Treibhausgase sind bekannt. Hauptgrund für die Emission von CO_2 ist gegenwärtig die *Verbrennung* von Erdöl, Kohle und Erdgas sowie von Holz, sofern es nicht mehr nachwächst. Eine weitere wichtige CO_2-Quelle ist die Rodung. Wird brandgerodet ist das zusätzlich eine Quelle für CH_4 und N_2O sowie als einem der Produkte photochemischen Smogs des Ozons (O_3). Weitere sehr wichtige Methanquellen sind jedoch Rinderzucht, Reisanbau, Kohlebergwerke, Erdgasverluste und Mülldeponien. Die Quellen des N_2O sind am wenigsten verstanden; eine weitere Ursache neben der Verbrennung von Kohle und Erdöl ist die Stickstoffdüngung.

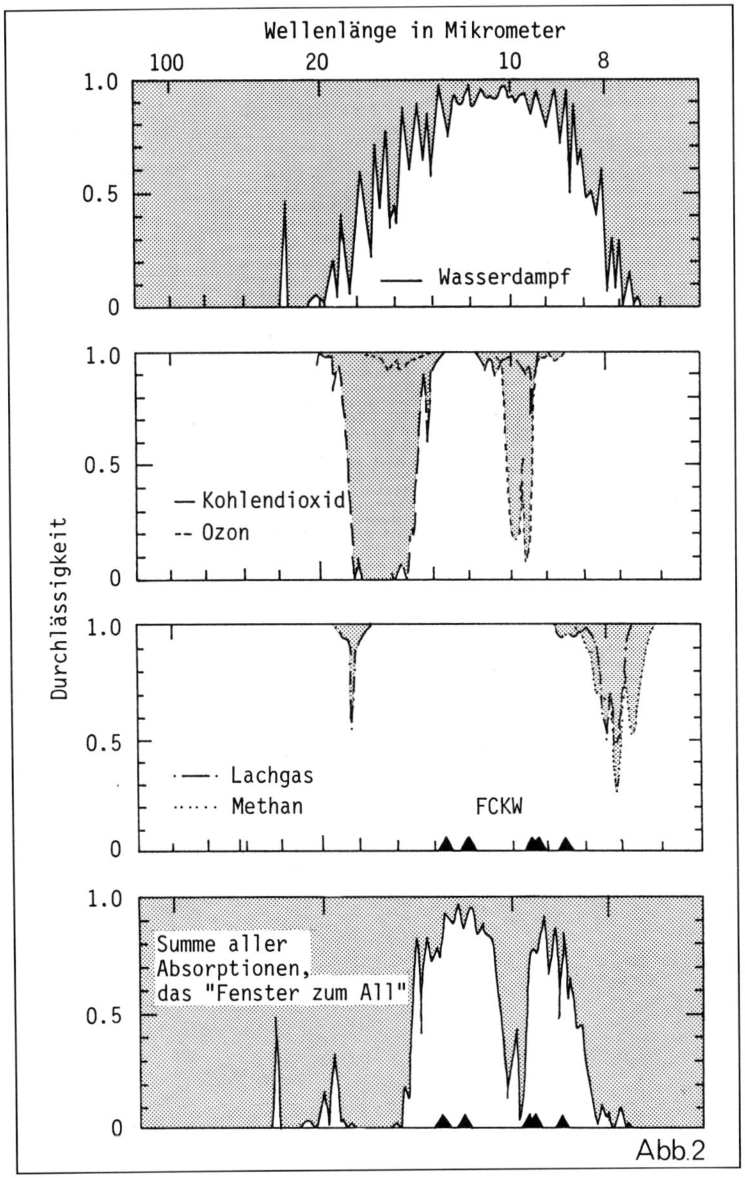

Abb.2

Die Emissionsrate des CO_2 hat 20 Milliarden Tonnen pro Jahr (oder 5.3 Milliarden Tonnen Kohlenstoff) für die fossile Quelle überschritten, wobei noch immer etwa 3/4 von den Industrienationen stammen. Die Zerstörung tropischer Wälder und anderer Vegetation fügt jedes Jahr noch einmal etwa 5 Milliarden Tonnen hinzu.

3. Was bewirkt welcher Spurengasanstieg

Die Eigenschaft der Treibhausgase, Sonnenstrahlung fast ungehindert zur Oberfläche der Erde vordringen zu lassen und die direkte Abstrahlung von Wärme von der Oberfläche in den Weltraum zu behindern (siehe Abb. 2), erzwingt bei Spurengaszunahme eine Erhöhung der Temperatur an der Erdoberfläche; denn im mehrjährigen Mittel muß gleichviel Strahlungsenergie in den Weltraum zurück wie von der Sonne hereinkommt. Die Strahlungsbilanzänderung bei vorgegebener Konzentrationsänderung eines Spurengases in einer Atmosphäre mit sonst fixierten Parametern ist relativ sicher zu berechnen, so daß bei wohldurchmischten Gasen, also langlebigen wie CH_4, N_2O, FCKW, die Beiträge der Änderung jedes einzelnen in eine äquivalente CO_2-Störung umgerechnet werden kann. Die bei Erhöhung pro Einheit des Spurengasgehaltes im Mittel an der Oberfläche eintretende Temperaturänderung ist dagegen sehr schwierig zu bestimmen, weil schon für dieses Mittel alle Rückkopplungen im Klimasystem beachtet werden müssen: Abschmelzen von Meereis und Gletschern, erhöhter Wasserdampfgehalt, mehr oder weniger Wolken in veränderter Höhe an anderen Orten und bei verändertem Flüssigwassergehalt, dadurch verschobene Niederschlagsgürtel, dadurch veränderte Strömung im Ozean. In anderen Worten: Mindestens der globale Wasserkreislauf in einem gekoppelten Modell des Ozeans und der Atmosphäre muß für eine erste verläßliche Abschätzung der mittleren Temperaturänderung korrekt beschrieben sein. Daß Beobachtungen die Antwort nicht liefern können, liegt an der geringen Kenntnis von einigen weiteren Klimagrößen wie z.B. der Trübung der Stratosphäre durch Vulkane oder des Langfristaspektes der Wechselwirkung Ozean-Atmosphäre ohne jede äußere Störung.

Die Frage „Wann wird es wo um wieviel Grad wärmer?" kann noch immer nicht beantwortet werden, aber die einfacheren nach der mittleren Erwärmung und der Verzögerung einer Erwärmung durch die hohe Wärmekapazität des Ozeans schon. Modelle der allgemeinen Zirkulation der Atmosphäre sowie erste gekoppelte Ozean-Atmosphäre-Modelle lassen folgende Aussagen zu:

- Die volle Reaktion auf eine Verdoppelung des äquivalenten CO_2-Gehaltes führt zu einer mittleren globalen Erwärmung um 2.5°C, wobei jedoch vor allem wegen der schwierigen Behandlung der Bewölkung noch immer ein Unsicherheitsbereich von 1.5 bis 4.5°C existiert. Diese Aussage stützt sich nur auf Modelle der Atmosphäre und der ozeanischen Deckschicht sowie der Böden, nicht aber auf solche mit strömendem Ozean. Gekoppelte Modelle des strömenden Ozeans und der strömenden Atmosphäre sind aus Computerzeitgründen noch nicht bis zur vollen Anpassung an 2 * CO_2 gerechnet worden.
- Der Niederschlag nimmt im Mittel um 3% pro Grad Temperaturerhöhung zu, wobei jedoch die schon jetzt trockenen Gebiete eher noch trockener werden. Das ist physikalisch plausibel, weil in der Übergangsphase zu höheren Temperaturen tropische und subtropische Regionen sich keineswegs, wie das im Atmosphärenmodell bei voller Anpassung der Fall war, langsamer erwärmen, denn die kräftigere vertikale Mischung des Ozeans in hohen Breiten führt sehr viel Wärmeenergie in den Ozean ab. Sie bremst dort die Erwärmung an der Oberfläche.
- Die hohe Wärmekapazität des Ozeans und seine gebietsweise kräftige vertikale Durchmischung vor allem im Winter führen zu einer Verzögerung des in Atmosphärenmodellen ohne Kopplung berechneten Temperaturanstieges um Jahrzehnte. So wird bei einem einprozentigen Zuwachs des äquivalenten CO_2-Gehaltes pro Jahr (sehr nahe zur Realität) jeweils nur etwa die Hälfte des nach dem zugehörigen Atmosphärenmodell maximal möglichen Temperaturanstieges erreicht. Das entspricht einer Verzögerung von etwa 30 Jahren bei weiter exponentiell mit einem Prozent pro Jahr steigender Störung. Leider gibt es wegen fehlender Computerkapazität noch keine gekoppelten Modelläufe über mehr als 60 Jahre hinaus, so daß die Frage nach einer eventuellen Dämpfung oder Verstärkung der mittleren globalen Erwärmung noch nicht beantwortet werden kann. Da der Ozean selbst allerdings Wärme nur umverteilt, sollte ein solcher Effekt nur dann bedeutend sein können, wenn die Bewölkung durch veränderte Ozeanströmung und -temperatur stark variierte.
- Das Innere der Kontinente wird stärker erwärmt, weil die dämpfende Wirkung nahe gelegener tief mischender Ozeangebiete fehlt.
- Die Bodenfeuchte im Inneren der Kontinente nimmt in mittleren Breiten auch bei Rechnung mit gekoppelten Modellen im Sommer ab, sofern diese Abnahme im zugehörigen Zirkulationsmodell der Atmosphäre bereits enthalten war. Die Bodenfeuchte ist wegen der Bedeutung für den Ertrag beim Getreideanbau eine häufig besonders herausgestellte Klimamodellgröße. Da sie jedoch korrekte Berechnung von Temperatur, Niederschlag und Verdunstung sowie des Abflusses und des Wassertransports im Boden voraussetzt, ist die Spannweite der berechneten Veränderungen noch recht groß. Sie reicht von leichter Zu- oder Abnahme bis zu genereller kräftiger Abnahme.

  Die wirklich aussagekräftigen Modelläufe sollten zeitabhängig auf die Spurengasanstiege reagieren. Solche liegen seit wenigen Monaten vor. Die zentrale Folgerung lautet: Die verzögerte Erwärmung der unteren Atmosphäre verschiebt wegen der hohen Wasserkapazität des Ozeans die Entdeckung der Wirkung einer möglichen Abwehrmaßnahme auf die Zeit nach dem Tode des Entscheidenden.

Eine weitere mögliche Folge erhöhter Temperatur an der Meeresoberfläche muß noch erwähnt werden. Bei Vergrößerung der Fläche mit Wassertemperaturen über 27°C und neuen Höchstwerten in vielen Regionen wird die von Wirbelstürmen betroffene Region ausgeweitet, die mittlere Intensität sollte zunehmen und die typischen Zugbahnen könnten sich verlagern.

Die Fixierung der Diskussion auf den Spurengasanstieg sollte jedoch nicht darüber hinwegtäuschen, daß andere Folgen der Industriegesellschaft wie z.B. die erhöhte Lufttrübung ebenfalls zumindest regionale Wirkung haben können. So ist nach Messungen der Zunahme der Lufttrübung in Hamburg, die auf die Gas-Teilchen-Umwandlung auf dem Weg von fernliegenden Ballungsgebieten zum Meßort zurückgeführt werden konnte und nach Satellitenbeobachtungen besonders heller Wolken in der Abgasfahne von Schiffen ein Einfluß dieser Trübungszunahme auf die Rückstreufähigkeit der niedrigen Wolken für Sonnenstrahlung als sehr wahrscheinlich zu bezeichnen. Dieser dem Treibhauseffekt entgegengesetzte Wolkenalbedoeffekt kann, weil ebenfalls an die Spurengasemission bei Verbrennung von Kohle, Erdöl und Erdgas gekoppelt, in Teilen dämpfend wirken. Falls wirklich mehr als nur ein kleiner Beitrag, könnte die Erwärmung der nördlichen Erdhälfte mit den Hauptquellen für Spurengase, aus denen Aerosolpartikel werden, in der Erwärmung nachhinken.

4. Sieht man das anthropogene Signal schon?

Wenn der Temperaturanstieg bei Verdoppelung des äquivalenten CO_2-Gehaltes nach Aussagen der Klimamodelle 2,5°C im globalen Mittel beträgt und gemessen am vorindustriellen Wert schon Halbzeit bis zur Verdoppelung ist, dann sollte eigentlich eine mittlere globale Erwärmung an der Oberfläche um mehr als ein Grad längst zu beobachten sein. Die beobachtete Zunahme von nur etwa 0,5°C in den vergangenen 100 Jahren ist trotzdem im Einklang mit den Modellrechnungen, weil bei einer Verzögerung durch den Ozean von nur etwa 3 Jahrzehnten sowie etwa 2,5% Emissionsratensteigerung pro Jahr nur die Hälfte der Wirkung der Störung beobachtet werden kann. Beweis ist das jedoch keiner. Der Anstieg könnte auch noch immer von interner Wechselwirkung im Klimasystem verursacht sein. Auszuschließen als wesentliche Ursachen sind jedoch Vulkanismus und Variabilität der Abstrahlung der Sonne sowie sicherlich die Schwankungen der Bahn der Erde um die Sonne. Aus teilweise bis zu 11 Jahre umfassenden Messungen mit drei Satellitenradiometern ist klar geworden, daß die Sonne innerhalb des vergangenen elfjährigen Sonnenfleckenzyklus um etwa 1 Promille ihre Strahldichte geändert hat, wobei hohe Fleckenrelativzahl höhere Abstrahlung bedeutete. Bei im Mittel 1367 Watt pro Quadratmeter (Wm^{-2}) Einstrahlung am oberen Rand der Atmosphäre und Beachtung des schrägen Einfalls sowie der Rückstreuung von etwa 30% durch den Planeten folgt daraus eine Strahlungsbilanzänderung von 0,24 Wm^{-2} — im Vergleich zur schon angehäuften Spurengasstörung, die 2 Wm^{-2} entspricht, ist das fast schon unbedeutend im Vergleich zur Abwärme durch alle Aktivitäten des Menschen, die zu etwa 0,02 Wm^{-2} im globalen Mittel führen, allerdings der dominante Effekt.

Weitere Hinweise im Einklang mit der Wirkung eines verstärkten Treibhauseffektes sind: Abschmelzen der Gebirgsgletscher und Meeresspiegelanstieg um etwa 15 cm seit 100 Jahren, Umverteilung der Niederschläge für die nördliche Erdhälfte, starke Zunahme des Wasserdampfgehaltes und der Temperatur in den inneren Tropen in Höhen um 5 km seit wenigen Jahrzehnten. Die Beweisführung mit der Zunahme von Extremereignissen wie besonders starken Stürmen und lang anhaltenden Dürren sowie aufeinanderfolgenden warmen Wintern ist zur Zeit nicht möglich.

5. Wie wirken Klimaänderungen?

Da Temperatur und Niederschlag die Vegetationszonen auf der Erde festlegen, ist eine Verschiebung der Klimazonen sicherlich von großer Bedeutung für die Ernährung der Menschheit. Angesichts einer bereits jetzt zugespitzten Lage ist eine Gefährdung der Ernährung insgesamt nicht auszuschließen.

Als Beispiel für die Abhängigkeit der Vegetation von Temperatur und Niederschlag sei genannt: In sehr kalten Klimaten Sibiriens wächst geschlossener Wald noch bei einem Jahresniederschlag von 250 mm, während in unserer Klimazone etwa 400-500 mm dafür nötig sind und in den inneren Tropen erst bei Niederschlägen über 1800 mm immergrüner Feuchtwald auftritt. Die vorhergesagten Temperaturänderungen werden bei ungebremster Emission von Spurengasen durch den Menschen

(die äquivalente CO_2-Verdoppelung würde etwa im Jahre 2025 eintreten) nicht nur Klimazonen und damit Anbauzonen um Hunderte von Kilometern verlagern, sondern auch so schnell ablaufen, daß naturnahe Ökosysteme, wie z.B. die nördlichen Wälder, nicht mit der Verlagerung Schritt halten können. Aber auch die Landwirtschaft in den Entwicklungsländern wird die notwendigen Veränderungen bei Sorten, Saatgut und Düngung häufig nicht schnell genug vollziehen können. Auch ein beschleunigtes Artensterben ist die Folge einer Verlagerung der Vegetationszonen. Die Wasserwirtschaft (und der Wintersport) wird stark betroffen sein, wo doch z.B. die Schneefallgrenze bei 1 Grad höherer Temperatur um mindestens 100 m, typischerweise um 150 m und im Extremfall im Inneren von Gebirgstälern um etwa 500 m ansteigen kann. Daß auch bei einem moderaten Meeresspiegelanstieg von einem halben Meter (Bandbreite 25-100 cm), der bei fehlenden Maßnahmen bis zum Jahre 2030 angelegt ist, aber erst später eintritt, Millionen von Menschen ihre Lebensgrundlage verlieren, muß nach so vielen überzogenen Meldungen über den Anstieg des Meeresspiegels immer wieder erwähnt werden; vor allem, wenn man in einem Lande wohnt, wo auch der stark verstärkte Küstenschutz nur eine Frage von wenigen umverteilten Promille des Bruttosozialproduktes ist.
Leider ist die Forschung auf dem Gebiet Wirkung von Klimaänderungen so spät gestartet, aber auch so schwierig, daß nur sehr ungenaue Angaben z.B. zur Anfälligkeit nicht angepaßter Wälder gegenüber neuen Krankheitserregern oder der Änderung des Abflusses existieren. Ein kleines Beispiel soll abschließend die Bedeutung solcher Untersuchungen unterstreichen: Steigt die mittlere Temperatur um 1-2°C und sinkt die Jahresniederschlagsmenge um 10%, so vermindert sich in einem semiariden Klima der Abfluß um 40-70%.

6. Was ist zu tun?

Wegen der sicheren Verzögerung einer Reaktion des Klimasystems auf Störungen der Zusammensetzung der Atmosphäre durch die trägen Komponenten des Klimasystems wie Ozean, Meereis und Gletscher hilft Abwarten nicht; denn die noch immer vorhandenen Unsicherheiten, speziell über die regionale Ausprägung einer Klimaänderung, können bei der Komplexität der Wechselwirkungen nicht rasch beseitigt werden. Die Gründe für die Störung sind zum größten Teil bekannt und sollten zum Handeln im Sinne einer Vorsorge bei möglichst großer Effektivität der Maßnahmen anleiten:

- ○ FCKW: Verbot der Produktion, d.h. Einhaltung des im Juni 1990 verschärften Montrealer Protokolls, der Detaillierung des Wiener Abkommens zum Schutz der Ozonschicht. Das ursprünglich nur zur Bremsung des Ozonabbaus in der Stratosphäre gedachte Protokoll (es trat am 1. Januar 1989 in Kraft) ist das erste internationale, fast weltweit getragene, mengenbegrenzende Umweltabkommen zur Eindämmung des zusätzlichen Treibhauseffektes geworden.
- ○ CO_2: Verminderung des weltweiten Ausstoßes an CO_2 durch Start der „reichen" Hauptverursacher und Schaffung eines CO_2-Protokolles im Rahmen einer globalen Konvention zum Schutz der Erdatmosphäre. Die wichtigsten Teilschritte sind dabei:
- ○ Effizienzsteigerung bei Nutzung fossiler Brennstoffe, z.B. durch ausgeweitete Wärme-Kraft-Kopplung, Flottenverbrauchsregeln für Automobile, schärfere Wärme-Dämmstandards, Stärkung des Gütertransportes auf Schienen.
- ○ Förderung erneuerbarer Energiequellen vor allem durch schrittweise Einführung des Echtpreises für fossile Energie, d.h. Einschluß der hohen bisher von der Allgemeinheit getragenen Kosten zur Beseitigung und Linderung von Schäden.
- ○ Aufklärung der Nutzer von Energiedienstleistungen.

Eine wichtige Nebenbemerkung:
Alle Maßnahmen zur Reduktion der CO_2-Emission lindern gleichzeitig viele lokale wie regionale Umweltprobleme, z.B. Überdüngung der Randmeere, photochemischen Smog, Versauerung von Seen und Böden, Waldschäden, Korrosion von Gebäuden, Zerstörung von Kulturdenkmälern.

○ CH_4: Verminderung des CH_4-Ausstoßes durch Nutzung aus Absauganlagen und Wettern der Kohlenbergwerke sowie aus Mülldeponien, Verminderung der Lecks in Erdgasverteilersystemen, verbesserte Methoden des Abfackelns, noch besser der Nutzung bisher ungenutzt abgegebenen Erdgases, Einführung verbesserter landwirtschaftlicher Praktiken beim Reisanbau und Rücknahme des Fleischverbrauchs in den reichen Ländern.

Bei allen Bemühungen zur Reduktion des Methanausstoßes ist als weiterer Anlaß zu Aktionen zu berücksichtigen, daß CH_4 mehrfach während und nach Oxidation zu H_2O und CO_2 indirekt wirkt: erstens als zusätzliches CO_2-Molekül, zweitens als besonders treibhauswirksamer stratosphärischer Wasserdampf und drittens als indirekt beim Abbau troposphärische Ozonbildung stimulierendes Molekül.

○ N_2O: Vorschlag zu Maßnahmen für die Reduzierung der Emissionsraten können wegen der geringen Kenntnis über die Quellstärken gegenwärtig nur sehr schwer gemacht werden. Bei CO_2 und CH_4-Minderung werden N_2O-Quellen allerdings direkt oder indirekt verkleinert.

Ein Hauptziel der Politik und jedes Einzelnen muß werden: weniger Rohstoff pro Kopf verbrauchen und dies möglichst nahe zu natürlichen Kreisläufen.

Ich danke meinem Kollegen Klaus Hasselmann und seinen Mitarbeitern, von deren neuesten Ergebnissen einige in diese Zusammenfassung vor der Veröffentlichung gelangen durften. Als weiterführende Literatur empfehle ich die im Herbst 1990 erscheinenden Berichte des Intergovernmental Panel on Climate Change, der zur Vorbereitung einer Konvention zum Schutz der Erdatmosphäre vom Umweltprogramm der Vereinten Nationen (ENEP) und der Weltorganisation für Meteorologie (WMO) eingerichteten Arbeitsgruppe, sowie den 3. Zwischenbericht der Enquete-Kommission des 11. Deutschen Bundestages „Vorsorge zum Schutz der Erdatmosphäre".

Liste der Abbildungen

Abb. 1: Schema des Klimasystems. Die Komponenten Luft, Wasser, Eis, Leben, Boden, Gestein also Atmo-, Hydro-, Kryo-, Bio-, Pedo- und Lithosphäre treten in Wechselwirkung bei typischen Zeitskalen von 10^{-2} bis 10^{9} Jahren und *müssen* auch ohne veränderliche extreme Parameter zu ständig sich änderndem Klima führen.

Abb. 2: Die Durchlässigkeit der Erdatmosphäre für Wärmestrahlung. Das Haupttreibhausgas Wasserdampf (H_2O) (oberster Teil) setzt die Randbedingungen für das Fenster zum All, CO_2 verdunkelt ein Stück davon, O_3 dämpft im klarsten Teil des Fensters, CH_4 und N_2O schwächen am Rande. Alle zusammen lassen nur ein kleines getrübtes Fenster übrig, in dessen klarsten Teilen die FCKW noch weiter verschleiern.

Rosemarie Oswald

Die industrielle Bodenzerstörung

"Zu allen Zeiten ist es die Fruchtbarkeit des Bodens gewesen, die über Wohl oder Wehe der Menschheit bestimmt hat."
Justus von Liebig

Einführung

Der Boden bildet die Grundlage der pflanzlichen, tierischen und menschlichen Existenz. Er ist Nahrungslieferant, Trinkwasserfilter und Lebensraum der verschiedensten Organismen — vom Einzeller bis zum höheren Säugetier. In den obersten Bodenschichten leben eine unfaßbare große Zahl von Mikroorganismen und Kleinlebewesen in einer engen Gemeinschaft miteinander.

Erst durch das Zusammenwirken all dieser Lebewesen — vom Bakterium bis zum Regenwurm — entsteht nach einer Reihe komplexer Umwandlungsprozesse aus totem organischen Material, wie Herbstlaub und dem Gesteinsmaterial des Bodens, der Humus. Er ist der entscheidende Träger der Bodenfruchtbarkeit und das Substrat, an das Säuren und giftige Stoffe in gewissem Umfang gebunden werden können. Der belebte Bodenraum und die Deckschichten (wie Sand und Ton) über dem festen Gestein schützen auch das Grundwasser vor Verunreinigungen. Voraussetzung ist allerdings, daß das natürliche Bodengefüge nicht zu stark beansprucht oder gar zerstört ist.

Für vergifteten, erodierten und versiegelten Boden gibt es keinen Ersatz!

Bereits 1972 wurde in der Europäischen Bodencharta die Belastung des Bodens, explizit auch im Zusammenhang mit den vielfältigen industriellen Nutzungsformen, thematisiert und seine Schutzwürdigkeit hervorgehoben.

Dennoch hat der Boden als Medium, das von Schadstoffeinträgen und anderen Belastungen betroffen ist, in der Umweltpolitik noch immer keine reale Berücksichtigung erfahren. Im Vergleich zu den Umweltmedien Wasser und Luft wird der Boden viel eher als Rohstoffquelle und Nutzfläche, als Gegenstand der Raumordnung und Nutzungsplanung, denn als belastbares und belastetes Medium oder gar als sensibles Ökosystem betrachtet. Erst in jüngerer Zeit wird durch Verordnungen versucht, verschiedene Regulative zu schaffen, die dem Boden seine Schutzwürdigkeit zugestehen. Doch der „umwelt-industrielle Reparaturbetrieb" kommt nur schwer in Gang. Der ökologischen Vielfalt der Böden ist eben nicht mit der Entwicklung neuer Filtertechniken oder nachgeordneter Umwelttechnik wie Dekontaminierungsanlagen beizukommen. Dieser, für die Industriegesellschaft typische technische Lösungsansatz, Umweltprobleme anzugehen, wird auch im Bodenschutz, vor allem durch die monokausale Betrachtungsweise fehlschlagen. So müssen auch hier — wie schon bei allen anderen Umweltmedien — Grenzwerte für gesundheitsgefährdende Stoffe herhalten, um die Gefahren für Mensch und Umwelt zu verschleiern.

Die Untätigkeit der politisch Verantwortlichen wird mit der hohen Komplexität und dem zu geringen Wissen über das Ökosystem Boden entschuldigt. So forschen zur Zeit allein in der Bundesrepublik 215 Institute im Auftrag des Bundesforschungsministeriums zu Fragen der Bodenbelastungen durch die Landwirtschaft. Den Themenkomplex Boden und Umwelt bearbeiten 120 Institute (zum Beispiel Kontaminierung unterschiedlicher Standorte durch Altlasten) mit einem Forschungsetat von 200 Millionen DM.

Forschung ist oft Ersatz für umweltpolitisches Handeln, Vorsorge aber unterbleibt.

I. *Die direkte Bodenzerstörung*

Die Bundesrepublik Deutschland befindet sich in einem akuten Müllnotstand. Vor allem seit die DDR nicht mehr bereit ist, den westdeutschen Wohlstands- und Sondermüll widerstandslos auf ihre Böden zu kippen, verschärft sich der wirtschaftliche und politische Lösungsdruck. Im Moment werden in den meisten Kommunen Müllverbrennungsanlagen (MVA) favorisiert, obwohl die Frage der Dioxinemissionen nicht geklärt ist. Wie gefährlich das Dioxin bzw. seine Derivate — zum Beispiel Dibenzodioxine (PCDD) oder Dibenzofurane (PDDF) — für die Menschen und die Umwelt werden können, zeigte der Chemieunfall von Seveso (1976): Zerfressene Gesichter, entstellte Totgeburten, Menschen, die auf einen Schlag Heimat und Gesund-

heit verloren haben. Die Folgeschäden dieses Unfalls, wie Fehlgeburten und eine Zunahme der Krebsfälle in der unmittelbaren und mittelbaren Umgebung von Seveso, werden bis heute beobachtet.
In der Bundesrepublik Deutschland sind mehrere Fälle von lokal erhöhten Bodenbelastungen mit Dioxinen bekannt. So unter anderem

- in der Umgebung einer Metallschmelze in Rastatt,
- in der Umgebung einer ehemaligen Kabelverschwelungsanlage in Crailsheim-Maulach,
- in der Umgebung der stillgelegten Sondermüllverbrennungsanlage Münchehagen,
- auf dem ehemaligen Gelände der Firma Boehringer bei Hamburg,
- auf dem Baugelände der Justizvollzugsanstalt Weiterstadt,
- auf dem Gelände einer ehemaligen Altölraffinerie in Hanau,
- im Bereich einer Chemiefabrik in Griesheim b. Darmstadt,
- auf dem Gelände einer ehemaligen Lösungsmittel-Aufbereitungsfirma in Berlin etc.

Nach dem Absturz einer Militärmaschine der US-Air-Force in Remscheid (1988) wurde durch die beim Brand freigesetzten Dioxine der Boden irreversibel verseucht. Die Anwohner im Bereich der Unglücksstelle trugen erhebliche Gesundheitsschäden davon.
Obwohl es bereits zu Belastungen des Grundwassers mit Dioxinen gekommen ist (z.B.in unmittelbarer Nähe einer Hausmülldeponie in Baden-Württemberg und im Bereich der Fa. Boehringer in Hamburg), hat der Gesetzgeber den Weg für weitere Dioxinfreisetzungen durch die Müllverbrennung forciert. Durch eine Änderung des Bundesimmissionsschutz- und Abfallgesetzes können in Zukunft Abfallverbrennungen in ehemaligen Industriefeuerungsanlagen durchgeführt werden.

a) *Vergiftete Böden: Altlasten*

Frühere Deponien oder Müllkippen waren oftmals Steinbrüche, Kiesgruben oder sonstige Vertiefungen, in die Abfälle (sogenannte Feststoffe) gekippt wurden. Feststoffe sind Hausmüll, Produktionsabfälle aus Gewerbe und Industrie, Klärschlamm und Baggergut.
Die Abfallbeseitigung schien lange Zeit ein Volumenproblem zu sein. Heute sind diese aufgefüllten Mulden Gegenstand der Altlastenproblematik. Als Altlasten im engeren Sinne werden in der Regel Altablagerungen oder Altstandorte bezeichnet, „von denen aufgrund vorausgegangener Ergebnisse einer durchgeführten detaillierten Gefährdungsabschätzung an entsprechenden Verdachtsflächen eine konkrete Gefährdung der menschlichen Gesundheit und/oder der Umwelt ausgeht“ (7: BMU Umweltbericht 1990). Ohne vorherige Toxizitätsprüfung einzelner Stoffe, geschweige denn von Stoffklassen wurde und wird Müll unterschiedlichster Art und Herkunft auf ein und dieselbe Deponie verbracht. Verunreinigungen des Grundwassers, gefährliche Gasbildung, schädliche Auswirkungen auf die Vegetation bzw. eine dauerhafte Gefährdung der Umwelt sind die Folgen.
Würde man die in Deponien gestapelte Menge auf die Gesamtfläche verteilen, lasteten auf jedem Hektar Boden der Bundesrepublik Deutschland 3,5 Tonnen Feststoffe (5: Koch: Ökologische Müllverwertung). Die toxikologische Datenlage der ca. 50.000 altlastenverdächtigen Flächen in der Bundesrepublik ist vollkommen unbefriedigend. Zur Zeit geht man von 2.000 hochgiftigen und mit krebserregenden Substanzen belasteten Deponien aus.
Die Untersuchung und Sanierung der unterschiedlichen Altlasten geht nur schleppend voran. Im Jahr 1985 errechnete das Umweltbundesamt einen Betrag von 17 Milliarden DM, der für die Sanierung bekannter Giftstandorte bis zum Jahr 1995 aufzubringen sein würde. Neuere Schätzungen gehen von mindestens 41 Milliarden DM aus (2: UBA 1989).
In einem dichtbesiedelten Land wie der Bundesrepublik können kontaminierte Standorte nicht allein als technisches Problem angesehen werden. In den meisten Fällen liegen derartige Flächen in Siedlungsgebieten und werden vielfach ohne vorherige Sanierung als Bauland für Wohnungen ausgewiesen. Zu den typischen Altlastenstandorten gehören Kokereien, Gaswerke, Raffinerien, metallurgische Betriebe und Galvanisierungsan-

lagen. Allein in Nordrhein-Westfalen gibt es 1422 bewohnte Altlastenstandorte, von denen 1988 bereits 23 als unbedingt sanierungsbedürftig eingestuft wurden. Die gesundheitlichen Bedrohungen, die von kontaminierten Standorten ausgehen können, reichen von Lösungsmittelallergien bis Hautkrebs. In allen Fällen müssen Anwohner verseuchter Flächen den Nachweis über die Vergiftung bzw. den Verursacher der Kontamination selbst ermitteln und durch eine Strafanzeige versuchen, Schadensersatz für ihre Gebäude zu erhalten. Bisher haben Klagen von altlastengeschädigten Bürgern, die auf einem verseuchtem Boden ein Eigenheim gebaut haben, bei Bundes- und Landesgerichten keinen Erfolg gehabt. So hat das Oberlandesgericht Hamm eine Schadensersatzklage von Gladbecker Bürgern abgewiesen, die auf einer ehemaligen Kokerei errichtete Häuser gekauft haben. Nach diesem Urteil (vom Juni 1990) sollen die Hauskäufer für die Sanierungskosten selbst aufkommen, denn die verantwortliche Baufirma ging in Konkurs und die Stadt fühlt sich nicht zuständig.
Produktionsabfälle ehemaliger Industriestandorte oder kommunale Müllablagerungen stellen mit ihrem häufig unbekannten toxikologischen Wirkungspotential ein zunehmendes Risiko für Natur, Mensch und Umwelt dar. Besonders problematisch sind die im steigenden Umfang festzustellenden Flächen, die mit einer Vielzahl bedenklicher Stoffe aus zum Teil unspezifischen und oft nur schwer zu ermittelnden Quellen belastet sind: Aufhaldungen und Verfüllungen mit umweltgefährdenden Produktionsrückständen, wie Bergematerial und Bauschutt, korrodierte Leitungssysteme, defekte Abwasserkanäle und Orte, an denen wasser- und bodengefährdende Stoffe unsachgemäß gelagert wurden. Diese Verunreinigungen beeinflussen neben der Regelungsfunktion der Böden insbesondere den Stoffhaushalt und gefährden zudem das Grundwasser und die Oberflächengewässer.
Erhebliche gesundheitliche Risiken gehen auch von den sogenannten Rüstungsaltlasten aus, von denen es in der Bundesrepublik rund 100 bekannte Standorte gibt. Aufgrund der Bodenkontamination und der akuten Gefahr für das Grundwasser müssen sie dringend saniert werden. Darüber hinaus bergen diese ehemaligen Kriegsproduktions- oder Lagerstätten ein direktes lebensbedrohendes Potential. So fanden Kinder 1979 beim Spielen scharfe Munitionsbestandteile, die von der chemischen Fabrik Stoltzenberg seit den zwanziger Jahren produziert wurden. Ein Kind wurde von einer alten Granate getötet.
Zurecht werden die meisten Altlastenstandorte - ob Müllkippen, ehemalige Industrieansiedlungen oder Produktionsstätten von Kriegsgeräten — von den Ökologen als „tickende Zeitbomben“ bezeichnet, denn aus den einst als harmlos eingestuften Ablagerungen (zum Beispiel Haushalts-, Gewerbe- und Industrieabfällen) können hochgiftige Sickerwässer austreten und das Trinkwasser irreversibel schädigen. Der Einzelne ist dieser Vergiftung anscheinend hilflos ausgeliefert. Rechtliche Instrumentarien wie Beweisumkehr und die Anwendung des Verursacherprinzips sind dringend erforderlich. Oberstes Ziel jeder rechtlichen Regelung muß die zukünftige Vermeidung von Umweltgiften sein. Das zur Zeit geltende Umwelthaftungsrecht ist zu schwach, um Umweltdelikte zu verhindern, wie unzählige Beispiele sogenannter Chemie“unfälle“ belegen (Nordenham 1972, Seveso 1976, Ingolstadt 1978, Bhopal 1984, Sandoz 1986).

b) *Die Folgen der chemisch-technischen Revolution in der Landwirtschaft*

12 Millionen Hektar Land, das sind 53 Prozent der Gesamtfläche, werden in der Bundesrepublik Deutschland landwirtschaftlich genutzt. Davon sind 60% Acker und 38% Grünland. Sonder- und Dauerkulturen (wie zum Beispiel Wein) werden auf 2% der Gesamtfläche angebaut.
Seit der Mensch Land- und Forstwirtschaft betreibt, beeinflußt er die Bodenbildung. Die natürliche Entwicklung wird gehemmt oder beschleunigt und die Bodenstruktur verändert. Vom Land- und Gartenbau wird die Erzeugung gesunder Nahrungsmittel gefordert. Doch spätestens seit dem Reaktorunfall von Tschernobyl ist klar, daß diese Forderung vom einzelnen Landwirt allein nicht mehr eingelöst werden kann.
Die Industrialisierung der Landwirtschaft, die in den 50er Jah-

ren begann, und die Politik der Europäischen Gemeinschaft hat zu einem immer höheren Biozid- (Insekten-, Pilz- und Unkrautvernichtungsmittel) und Kunstdüngereinsatz geführt. Um ihre Einkommen bei sinkenden Erzeugerpreisen zu halten, müssen die meisten Landwirte ihre Produktion ständig steigern. Anstelle einer Flächenausdehnung nahm und nimmt die Intensivierung der Landbewirtschaftung, bezogen auf die Fläche, zu. Bei sinkender Nachfrage und unter dem Druck billiger Agrarimporte verschärft sich die Lage der konventionell bewirtschafteten landwirtschaftlichen Betriebe zunehmend. Überschußproduktion, subventionierte und mit Agrarchemikalien belastete Nahrungsmittel sind weitere Folgen. Seit 1965 hat sich der finanzielle Aufwand für chemische Dünge- und Spritzmittel nahezu vervierfacht. Allein in der Bundesrepublik Deutschland werden mehr als 30.000 Tonnen Pestizide pro Jahr auf ackerbaulich genutzte Fläche aufgebracht. Diese Mittel zeichnen sich durch einen hohen Wirkungsgrad und ein weites Wirkungsspektrum aus, die in erster Linie „Un"kräuter und „Schädlinge" vernichten sollen. Dabei werden allerdings auch nützliche und regulierende Organismen des Bodens vernichtet. Neben den eingesetzten Wirkstoffmengen sind vor allem der Zeitpunkt und die Häufigkeit der Anwendung von Pflanzenschutzmitteln von entscheidendem Einfluß auf die Böden.

Parallel zu der Steigerung des Einsatzes von Pflanzenbehandlungsmitteln ist in den Jahren seit 1950 ein deutlicher und kontinuierlicher Anstieg des Verbrauchs von Kunstdünger zu verzeichnen. Von 1950 bis 1985 ist der Verbrauch an Stickstoff-, Phosphat- und Kalidünger um mehr als 100 Prozent auf insgesamt 3,2 Millionen Tonnen pro Jahr angestiegen.

Wenn die Aufnahmekapazität des gedüngten und mit chemischen Wirkstoffen behandelten Bodens überfordert wird, kann sich auch die Wirksamkeit der eingebrachten Substanzen über die notwendige Dauer hinaus ausdehnen und akkumulieren. Damit wächst die Gefahr einer Aufnahme von Giftstoffen in die Kulturpflanze, des Auswaschens in das Grundwasser und damit einer Anreicherung in der Nahrungskette. Vor allem sind zahlreiche Tier- und Pflanzenarten durch den Biozideinsatz unmittelbar oder durch Entzug der Nahrungsgrundlage mittelbar vom Aussterben bedroht.

In Gebieten mit stark konzentrierter Tierhaltung führt die Ausbringung von Gülle zu einer weit über dem Pflanzenbedarf liegenden Stickstoffzufuhr und dadurch zu einer zunehmenden Vergiftung des Grundwassers mit Nitrat. In diesen Regionen ist die Filterkapazität des Bodens soweit erschöpft, daß die Bevölkerung immer öfter mit Trinkwasser aus geringer belasteten Regionen versorgt werden muß.

Klärschlämme aus kommunalen Kläranlagen sind zum Teil erheblich mit Schwermetallen und organischen Schadstoffen belastet. Trotzdem werden sie bis zum heutigen Tag als organischer Dünger auf die Felder verteilt. Auch die im Jahr 1990 novellierte Klärschlammverordnung hat an diesem Sachverhalt nichts verändert.

Die intensive Nutzung des Bodens und die Zusammenlegung der kleineren Ackerflächen zu teilweise riesigen Schlägen haben darüber hinaus zu einer erheblichen Umgestaltung der Kulturlandschaft geführt. So fielen der Flurbereinigung wichtige Strukturelemente wie Feldgehölze, Einzelbäume, Hecken, Wälle, Gräben usw. zum Opfer. Sie mußten einer maschinengerechten Landbewirtschaftung weichen. Ausgeräumte Flächen und nackte, unbewachsene und ausgelaugte Böden werden durch Wind und Wasser abgetragen.

Der biologische Landbau zeigt Auswege aus dieser Situation. Er ist eine finanzielle, vor allem aber die umweltverträgliche Alternative zur konventionellen Landbewirtschaftung. Hinsichtlich der Erhaltung der natürlichen Lebensgrundlagen nimmt der biologische Landbau eine hervorragende Stellung ein. In der Bundesrepublik Deutschland gibt es fünf anerkannte Anbauverbände, die sich im letzten Jahr (1989) zu einer Arbeitsgemeinschaft Ökologischer Land- und Weinbau (AGÖL) zusammengeschlossen haben. Diese Anbauverbände (BIOLAND, NATURLAND, DEMETER, ANOG und Biokreis Ostbayern) setzen weder synthetisch-chemische Spritzmittel noch Kunstdünger ein. Ihr Grundsatz ist die Erhaltung der Bodenfruchtbarkeit und die Erzeugung gesunder und unbelasteter

Nahrungsmittel. Darüber hinaus liefern sie einen erheblichen Beitrag zum Grundwasser-, Trinkwasser- und Bodenschutz.

c) *EROSION — Die totale Bodenzerstörung*
Bodenerosion und Verdichtung sind, soweit sie über das natürliche Maß dieser Erscheinungen hinausgehen, Folgeerscheinungen intensiver Bewirtschaftungsweisen in der Land- und Forstwirtschaft. Hauptursache der Bodenverdichtung ist der Einsatz schwerer Maschinen. Als Folge treten Staunässe und Störungen der Wasser- und Luftzirkulation auf, die sich unmittelbar auf den Stoffhaushalt der Böden und mittelbar auf das Bodenleben nachteilig auswirken. Darüber hinaus können in ökologisch empfindlichen Landschaften, wie zum Beispiel Gebirgen, touristische Übernutzungen und die Zunahme von Waldsterben und Wildverbiß zu großen Erosionsflächen, d.h. zur Abtragung des gesamten Bodens führen. Diese Schäden sind irreversibel.
Rund 75 Milliarden Tonnen Boden werden weltweit Jahr für Jahr verblasen oder abgespült. Dies entspricht einer Lastwagenkolonne, die von der Erde bis zum Mars reichen würde (6: Seymour: Fern vom Garten Eden). Durch diese fortschreitende Erosion verschlechtert sich die Bodenfruchtbarkeit durch den Verlust von wertvollem Humus mit jedem Jahr. Auf bayerischen Ackerböden wurde zum Beispiel ein flächenhafter Bodenabtrag von im Mittel acht Tonnen pro Hektar und Jahr festgestellt. Erodierte Böden können keine ihrer Aufgaben mehr erfüllen. Weder ist eine Trinkwasserfilterung möglich, noch können Schadstoffe aus der Luft absorbiert werden.

d) *Flächenversiegelung durch Siedlungs- und Straßenbau*
Landschaftsverbrauch durch Flächenversiegelung (Straßen, Siedlungen, Gewerbeflächen, Uferbefestigungen etc.) führt zu einem ständig steigenden Verlust fruchtbaren Ackerlandes, von Wiesen, Weiden und Wäldern sowie deren Pflanzen- und Tierarten. Ein versiegelter Boden kann kein Niederschlagswasser mehr aufnehmen und speichern. Das Wasser fließt dann meist über die Kanalisation in die Bäche und Flüsse. Bei hohen Niederschlägen kann es häufig nicht schnell genug abgeführt werden, und es kommt zu Überschwemmungen. Jedes Frühjahr und oft im Herbst steigen der Rhein, die Mosel, der Main, die Lahn und andere Flüsse über die Ufer. Dabei nimmt das Hochwasser kostbaren Oberboden der an die Flüsse grenzenden Ackerflächen mit.
Mit Beginn der Industrialisierung (Mitte des 19. Jahrhunderts) ist die Entwicklung der Flächennutzung auf dem Gebiet der Bundesrepublik Deutschland durch eine nahezu stetige Zunahme der siedlungswirtschaftlichen Nutzung gekennzeichnet. Neben dem Wohnungsbau hat die gewerbliche und industrielle Nutzung der Flächen erheblich zugenommen. Ihr Zuwachs erfolgt insbesondere zu Lasten der Landwirtschaftsfläche, ferner zu Lasten naturbelassener Flächen wie z.B. Moor oder Heide. Zwischen 1950 und 1985 ist die Fläche versiegelten Bodens (oder Freifläche) von 1,863 Millionen Hektar auf 3,115 Millionen Hektar angestiegen. Der Landschaftsverbrauch durch Industrie-, Gewerbe- und Wohnungsbau ist in den Kernstädten der großen Ballungsräume — und durch den Straßenbau: „Deutschlands Straßen reichen bis zum Mond“ — besonders stark ausgeprägt. Heute werden in der Bundesrepublik Deutschland jeden Tag 100 - 130 Hektar Boden asphaltiert, überbaut oder zugeschüttet: jedes Jahr eine Fläche von der Größe des Bodensees (7:BMU-Umweltbericht 1990).
Durch den Lagerstättenabbau sind in der Bundesrepublik Deutschland bis heute etwa 80.000 Hektar Boden beseitigt und zerstört worden. Jährlich werden zum Beispiel ca. 8.000 Hektar Fläche für die Betonherstellung oder für andere Steine und Erden verarbeitende Industriezweige abgebaut (3: Statistisches Taschenbuch Hessen). Bei der Gewinnung von Rohstoffen wird meist die gesamte Bodendecke entfernt, gelagert und später bei einer etwaigen Rekultivierung wieder aufgebracht. Dabei entstehen künstliche Landschaften mit Böden ohne jegliche Horizontierung. Die kostbare, humusreiche Bodendecke wird abgetragen, der gesamte über Jahrtausende gewachsene natürliche Aufbau zerstört. Eine forst- oder landwirtschaftliche Nutzung wird somit unmöglich. In vielen Fällen versucht man durch ein Aufbringen von Muttererde aus anderen Gebieten der

Bundesrepublik eine Bodenfruchtbarkeit wiederherzustellen. (Zahlen hierzu: Die landwirtschaftliche Nutzfläche umfaßt in der Bundesrepublik 54% der Gesamtfläche. Der Waldanteil liegt bei 29,6%. Auf die Wasserfläche mit 1,8% und auf relativ naturnahe Flächen wie Moore, Heiden oder „Unland" mit 1,6% entfallen demgegenüber nur geringe Flächenteile. Die Siedlungsfäche umfaßt im Durchschnitt 12,5% der Fläche des Bundesgebietes, in den Regionen mit großen Verdichtungsräumen steigt der Anteil auf 18,5%, in ihren Kernstädten auf 49,9%). (1: Bodenschutzkonzeption der Bundesregierung und 7: BMU-Umweltbericht 1990)

Aus ökologischer Sicht sind die Folgen der Bodenvernichtung — wodurch auch immer verursacht -, und der damit verbundene Verlust vielfältiger Leistungen des Bodens (nicht zuletzt als Nahrungslieferant), unabsehbar. Abgesehen von der Frage, ob es einen wirtschaftspolitisch begründeten Bedarf an zusätzlichen Siedlungen gibt, ist eine soziale und ökologische Bedarfsprüfung beim gegenwärtigen Ausmaß der Vergrößerung von Siedlungs-, Gewerbe- und Industrieflächen unbedingt erforderlich.

Umwelt- und Sozialverträglichkeitsprüfung jedes einzelnen Bauvorhabens sind beim Stand der Dinge dringend zu prüfen. Natürlich müßten gleichzeitig umweltverträgliche Bau- und Wohnformen berücksichtigt und bereits vollzogene Fehler aufgehoben werden. Eine Trendwende im Landverbrauch könnte erreicht werden:

- durch die Anpassung der Bodennutzung an die natürlichen Standortbedingungen (auch für die Landwirtschaft),
- durch die Ausweisung von Bodenschutzgebieten,
- durch vorausschauende und sparsame Nutzung der Rohstoffvorkommen,
- durch absolute Sicherung heute noch vorhandener natürlicher und naturnaher Flächen,
- durch einen Stop weiterer Baulandausweisung,
- durch Baulückenprogramme
- durch flächensparendes Bauen dort, wo Bauland bereits ausgewiesen ist, bzw. durch Umwidmung brachliegender Siedlungsflächen und
- durch die Einstellung jeden weiteren Straßenbaus.

II. *Indirekte Bodenzerstörung*

a) *Der Saure Regen*

Über die Schadstoffbestandteile der Luft, die entweder mit den Niederschlägen als sogenannte nasse Deposition oder als Aerosole (Schwebstoffe bzw. trockene Deposition) den Boden erreichen, werden die Böden mit den unterschiedlichsten Emissionen belastet. Schadstoffeinträge (Immissionen) besonderer Art stellen die unter dem Begriff SAURER REGEN zusammengefaßten Verbindungen dar. Schwefeldioxid und Stickoxide aus Industrie-, Automobil- und Hausbrandabgasen, Photooxidantien (wie z.B. Ozon) und organische Kohlenwasserstoffverbindungen sind seine Hauptkomponenten; Waldsterben, Bodenversauerung, Artensterben und Trinkwasservergiftung seine Folgen. Die meisten der bisher bekannt gewordenen Untersuchungsergebnisse bringen das Waldsterben eindeutig mit Luftschadstoffen in Verbindung. Heute sind über 50 % des deutschen Waldes bedrohlich erkrankt. Konsequenzen wie eine *sofortige* Einführung des Drei-Wege-Katalysators für alle Kraftfahrzeuge (auch Busse und LKWs), ein Tempolimit, ein *sofortiger* Einbau von Filteranlagen in alle Schwefeldioxid oder Stickoxid emittierenden Kraftwerke und andere schadstoffminimierende Sofortmaßnahmen hatten diese gewaltigen und in ihren Auswirkungen nicht abschätzbaren Umweltkatastrophen nicht.

Übergangsregelungen für Altanlagen, Willensbekundungen für Schadstoffreduzierungen, die sich weit in das 21. Jahrhundert hinein orientieren, sind bislang die einzigen politischen Konsequenzen.

Der Beitrag der Bodenversauerung zu den Waldschäden ist nicht mehr umstritten. Neben den unmittelbar schädigenden Säurewirkungen spielt die Freisetzung toxischer Metallionen, vor allem von Aluminium, und die Auswaschung von für die Pflanzen lebenswichtigen Nährelementen aus den oberen

Bodenschichten, eine wesentliche Rolle. Darüber hinaus werden die Mikrofauna und -flora des Bodens erheblich beeinträchtigt. Das gesamte ökologische Gleichgewicht wird zerstört. Die Dezimierung der Wälder wird letztlich zu einer Verkarstung der Landschaft führen. Wiederaufforstungsversuche abgestorbener Flächen müssen auf sauren und vergifteten Böden fehlschlagen und können auch durch Kalkgaben oder künstliche Nährstoffzufuhren nicht ausgeglichen werden.
Die Filterkapazität des Bodens für Gifte und Säuren aus der Luft ist erschöpft. Dies beweisen die hohen Schadstoffkonzentrationen der Trinkwasserquellen. Im Regenwasser werden heute organische Schadstoffklassen in einer Konzentration gemessen, die den Trinkwassergrenzwert um das 10fache überschreiten. Das Frauenhofer Institut für Aerosolforschung und Toxikologie (Hannover) hat — im Auftrag des Bundesministeriums für Forschung und Technologie — in den Jahren 1988 - 1990 Regenwasser auf organische Giftstoffe hin untersucht. In allen Proben fanden die Forscher Atrazin und Simazin (zwei verwandte Totalherbizide).
Die chemische Industrie hatte eine Versickerung von Pestiziden und Herbiziden ins Grundwasser immer ausgeschlossen. Aber auch hier sind mittlerweile viele dieser Giftstoffe in kritischen Konzentrationen aufgetreten.

b) *Die radioaktive Zerstörung der Böden*
Jede radioaktive Substanz wirkt im Boden als Schadstoff. Ähnlich wie die Schwermetalle (Blei, Cadmium, Zink etc.), werden sie zunächst an den Humus- und Tonpartikeln des Bodens festgehalten, gelangen aber mit der Zeit in tiefere Schichten und letztlich in das Grundwasser.
Nach dem GAU von Tschernobyl am 26. April 1986 wurden überall in Europa radioaktive Belastungen der Böden und Nahrungsmittel festgestellt. In der Bundesrepublik war und ist der Süden (Bayern und Baden-Württemberg) besonders stark betroffen. Durch eine „Empfehlung“, verstrahlte Lebensmittel für eine gewisse Zeit zu meiden, Kinder von Spielplätzen fernzuhalten und sich möglichst nicht bei Regen im Freien aufzuhalten, hat die Bundesregierung versucht, den Reaktorunfall zu verharmlosen. Bis zum heutigen Tag ist verstrahlte Molke aus Bayern unterwegs auf der Suche nach einer Entsorgungsmöglichkeit. Die Inkorporation von radioaktivem Cäsium über die Nahrung und das Trinkwasser ist noch lange nicht vorbei.
Die Bundesregierung reagierte auf die Reaktorkatastrophe am 19. Dezember 1986 mit der Verabschiedung eines „Gesetzes zum vorsorgenden Schutz der Bevölkerung gegen Strahlenbelastungen“. Dieses Gesetz hat folgenden Inhalt: „Sicherstellung der bundesweiten Erhebung und Auswertung von Daten durch Bund und Länder über die radioaktive Belastung der Umwelt einschließlich des Bodens“ (7: BMU 1990). Auch hier soll Forschung das politische Handeln ersetzen. Der Ausstieg aus der Atomindustrie ist seit der Öffnung der DDR kein Thema mehr. Wirtschaftlicher Aufschwung geht hier wie dort vor Umweltvorsorge. Die technische Rückständigkeit, der Grad der Umweltverschmutzung und das westliche Investitionsinteresse in den Absatzmarkt DDR machen jegliche Diskussion über einen ökologischen Umbau der DDR unmöglich. In der Bundesrepublik ist die Diskussion über ökologisches Wirtschaften zur Zeit fast völlig zum Stillstand gekommen. Umweltthemen spielen in der gesamtdeutschen Politik kaum noch eine Rolle.

c) *Der Boden als gentechnisches Freilandlabor*
Im 14. Mai 1990 wurden erstmals auch in der Bundesrepublik offiziell gentechnische Freilandversuche gestartet. Mit der Auspflanzung von 30.000 gentechnisch veränderten Petunien wollten die bundesdeutschen Genforscher des Max-Planck-Instituts in Köln-Vogelsang den Anschluß an die rasante internationale Entwicklung aufholen. Weltweit werden bereits über 200 Freisetzungsexperimente registriert. Führend sind die USA mit 76 Experimenten, gefolgt von Frankreich mit 28, Kanada mit 18 und Belgien mit 12.
Bei dem Forschungsprojekt in Köln wollen die Gentechnologen ein sogenanntes springendes Gen (Transposon) einfangen. Den von Natur aus weißen Petunien wurde vor der Auspflanzung ein Maisgen eingesetzt, das die Synthese des lachsroten Farbstoffes

initiiert. Den Petuniengenen fehlte diese Fähigkeit. Sobald das künstlich inplantierte Gen wirksam wird, die Petunien also ihre Farbe nach rotweiß ändern, sollen die Pflanzen geerntet und das springende Gen für weitere Untersuchungen eingefangen werden. Außerdem wurde den Petunien ein Resistenzgen gegen das Antibiotikum Kanamycin ins Erbmaterial eingebaut. Dieses Resistenzgen ist unter den Bodenbakterien weit verbreitet. Deshalb befürchten Kritiker des Experimentes, daß eine Übertragung der manipulierten Gene in die Bodenbakterien erfolgen wird. Die Folge wäre eine künstliche Veränderung des Erbmaterials der Bodenbakterien mit weitreichenden und vor allem unvorhersehbaren Risiken. Auch der Leiter des Max-Planck-Institutes in Köln, Prof. Saedler, hält ein derartiges Szenario für möglich.

Obwohl kein Naturwissenschaftler ernsthaft die Gefahren der Gentechnologie leugnen kann, werden die Folgen einer Manipulation am Genmaterial nicht ernst genommen. In jedem gentechnologischen Experiment steckt die Gefahr eines „Selbstläufers", denn auch die künstlich erworbene Erbsubstanz wird vererbt. Nur können die Wissenschaftler dann nicht mehr regulierend eingreifen. Und schon gar nicht, wenn solche Experimente am Boden ausprobiert werden, der Milliarden unterschiedlichster Bakterien und Viren beherbergt. Das Petunienexperiment, ob harmlos oder nicht, macht in der Bundesrepublik den Weg für weitere Freilandversuche mit gentechnisch manipulierten Organismen frei. Zusätzlich zu der Vergiftung des Bodens durch Agrarchemikalien, Saurem und mit toxischen Luftschadstoffen angereichertem Regen, wird nun noch in großem Maßstab eine ökologisch unmeßbare und unkalkulierbare „Vergenung" dieses Ökosystems in Angriff genommen. Die Probleme, die sich aus der genetischen Verschmutzung ergeben werden, bürden wir heute den nachfolgenden Generationen auf.

Die Bundesregierung hat in der Bodenschutzkonzeption von 1985 festgeschrieben:

„Bodenschutzanforderungen sind in besonderem Maße zukunftsgerichtet und vorsorgeorientiert. Die Bundesregierung wird konsequent alle Anstrengungen unternehmen, vorhandene Defizite abzubauen sowie Gefahren und Risiken für den Boden möglichst gering zu halten." (1)

1987 kommentierte der Sachverständigenrat für Umweltfragen dieser Bundesregierung: „Inwieweit diese Bodenschutzkonzeption rechtlich und praktisch in staatliches Handeln umgesetzt wird, ist zur Zeit noch nicht absehbar" (8: Sachverständigenrat, 1987).

Quellenverzeichnis:

1) BODENSCHUTZKONZEPTION DER BUNDESREGIERUNG (1985); Hrsg.: Der Bundesminister des Innern. Bundestags-Drucksache 10/2977 vom 7. März 1985. Kohlhammer Verlag, Berlin.

2) DATEN ZUR UMWELT 1988/89; Hrsg.: Umweltbundesamt Berlin. Erich Schmidt Verlag, Berlin.

3) STATISTISCHES TASCHENBUCH FÜR DAS LAND HESSEN 1986/87; Hrsg.: Hessisches Statistisches Landesamt; Wiesbaden.

4) NATUR IN HESSEN (1985); Hrsg.: Hessisches Ministerium für Landwirtschaft und Forsten, Wiesbaden.

5) KOCH, T.O.; SEBERGER, J.; PETRIK, H. (1986): Ökologische Müllverwertung.
Alternative Konzepte, Karlsruhe.

6) SEYMOUR, J.; GIRARDET, H. (1985): „Fern vom Garten Eden." Fischer-Verlag, Frankfurt.

7) UMWELTMINISTER FÜR UMWELT, NATURSCHUTZ und REAKTORSICHERHEIT (Hrsg.) (1990): Umweltbericht 1990.

8) SACHVERSTÄNDIGENRAT (1987): Umweltgutachten, DS 11/1596 Deutscher Bundestag vom 21. 12. 1987.

Das Alphabet der Gifte
Pflanzenbehandlungs- und Schädlingsbekämpfungsmittel

Alachlor — Aldicarb — Alloxydim — Amitrol — Anilazin — Asulam — Atrazin — Azinphos-ethyl — Benalaxyl — Benazolin — Bendiocarb — Bentazon — Bromacil — Carbetamid — Carbofuran — Carbosulfan — Chloramben — Chloridazon — Chlorfenvinphos — Chlorthiamid — Chlortoluron — Clopyralid — Cyanazin — 2.4-D — Dazomet — Diazinon — Dicamba — Dichlobenil — Dichlorprop — 1.2-Dichlorpropan — 1.3-Dichlorpropen — Dikegulac — Dimefuron — Dimethoat — Dinoseb — Dinoseb-acetat — Dinoterb — Diuron — DNOC — Endosulfan — Ethidimuron — Ethiofencarb — Ethoprofos — Etrimfos — Fenpropimorph — Flamprop-methyl — Fluazifop — Fluoxypyr — Haloxyfop — Hexazinon — Isocarbamid — Isoproturon — Karbutilat — Lindan — Linuron — Maleinsäurehydrazid — MCPA — Mecoprop (= MCPP) — Mefluidid — Metalaxyl — Metam-Natrium — Metazachlor — Methabenzthiazuron — Methamidophos — Methomyl — Methylbromid — Nethylisothiocyanat — Metobromuron — Metolachlor — Metoxuron — Metribuzin — Monuron — Nitrothalisopropyl — Oxadixyl — Oxamyl — Oxycarboxin — Parathion — Pendimethalin — Picloram — Pirimicarb — Pirimiphosmethyl — Propachlor — Propazin — Propoxur — Pyridat — S 421 — Sebuthylazin — Sethoxydim — Simazin — TCA — Tebuthiuron — Terbacil — Terbumeton — Terbuthylazin — Thiofanox — Triclopyr — Trifluralin

(Quelle: Bundesgesundheitsblatt 7 / 1989)

Erich Pabst

Ist Amazonien noch zu retten?

1. Quo Vadis, Amazonia?

„Entwicklung" und Regenwaldzerstörung in Amazonien schreiten zügig voran. In Tabatinga, im Dreiländereck von Brasilien, Peru und Kolumbien, ist eine Freihandelszone nach dem Vorbild von Manaus geplant, über 100 Staudämme warten nur auf ausländische Kredite, und am Rio Jarí soll ein großes Erzabbaurevier im Stil von Carajas entstehen. Diese Reihe ließe sich beliebig fortsetzen.

Nachhaltige Nutzung des Regenwaldes ist so gut wie unbekannt. Keiner der exportierten Edelholzstämme stammt von einer Plantage, keine der riesigen, durch Rinderzuchtbetriebe verwüsteten Flächen wurde bisher rekultiviert, keine der Minengesellschaften macht sich Gedanken über den Zeitpunkt, wann die Bodenschätze erschöpft und die Regenwälder in billige Holzkohle verwandelt sein werden. Amazonien ist ein Objekt unkontrollierter Plünderung.

Es ist kein Zufall, daß sich daran in Brasilien seit dem Frühjahr 1990, seit der propagandistischen Verschärfung des Umweltschutzes, nichts Wesentliches geändert hat. Denn das der Entwicklung Amazoniens zugrundegelegte Wirtschaftsmodell beruht auf der Nutzung aller erreichbaren Naturressourcen. Die Erschließung wird von den Metropolen im Süden Brasiliens aus betrieben, im Einklang mit den von den internationalen Geldgebern verordneten Maßnahmen zum Abbau der Auslandsverschuldung. Amazonien ist Objekt sowohl des internen als auch des internationalen Neokolonialismus. Seine Bewohner sind an den Entscheidungsprozessen weitgehend unbeteiligt.

Wenn die Ökosysteme, die Kulturen und der Lebensraum Amazoniens erhalten werden sollen, so müssen Politiker und Umweltschützer völlig andere Wege gehen als bisher. Diese ergeben sich aus drei, im folgenden näher erläuterten Thesen:

a) Ohne Änderung des Wirtschaftsmodells für Amazonien ist die Erhaltung von Primärregenwald auf Dauer nicht möglich, da die systemkonformen Restareale für dessen Überleben zu klein sind.

b) Konzepte von Umweltschützern, die sich innerhalb des nutzungsorientierten Zukunftsmodells für Amazonien bewegen (Amazonien als Klimagarant und Genpool, Aufwertung des Waldes durch Export von Waldprodukten, Tourismus usw.) sind langfristig nicht geeignet, dem Wald eine Überlebenschance zu sichern.

c) Die Beseitigung des Regenwaldes ist integraler Bestandteil der gegenwärtigen Erschließungspolitik Amazoniens. Überwachungshubschrauber und Naturschutzgebiete haben daher nur kosmetischen Wert. Solange die Umweltschützer in aller Welt sich darüber nicht im klaren sind, laufen sie erfolglos den vollendeten Tatsachen hinterher.

2. Die industrielle Nutzung Amazoniens — Zerstörung hat Methode

Betrachtet man als Beispiel das Projekt Grande Carajas, so erscheint es wichtig, sich zu vergegenwärtigen, daß nicht der dort auf einer relativ geringen Fläche stattfindende Eisenerzabbau den Amazonasregenwald bedroht, sondern die dem Projekt zugrundeliegende Erschließungsplanung. Kein Land der Erde, und wäre es noch so reich, würde 18 Milliarden Tonnen hochprozentiges Eisenerz an der Bodenoberfläche unangetastet lassen, ganz abgesehen von den anderen dort vorkommenden Mineralien. Dies ist jedoch nicht das Kernproblem. Die Lagerstätte Carajas ist nicht ein „Unglücksfall" für den Amazonasregenwald. Der Unglücksfall ist die Politik, derzufolge die Lagerstätte als Anlaß und Chance für die industrielle Erschließung einer 895.000 km großen Region aufgefaßt wird. Weit bedrohlicher als die Tagebaumine ist die als Folge dieser Politik entlang der Erztransportbahn entstehende Industrie, insbesondere die Gußeisenherstellung. Letztere stellt eine wahrhaft gigantische Zerstörungskomponente dar, da für sie in den nächsten zehn Jahren 50.000 km Regenwald zu Holzkohle verarbeitet werden sollen. Nach außen hin ist die mit ausländischen Geldern gespeiste Betreibergesellschaft von Carajas, die Compania Vale do Rio Doce, äußerst umweltbewußt. Hinter der Fassade sieht es anders aus, wie ein Blick auf die Politik gegenüber der Gußeisenfirma Cosipar zeigt, die von der Compania Vale do Rio Doce zwar mit Eisenerz beliefert wird, deren Holzkohlenverbrauch man jedoch offiziell als peinlich empfindet: Cosipar verbraucht heute schon in zwei Hochöfen täglich 500 Tonnen Holzkohle. Jedoch erst, wenn sie fünf Hochöfen in Betrieb haben wird, soll sie von der Compania Vale do Rio Doce über einen eigenen Gleisanschluß beliefert werden. Bei der Cosipar will man deshalb alles daransetzen, die Produktion möglichst rasch auf 1.000 Tonnen Gußeisen pro Tag zu erhöhen. Allein die Cosipar wird dann jährlich eine Holzkohlenmenge verbrauchen, zu deren Herstellung die Verkohlung von 12.000 ha Primärregenwald erforderlich ist.

Internationaler Druck zur Zerstörung des Regenwaldes

Wie viele andere Regierungen hochverschuldeter Länder der Dritten Welt befindet sich die brasilianische Regierung in einer Zwangslage, in der sie ebenso scheinheilig agiert wie ihre internationalen Gläubiger. Diese verordnen zur Erlangung der fehlenden Devisen stets dieselbe teuflische Spirale: Industrielle Entwicklung für den Export, was neue Verschuldung notwendig macht, daher erneute industrielle Entwicklung usw. Zur Bekämpfung der Inflation und der Inlandsverschuldung werden eine rigide Lohnpolitik und Einsparungen bei den Sozialausgaben gefordert. Fortschreitende Verelendung der einkommensschwachen Bevölkerungsschichten und Umweltzerstörung sind ebenso die Folge wie die Erhöhung der Abhängigkeiten vom Ausland und die Stärkung neokolonialer Strukturen.

Beispielsweise hat der Bau des Tucurui-Staudammes 6,2 Mrd. US-Dollar gekostet und zu großen ökologischen und sozialen Problemen geführt. Indianer wurden aus ihrem Lebensraum vertrieben und Kleinbauern ohne Entschädigung ihrer Lebensgrundlagen beraubt. Etwa 2.500 km Primärregenwald wurden überschwemmt, die Tierwelt trotz der spektakulären Tierrettungsaktion größtenteils vernichtet. Die in weiten Teilen des Stausees nahezu stehende Wasserfläche führte zur Ausbreitung von Malaria, Elephantiasis und anderer Krankheiten. Hochgiftige Chemikalien wurden eingesetzt, u.a. das Vietnam-Entlaubungsmittel 'agent orange'. Stark mit Dioxinen verunreinigte Holzschutzmittel zur Behandlung der zu exportierenden Tropenhölzer wurden von der französischen Chemiefirma Rhône Poulenc bezogen, wie es die französische Regierung, einer der Geldgeber für Tucurui, zur Bedingung gemacht hatte.

Der mit hohen sozialen und ökologischen Belastungen erkaufte Nutzen von Tucurui kommt jedoch in erster Linie dem ausländischen Kapital zugute: Während nur zwei Städte durch den gigantischen Stausee Strom erhielten, die meisten Bewohner der Region dagegen nur Nachteile in Kauf nehmen mußten, bekommt das von japanischen Geldgebern kontrollierte Aluminiumwerk in Barcarena den Löwenanteil des produzierten Stroms unter Selbstkostenpreis. Die Weiterverarbeitung des Aluminiums erfolgt in Japan, wo die Herstellung von Rohaluminium wegen der dort herrschenden strengen Umweltgesetze nicht möglich bzw. nicht rentabel wäre. Aluminiumfertigwaren kommen mit den Frachtschiffen nach Brasilien zurück, die das hier produzierte Rohaluminium für Japan laden.

Während das von den internationalen Geldgebern verordnete „Entwicklungs"-Modell nur zur Plünderung der Naturressourcen, nicht aber zur Verringerung der Auslandsverschuldung führt, verschlechtert sich die soziale Lage der Bevölkerung.

Verschleierung der wirklichen Ziele

Der Regenwald in Amazonien wird nicht durch den Sachzwang zerstört, nicht aus Not, sondern als Folge einer gezielten Politik. Die Inbesitznahme des riesigen Amazonastieflandes (etwa 15 mal die Fläche der Bundesrepublik Deutschland) unterliegt militärischen, wirtschaftlichen und sozialen Gesichtspunkten. Amazonien soll die Probleme des Landes lösen, und zwar ohne an die Ursachen für die Mißstände zu rühren: Landproletariat als Folge von Feudalwesen und Agromultis, Hungerkatastrophen im krisengeschüttelten Nordosten, Auslandsverschuldung durch Mißwirtschaft, Gigantomanie und Korruption. Das Rezept ist die bedingungslose und uneingeschränkte Nutzung des Amazonasraumes: als Armenhaus, Rohstofflieferant und Abfalldeponie. Interner Kolonialismus und weiter steigende Auslandsabhängigkeit werden dafür gerne in Kauf genommen, solange sie die Position der Machteliten stabilisieren. Da bis zur Hälfte der Auslandskredite in dunklen Kanälen verschwindet, hat das System eine starke Tendenz zur Erhaltung des status quo. Der Schutz der Menschen — Indianer wie Weiße — ist innerhalb des Wirtschaftsmodells der Plünderung der Naturressourcen ebenso irrelevant wie der Schutz der Natur. Was als Besorgnis um den Regenwald dargestellt wird, ist in Wirklichkeit eine Besorgnis um die wegen der internationalen „Umweltmode" ins Stocken geratenen Auslandskredite. Der Regenwald hat in den Planungen für die wirtschaftliche Eroberung des Amazonasbeckens keinen Platz, die Menschen sind Manövriermassen, Werkzeuge der Erschließung.

Der Wald ist der Hauptfeind in einer naturfeindlichen Politik. Dies — und der alte Pioniergeist — drückt sich auch im Sprachgebrauch aus: Roden heißt auf brasilianisch „limpar", säubern, und das Wort „mata", Wald, hat eine ausgesprochen negative Bedeutung. Es steht gleichzeitig auch für Unkraut, Gestrüpp.

Wie sehr die Gesetze dazu beitragen, nicht den Schutz, sondern die Zerstörung des Waldes zu fördern, zeigt ein Blick auf die brasilianische Grundbesitzgesetzgebung.

Exkurs: Abholzung als Land-„Verbesserung"

Nach brasilianischem Recht hat derjenige Anspruch auf einen Besitztitel, der das Land „verbessert". Die einzige als Verbesserung anerkannte Maßnahme ist die Rodung. Sie steht stellvertretend für eine Nutzung, die nicht nachgewiesen werden muß. Aufgrund dieser Gesetzeslage ist es rechtlich nicht möglich, Wald intakt zu lassen und den Besitztitel darüber zu wahren. Jeder Landbesetzer, der diesen Wald rodet, hat Anspruch auf den Besitztitel. Häufig organisieren und unterstützen Holzfirmen Landbesetzungen, um Zugriff auf die immer seltener werdenden Edelhölzer zu bekommen. Als Folge davon roden die Grundbesitzer möglichst rasch den Wald, egal ob das Land danach weiter in irgend einer Form genutzt werden soll.

Trotz dieser waldfeindlichen Gesetzgebung erbittet die brasilianische Regierung — auch von der Bundesrepublik Deutschland — Millionenbeträge für ihre Umweltbehörde IBAMA, u.a. für den Einsatz von Überwachungshubschraubern zur Bekämpfung illegaler Rodungen. Eine kostenlose Gesetzesänderung könnte ein Vielfaches dessen bewirken, wäre aber nicht populär, nicht spektakulär und stünde im Konflikt zur Entwicklungsdoktrin. Nicht nur auf Regierungsebene werden die fehlenden finanziellen Mittel vorgeschoben für den fehlenden Willen. Ein Beispiel aus den Holzgeschäft mag dies verdeutlichen.

Exkurs: Tropenholz

Der Export von Tropenholz aus Amazonien unterliegt vielen, teilweise sehr fortschrittlichen Gesetzen. Leider werden sie nicht eingehalten. Im Herbst 1988 besuchte ich in Begleitung eines ehemaligen Kontrolleurs der Forstbehörde Holzfirmen in Amazonien. Dieser hatte überstürzt seine Tätigkeit aufgeben müssen, als er — im Gegensatz zur sonst üblichen Vorgehensweise — eine Holzfirma tatsächlich kontrollieren wollte, anstatt die ihm vorgelegten Exportpapiere einfach abzuzeichnen. Während unserer dreitägigen Inspektion hätten wir die Hälfte des runden Dutzends an Holzfirmen, das wir besuchten, wegen gravierender Gesetzesverstöße schließen können, wären wir Angehörige der Forstbehörde gewesen. Tags darauf bestätigte mir der Leiter der Landesforstbehörde in Manaus, er würde bei Gesetzesverstößen hart durchgreifen. Firmen, die sich solche wie die von mir als Beispiel erwähnten Gesetzesverstöße zuschulden kommen ließen, würden sofort geschlossen. Dies sei jedoch noch nie vorgekommen, da er nur 86 Angestellte zur Verfügung habe, die restlos überfordert seien.

Das Problem sind weder die Gesetzeslücken noch die fehlende Möglichkeit, die Einhaltung der Gesetze zu kontrollieren. Vielmehr soll trotz der internationalen Proteste gegen die Zerstörung des Regenwaldes an der rücksichtslosen Ausbeutung und „Entwicklung" Amazoniens festgehalten werden. Um Handlungsbereitschaft in Sachen Regenwaldschutz zu demonstrieren, wird gerne auf pressewirksame Maßnahmen zurückgegriffen.

Exkurs: Von Motorsägen und anderen Mordinstrumenten oder: Der Waffenschein, der wahrt den Schein

Am 5. Juli 1990 hat die brasilianische Regierung eine Waffenscheinpflicht für Motorsägen erlassen. Ab sofort muß jeder, der eine Motorsäge kauft, sich registrieren lassen, alle Händler werden erfaßt und kontrolliert. Ob die neuen Waffenscheinbesitzer darüber aufgeklärt werden, daß sie ihre Motorsäge nur in

Notwehr benutzen dürfen, ist nicht bekannt. Der Effekt im Inland ist: ein weiteres Gesetz, das gebeugt wird, ein weiterer Verlust von Achtung gegenüber dem Recht, das lächerlich gemacht wird. Nicht ohne Grund, denn in diesem Fall macht es sich selbst lächerlich: Für die durch den Waffenschein angeblich zu kontrollierenden Taten fehlt jedes Unrechtsempfinden, ist doch allzuoft für die Bewohner Amazoniens die Motorsäge nichts weiter als ein Werkzeug, vergleichbar der Handkreissäge des deutschen Heimwerkers.

Der beabsichtigte Effekt im Ausland ist zu zeigen, daß es der Regierung mit dem Schutz des Regenwaldes ernst ist.

Naturschutz passiert im Kopf

Die Erschließungspolitik, die Amazonien zerstört, hat zwar ihren Ursprung im europäischen Denken, sie ist jedoch Brasilien nicht aufgezwungen worden. Die Macht-„Elite" verfolgt sie gerne. Zwar würden die vielen brasilianischen Nummernkonten in der Schweiz inzwischen durchaus den Luxus gestatten, ein paar Reichtümer in Amazonien unangetastet zu lassen, doch muß Geld nach einer alten kapitalistischen Weisheit immer mehr werden. Dieses Verhalten erinnert an das des Wildbeuters, der, wenn er Jagdglück hatte, sich lieber den Magen verdirbt, als etwas übrig zu lassen. Es sind dies die Wertmaßstäbe der „Vorbilder" in den Industrieländern.

Exkurs: Ist Danzer ein primitiver Wildbeuter oder schon zivilisiert?

Die Firma Karl Danzer KG, ein Familienbetrieb im schwäbischen Reutlingen, ist einer der größten deutschen Holzimporteure. Der Logik des Jägers und Sammlers folgend, aber auch der des Industriellen, die sich in diesem Punkt nicht unterscheiden, wandte sich Danzer vom maßgeblich von ihm zerstörten — sozusagen leergesammelten — Westafrika ab und neuen Jagdgründen zu, dem Kongobecken und Amazonien. Hier gibt es seit 1989 eine Filiale in Belem, einem strategischen Punkt im brasilianischen Bundesstaat Para, dessen Mahagonireserven in wenigen Jahren erschöpft sein werden. Es war also höchste Zeit.

Die tiefe emotionale Bindung der Firma Danzer an die Natur wird aus einer ihrer deutschen Veröffentlichungen deutlich: „Geblieben ist das erregende Erlebnis, wenn sich der Urwaldriese langsam neigt, dann immer schneller, ächzend und krachend fällt und im Sturz alles, was noch im Wege steht, mit sich reißt. Noch lange bricht es in der von ihm gerissenen Fallschneise nach, Aststücke, Zweige und Laub wirbeln durch die Luft, bis für einige Augenblicke Stille herrscht." (1)

Bezogen auf die Überlegung, daß Naturschutz nur möglich ist, wenn das Auskommen gesichert ist (siehe unten), muß man annehmen, daß Danzer durch seine großflächige Waldzerstörung in Westafrika nichts zur eigenen Existenzsicherung beitragen konnte. Dagegen sprechen aber die Bilanzen. Sollte der schwärmerische Text doch eher Ausdruck des tief im Menschen verwurzelten Jagdtriebes, der Freude an der Beute, ein Relikt der Jäger-und-Sammler-Ära sein?

Die Grundlage für Naturschutz, nämlich die Achtung vor dem Leben, entspringt einem viel tiefergehenden Prozeß. Naturschutz ist Produkt einer ethischen Entwicklung des Menschen, oft auch als „Zivilisation" bezeichnet, was mitunter zu Mißverständnissen führt. Naturschutz passiert im Kopf — und im Herzen.

Luxus Naturschutz

Daß Naturschutz erst nach der Sicherstellung der Existenzgrundlagen kommen kann, ist eine Binsenweisheit — aus Indien, der Sahelzone oder dem brasilianischen Sertao hinreichend bekannt. Amazonien ist in manchen Bereichen ebenso menschenfeindlich, zumindest für den Unkundigen. Oft macht die Not für die weißen Einwanderer in Amazonien den Schutz des Waldes unmöglich. Die hohe Lebensqualität, die traditionelle Wirtschaftsweisen in Amazonien bieten können, erschließt sich aus Unkenntnis dem Neusiedler meist nicht. Aber — wer zerstört eigentlich den Regenwald?

Exkurs: Gewinnspannen

Ein Siedler, der einen Mahagonistamm verkauft (durchschnittlich etwa 2 m^3), bekommt dafür vom lokalen Holzhändler umgerechnet zwischen 10,- und 60,- DM. Im Verladehafen Belem wird der Kubikmeter Mahagoni für umgerechnet ca. 830,- DM gehandelt. In Deutschland liegt der Großhandelspreis für Ma-

hagoni bei 2000,- bis 2400,- DM. Hier zeigt sich, wie die Siedler in Amazonien zum Werkzeug der kommerziellen Plünderung des Regenwaldes gemacht werden. Ein mittelloser Neueinwanderer kann die Zeit, bis seine Felder die erste Ernte einbringen, nur durch Holzverkauf von seinem Land überbrücken. Als schwächster Partner in diesem Geschäft erzielt er einen so geringen Erlös, daß er keine Chance hat, seinen Wald zu schonen. Er wird damit Teil und ausführendes Organ des industriellen Entwicklungsmodells Amazoniens, Werkzeug und Opfer einer staatlichen Politik, die Amazonien in einen modernen Industriestaat integrieren will.

Lösungen innerhalb des Systems

An eine Nische geschützten Amazonasregenwaldes bei Weiterbestehen des Entwicklungsmodells für Amazonien zu glauben fällt schwer. Die unerbittliche Maschinerie von Wachstum, Gewinn und Erschließung sowie die Angst, irgendwelche, vielleicht noch gar nicht bekannte Reichtümer könnten für immer unerreichbar werden, läßt nur relativ kleine Naturschutzgebiete zu, und auch diese sind wegen der Rechtsunsicherheit in Amazonien in ihrem Bestand gefährdet. Darüber hinaus werden Gesetze oder deren Handhabung - und Nichthandhabung — den Erfordernissen der Plünderungsideologie angepaßt. Die Art und Weise, wie in Salamitaktik der Lebensraum der Yanomami-Indianer schrittweise verkleinert wird, um an die — gemäß der Verfassung den Indianern zustehenden — Bodenschätze zu gelangen, ist hierzu ein eindrucksvolles Beispiel.

Es wäre blauäugig zu glauben, Erschließung und Naturschutz könnten eine friedliche Koexistenz führen. Selbst die besonders rücksichtslosen Formen der Zerstörung, die wir vielleicht als vermeidbare Auswüchse zu betrachten geneigt wären, sind schwerlich durch kosmetische Korrekturen der Erschließungspolitik zu beseitigen. Denn was wir als Auswuchs ansehen, ist i.d.R. nur logischer Bestandteil der Entwicklungsdoktrin für Amazonien. Da diese auf der Nutzung aller verwertbarer Ressourcen beruht und nicht auf Nachhaltigkeit angelegt ist, ist in ihrer Logik der Auswuchs die Manie (v.a. der Ausländer), den Wald schützen zu wollen, der nach der Nutzung der Edelhölzer als wertlos gilt. Um sich keinen Gewinn entgehen zu lassen, werden Reservate also so klein wie irgend möglich, und sie werden infolge von illegalen Bränden, korrupten Geschäften, Sachzwängen und „Unfällen" weiter verkleinert werden, man denke nur an die Tragödie der Mata Atlantica, in deren winzigen Resten heute noch illegal Holz geschlagen wird, ohne daß dies angeblich zu verhindern wäre. Bei realistischer Betrachtungsweise muß man davon ausgehen, daß langfristig die vom herrschenden Entwicklungsmodell dem Regenwald zugestandenen Restflächen nicht für dessen Erhaltung ausreichen werden, u.a. wegen der zu erwartenden regionalen Klimaänderungen.

3. Kapitalistische Ökologie — Mythos vom Schützen durch Nützen

In den letzten Jahren hat sich bei Umweltschützern die Idee ausgebreitet, der Schutz des Regenwaldes sei über dessen Aufwertung möglich. Zugrunde liegt der — prinzipiell durchaus logische — Gedanke, man müsse zeigen, daß der intakte Regenwald einen viel größeren wirtschaftlichen Wert habe, als durch seine Rodung zu erzielen sei. Dieser trickreiche ökokapitalistische Ansatz ist allerdings ein Pakt mit dem Teufel, und dieser sitzt, wie ich versuchen werde zu zeigen, am längeren Hebel.

Die Anbiederung an die Ideologie der Plünderung würdigt die idealistischen Ziele des Naturschutzes herab, und sie verwischt die Grenzen zwischen uneigennützigen Naturschützern und den immer zahlreicheren Wölfen im Schafspelz. Dieser Preis wäre jedoch nicht zu hoch, ließe sich so tatsächlich Regenwald dauerhaft schützen. Diese Ansätze sind jedoch langfristig zum Scheitern verurteilt.

Die Nutzung des Holzes

Am INPA-Forschungsinstitut in Manaus wurde 1987 eine erfreuliche Entdeckung gemacht. Unter den über 3.000 bisher identifizierten Baumarten Amazoniens fand sich eine, deren Holz für die Herstellung von Tennisschlägern geeignet ist. Nach Ansicht des Leiters des Holzforschungsinstitutes kann dies als Beitrag zur Aufwertung und damit Erhaltung des Regenwaldes gesehen werden.

Betrachtet man andererseits die Folgen der Holznutzung, so sind starke Zweifel angebracht. Nach wissenschaftlichen Untersuchungen, die im Bundesstaat Pará durchgeführt wurden, zerstört die selektive Holznutzung — also die Holzextraktion, bei der nur einzelne Baumarten extrahiert werden (ca. 3%) — bis zu 50% der Waldfläche. Der Rest, nun bereits durch Stichstraßen zugänglich gemacht, wird rasch von Kleinbauern und Rinderfarmern in Besitz genommen und gerodet.
Ist es ein Fortschritt beim Schutz Amazoniens, wenn wir in Zukunft, dem INPA sei's gedankt, auch Tennisschläger aus dem Regenwald werden machen können?
Für den nationalen Markt werden ca. 150 Baumarten genutzt, exportiert werden etwa 15. Geht man davon aus, daß die selektive Nutzung schonender ist als der Kahlschlag, so ist jede weitere nutzbare Baumart eine Verschlechterung der Chancen für die Erhaltung des Waldes.
Die Nutzung des Rosenholzbaumes (für die französische Parfümindustrie) führt zu Schneisen durch den Wald und zu seinem Aussterben in den Hauptvorkommensgebieten. Der Bundesstaat Pará, der einst eine Waldfläche von der vierfachen Größe der Bundesrepublik Deutschland besaß, ist schon stark entwaldet, v.a. wegen der Nutzung von Mahagoni, das inzwischen hier fast ausgerottet ist. Brasilholz ist schon seit vielen Jahren verschwunden, und die Araukarienwälder im Süden Brasiliens wurden durch Eukalyptusplantagen für die Holzkohleherstellung ersetzt.

Klimagarant Regenwald

Der Regenwald ist die größte Klimamaschine der Welt, heißt es. Seine Zerstörung wird zum Abschmelzen oder Anwachsen der Polkappen führen, je nach zugrundegelegtem Computermodell. Wenn auch der Verlauf der zu erwartenden globalen Klimaänderungen bisher nicht unumstritten vorhergesagt werden kann, so herrscht doch Einigkeit darüber, daß es zu menschengemachten Naturkatastrophen kommen wird. Die Wirbelstürme in Europa im Winter 89/90 dürften davon ein Vorgeschmack gewesen sein. Unumstritten ist auch der gigantische Beitrag zum Treibhauseffekt durch die Brände in Amazonien.
Wir brauchen also den Regenwald, als Garant für unser Klima, sozusagen als unser Ruhrgebiet der Klimaindustrie. Aber wird diese unsere Angst den Regenwald schützen? Die brasilianische Regierung wäre vielleicht bereit, aus der Besorgnis der Industrienationen Profit zu schlagen und Regenwaldflächen formell unter Schutz zu stellen. Dies würde aber keine Abwendung vom Ziel der Erschließung Amazoniens bedeuten. Die verhandelbaren Flächen wären für eine realistische Klimagarantie zu klein. Und — stabilisieren Eukalyptusplantagen (zur Holzkohle- und Zelluloseherstellung) nicht vielleicht genauso das Klima, oder doch zumindest in einem vertretbaren Ausmaß? Oder wird es vielleicht billiger und für die investitionsfreudige deutsche Industrie interessanter sein, Deiche gegen einen zu erwartenden Anstieg des Meeresspiegels zu bauen? Die Industrienationen haben die technischen und finanziellen Mittel, sich zu schützen. Und daß ganz Bangladesch unter Wasser verschwinden könnte, ist weder das Problem der deutschen noch der brasilianischen Regierung.
Das Argument, der Regenwald sei die grüne Lunge der Erde, der größte Sauerstoffproduzent der Welt, brachte nur kurzfristige Erfolge im Regenwaldschutz. Zwar gewann man Bundesgenossen auch bei denjenigen, denen die Natur gleichgültig ist, die aber Angst haben, ohne den Regenwald zu ersticken. Inzwischen gibt es jedoch andere Theorien, die besagen, daß der Regenwald die gleiche Menge Sauerstoff verbraucht, die er produziert. Hier zeigt sich, wie gefährlich es ist, Naturschutz auf Gedanken von Nutzen und Nutzung zu gründen.

Artenvielfalt

Der Versuch, durch Hinweis auf die Artenvielfalt des Regenwaldes die Pharmaindustrie zu Bundesgenossen zu gewinnen, ist im Zeitalter der Gentechnologie überholt. Überdies haben sich die Multis schon eingedeckt: Sie arbeiten seit Jahren fieberhaft an der Erweiterung ihrer Genbanken. Wenn heute Medizinalpflanzen aus dem Regenwald von der Industrie — teilweise mit rüden Methoden - aufgekauft werden, so nicht, weil dies notwendig wäre im Dienste am kranken Kunden, sondern weil es — noch — profitabler ist.

Verbesserung der Lebensbedingungen, Konzept der Reservas Extrativistas

Die Verbesserung der Lebensbedingungen der Regenwaldbewohner ist vielfach als Argument für eine maßvolle Nutzung von Regenwaldgütern vorgebracht worden. Durch Chico Mendes und seinen gewaltsamen Tod ist v.a. das Konzept der Reservas Extrativistas bekannt geworden.

Mit Sicherheit stellen die Reservas Extrativistas eine Chance für die Verbesserung der Lebensbedingungen der Menschen in den Regenwäldern Amazoniens dar. Trotz des achtungsgebietenden Mutes seiner Verfechter und des Respektes vor dem ermordeten Vater der Idee muß man jedoch die Frage stellen, ob sie ein Naturschutzmodell für ganz Amazonien sein können. Ich meine nicht, und zwar aus mehreren Gründen.

Der Bevölkerungszuwachs bei einer in den Reservas Extrativistas an sich schon hohen Bevölkerungsdichte, der Zuzug von Neueinwanderern, die durch das erfolgreiche Projekt angezogen werden, und die Abhängigkeit von den Weltmarktpreisen bergen die Gefahr in sich, daß mehr produziert wird, als das Ökosystem ohne Schaden zuläßt.

Die Idee der Reservas Extrativistas ist in den Kautschukzapfergebieten Rondonias und Acres entstanden. Nicht nur tritt hier der Kautschukbaum, Lieferant des exportierten Latex, stark gehäuft auf, was in anderen Regionen Amazoniens nicht der Fall ist. Wir befinden uns auch in einem Randbereich des Amazonasbeckens, in dem die Böden eine weit überdurchschnittliche Fruchtbarkeit aufweisen. Trotz dieser in Rondonia und Acre besonders günstigen Bedingungen ist zu erwarten, daß die Reservas Extrativistas den Wald auch dort langfristig nicht werden erhalten können. Sie sind jedoch soziale und politische Modelle und daher unterstützungswürdig.

Wendet man das Konzept auf andere Teile Amazoniens an, so muß es langfristig an der Nährstoffarmut der Ökosysteme scheitern. Wie schon weithin bekannt, kann sich der Regenwald in Amazonien nur erhalten, solange der Nährstoffkreislauf geschlossen bleibt. Gerade die besonders artenreichen, hohen, als „typische“ Regenwälder Amazoniens aufgefaßten Ökosysteme kommen auf der Terra Firme des zentralen Amazonasbeckens und in der Region der alten Gebirgsmassen vor, die dieses nördlich und südlich begrenzen.

Diese besonders nährstoffarmen Ökosysteme lassen jedoch einen geregelten und langfristigen Nährstoffentzug nicht zu.

Ein eindrucksvolles Beispiel dafür, wie eng die Nährstoffkreisläufe im Regenwald geschlossen sind, findet sich in den Arbeiten von Berta Ribeiro zum Wirtschaftskreislauf bei den Desana-Indianern.(2) Diese sind bei der Sicherstellung ihrer Ernährung perfekt an den Jahreszyklus des Nährstoffangebotes angepaßt. Das System ist weitestgehend geschlossen. Die einzige Leckage stellen die Flüsse dar, die einen geringen Teil an Nährstoffen als Schwebstoffe bzw. gelöst dem Ökosystem entziehen. Auch dieser Verlust jedoch wird in gewisser Weise kompensiert, wenn die Fische in großen Schwärmen zum Laichen an die Oberläufe ziehen, von den Desana-Indianern gefangen und dem Nährstoffpool des Ökosystems wieder eingegliedert werden.

Die indianische Existenzsicherung vermindert nicht den Nährstoffbestand des Ökosystems. Ganz im Gegensatz dazu basiert das Konzept der Reservas Extrativistas auf dem gezielten Entzug von Nährstoffen. Dabei ist es gleichgültig, ob für den lokalen Markt der Kreisstadt oder für den Weltmarkt produziert wird. In keinem der Fälle erfolgt, wie bei den Fischschwärmen der Desana-Indianer, eine Rückführung der verlorengegangenen Nährstoffe.

Zweckfreier Naturschutz

Es ist an der Zeit, daß wir, die Menschen in den Industrieländern, uns fragen, warum wir den Regenwald schützen wollen. Die Angst, unsere Lebensqualität könnte durch Artenverlust, Klimaveränderungen oder den Ausfall anderer „Dienstleistungen“ der Regenwälder leiden, ist ein zweifelhaftes und eigennütziges Motiv. Es stellt die Natur in die Reihe anderer Wirtschaftsgüter, und als solches ist sie ebenso verhandelbar und wertbar wie andere Errungenschaften industriellen Denkens. Der Regenwald wird Teil des weltweiten industriellen Systems. Seinen Wert in Zahlen an den internationalen Börsen auszudrücken ist nur eine Frage verbesserter Kalkulationsmethoden.

Warum wollen wir den Regenwald schützen? Wollen wir ihn um seiner selbst willen schützen, aus Respekt vor dem Leben? Das Existenzrecht des anderen Menschen zu respektieren, gilt als ethisch-moralische Errungenschaft höherentwickelter Kultur, die man durch Androhung schwerer Strafen durchsetzt. Sollte die weitere kulturelle Entwicklung es ermöglichen, auch das Existenzrecht von Tieren und Pflanzen oder gar von so komplexen Lebewesen wie Ökosystemen anzuerkennen?
Dann sollten wir Farbe bekennen. Wir sollten aufhören, unsere Zuflucht in letztlich erfolglosen Hilfsargumenten zu suchen, die im Dunstkreis von Reichtum und industrieller Entwicklung zuhause sind. Wir sollten stattdessen die Botschaft des Respekts vor dem Leben vertreten. Wir sollten zu zweckfreiem Naturschutz stehen.

4. Szenario für eine bessere Zukunft Amazoniens

Wie ich oben versucht habe darzustellen, ist die dauerhafte Erhaltung des Regenwaldes nur bei Abkehr vom gegenwärtigen Ziel der Erschließung Amazoniens möglich. Dies bedeutet eine 180-Grad-Kehrtwendung in der Politik: Nicht Industrie und Menschen nach Amazonien hinein, was zwangsläufig zur endgültigen Zerstörung des Waldes führt, sondern aus Amazonien heraus.
Die dringlichsten Maßnahmen sind im folgenden kurz dargestellt.

Kein Neubau oder Ausbau von Straßen und Fahrwegen

Will man langfristig den Regenwald erhalten, so gilt es zu verhindern, daß sich der Krebs der Nutzung weiter und weiter in den Wald hineinfrißt, diesen im immer kleinere Inseln aufspaltet und schließlich vernichtet. Jede Straße und jeder Fahrweg in Amazonien ist Ausgangspunkt für diesen Zersplitterungsprozeß.
Selbst auf primitivsten Fahrwegen, wie sie z.B. die Holzfirmen anlegen, folgen die Siedler nach. Schon wenige Monate später ist ein Sachzwang geschaffen: Die neuen Siedler fordern die Instandhaltung des Fahrwegs oder betreiben diese durch freiwillige Arbeitsleistung. Für die Politiker wird der Ausbau der Straße zur sozialen Verpflichtung gegenüber den Menschen, die mangels guter Transportmöglichkeit ein „unwürdiges" Leben führen, nicht zu Unrecht, denn die Neusiedler wirtschaften i.d.R. nicht angepaßt und sind daher alles andere als autark. Als Rückkoppelungseffekt ziehen die besseren Verkehrswege steigende Bevölkerungsdichte, Viehfarmen, Ansiedlungen und größere Betriebe nach sich. Das Rad der Erschließung des Waldes dreht sich unaufhaltsam weiter. Für die Indianer hat der Bau von Straßen häufig fatale Folgen. „Mit der Straße kommt der Tod", hieß es vor Jahren in einer deutschen Illustrierten. Nach wie vor bedeutet der Bau von Straßen eine starke gesundheitliche und kulturelle Bedrohung für die Indianer, außerdem erleichtern sie Fremden(Siedlern, Goldgräbern, Holzhändlern) das Eindringen in das Indianergebiet.

Verbot des Exports von Tropenholz

Bisher stammt kein einziger Kubikmeter Hartholz, der aus Amazonien exportiert wird, von einer Plantage. Es gibt nur winzige Aufforstungsflächen von Holzfirmen, die als Feigenblatt gegenüber den nationalen Gesetzen und zur Propaganda in Europa und den USA dienen. Ehe diese Plantagen genutzt werden können, wird es keinen Wald in Amazonien mehr geben. Der Export von Tropenholz wird daher weiterhin eine der wichtigsten Ursachen für die Erschließung, die ökologische Verarmung und die Waldvernichtung in Amazonien sein. Er muß sofort beendet werden.

Keine Unterstützung bei der Erschließung des Waldes

Der Regenwald kann nur erhalten werden, wenn seine Rodung nicht weiter als verdienstvolle Tat patriotischer Pioniere angesehen wird. Jede Unterstützung hierfür, sei es für private oder kommerzielle Zwecke, muß unterbleiben. Wenn Politiker wie der Gouverneur des Bundesstaates Amazonas im Wahlkampf Tausende von Motorsägen verschenken, damit, so die Begründung, die tapferen Männer an der Erschließungsfront die Bäume nicht mit der Hand fällen müssen, so trägt dies ebenso zur Regenwaldvernichtung bei wie staatliche Unterstützung für die Niederlassung von Betrieben, für die Bildung von Freihandelszonen und Entwicklungspolen. Die Bereitstellung von subventionierter Energie für die industrielle Produktion muß ebenso unterbleiben wie die Förderung von Plantagen und Agrar-Großbetrieben. Gesetze müssen dahingehend geändert werden, daß der Regenwald nicht mehr primär herrenloses Land ist, das in Besitz genommen werden darf bzw. soll. Die fatale Regelung der Land-„Verbesserung“ muß entfallen. Stattdessen muß die gesetzliche Möglichkeit geschaffen werden, Wald intakt zu lassen und zu schützen.

Die katastrophalen Wirkungen der bestehenden Großprojekte bei der Vernichtung der Ökosysteme Amazoniens müssen beseitigt werden. Dies sollte in vielen Fällen durch die Schließung von Projekten geschehen, denn die Mehrzahl richtet nicht nur ökologische Schäden an, sondern verursacht auch volkswirtschaftliche Kosten, an denen sich eine nationale und internationale Mafia von Geschäftsfreunden bereichert. Einzelne Großprojekte, die von Nutzen für die Allgemeinheit sein können und deshalb fortgesetzt werden sollen, müssen in ihrer Gesamtkonzeption den größtmöglichen Schutz des Waldes garantieren. Dies kann mit Hilfe der anderen hier genannten Maßnahmen erreicht werden.

Verbot der unkontrollierten Goldextraktion

Die völlig unkontrolliert ablaufende Goldextraktion stellt einen wichtigen Beitrag zur Erschließung, Zersiedlung und Zerstörung entlegener Waldregionen dar. Schätzungsweise 500.000 Goldgräber arbeiten derzeit in Amazonien. Die Einnahmen reichen meist kaum zum Überleben, die gesundheitlichen Belastungen bei der Schwerstarbeit im Dschungel sind hoch. Nur die winzig kleine Schicht der Geschäftsleute, die mit Zwischenhandel und Transport zu tun hat, bringt es in der Regel zu Wohlstand. Die durch die Goldextraktion verursachten Umweltschäden sind verheerend. Gigantische Mengen an hochgiftigem Quecksilber werden in Amazonien freigesetzt, im Jahr 1989 nach offiziellen Angaben weit über 100 Tonnen. Der aufgeschlämmte Ton verändert den Chemismus der Fließgewässer: Das einst kristallklare Wasser vieler Flüsse ist trüb und schlammig geworden, was große Schäden für die aquatische Flora und Fauna nach sich zieht. Hinzu kommt die seuchenhafte Verbreitung von Infektionskrankheiten durch die künstlich geschaffenen stehenden Wasserflächen. An der kulturellen und physischen Ausrottung der Indianer hat die Goldextraxtion maßgeblichen Anteil.

Die Fremden in Amazonien

Sicher wird mir entgegengehalten werden, die obengenannten Maßnahmen seien menschenverachtend — sie würden nämlich Hunderttausenden von Menschen in Amazonien die Lebensgrundlagen entziehen. Das Gegenteil ist der Fall.

Mit dem Festhalten an kolonialen Strukturen hat die nationale „Elite“ Brasiliens Millionen ihrer Bürger der Lebensgrundlagen beraubt. Bei siebenmal größerer landwirtschaftlicher Nutzfläche — zu der wohlgemerkt die armen Böden in Amazonien nicht hinzugerechnet sind — hat Brasilien nur etwa die doppelte Bevölkerungszahl der Bundesrepublik Deutschland. Daß trotzdem Millionen unterernährt sind und im Kampf ums Überleben nach Amazonien ziehen, liegt daran, daß die riesigen Flächen ertragreicher Böden im Süden des Landes im Besitz von Agromultis und Feudalherren sind, die für den Export produzieren. Die dringend nötige Landreform durchzuführen, die schreienden Ungerechtigkeiten der Kontraktarbeiter und modernen Sklaven zu beseitigen, die gewalttätigen Landkonflikte zu beenden, dies wäre Verantwortung gegenüber den Menschen in Brasilien. Menschenverachtend ist es, trotz Hunger, Elend und Gewalt die Landlosen unter dem zynischen Motto „Wir machen die größte Landreform der Welt“ in die Regenwälder zu schicken, auf deren meist unfruchtbaren Böden sie keine echte Chance haben. Von den in den letzten 20 Jahren nach Amazonien eingewanderten Neusiedlern wollten die wenigsten den Regenwald erschließen. Die meisten wollten einfach überleben. Viele verachten und fürchten den Wald, keiner kennt ihn. Viele sind um ihre Hoffnungen betrogene „Gastarbeiter“: Sie wollten nur solange bleiben, bis sie genügend zusammengespart hätten, um sich „zuhause“, außerhalb Amazoniens, eine Existenz aufzubauen. Sie würden Amazonien gerne so rasch wie möglich wieder verlassen, wenn sie die Chance dazu hätten. Diese Neusiedler haben nichts mit den angepaßten Kulturen der Indianer

oder auch der Caboclos zu tun, die seit vielen Generationen mit dem Wald zusammenleben.
Es gibt schon viel zu viele Menschen in Amazonien. Amazonien ist nicht nur überfremdet, es ist auch übervölkert. Es beherbergt viel mehr Menschen, als hier ernährt werden können, und täglich werden es mehr. Will man den Prozeß der Regenwaldzerstörung aufhalten und gleichzeitig den sozialen Problemen nicht länger aus dem Weg gehen, so muß man den innerbrasilianischen Menschenstrom umpolen: Nicht nach Amazonien hinein, wo Umweltzerstörung und weiteres Elend die Folgen sind, sondern in andere Landesteile, wo große Flächen ertragreicher Böden brachliegen oder dem Anbau von Futtermitteln dienen.

Schuldenerlaß für Landreform und Umsiedelungsprogramm
Landreform und ein großangelegtes staatliches Umsiedelungsprogramm von Kleinbauern und Landlosen von Amazonien auf die Großgrundbesitze der Multis und Feudalherren im Süden würden einen entscheidenden Schritt in Richtung der Rettung des Amazonasregenwaldes und der Verbesserung der sozialen Situation in Brasilien und Amazonien bedeuten. Die Finanzierung könnte durch einen partiellen Schuldenerlaß erfolgen. Ein vom Ausland finanziertes Programm zur Entschädigung enteigneter Grundbesitzer und zur Rücksiedelung der „Fremden“ aus Amazonien heraus könnte sowohl der Lösung brasilianischer Probleme dienen, als auch den internationalen Bestrebungen zum Schutz der Regenwälder entgegenkommen.

5. Konsequenz
Es muß also alles anders werden, als es ist. Eine Utopie? Sie zu vertreten wird nicht leicht sein. Schließlich fordern wir eine Abkehr von den Grundwerten der Industrie-„Kultur“. Es gibt jedoch keinen anderen Weg. Wenn wir nicht bereit sind, an der Entvölkerung und „Verschließung“ als Alternative zur „Erschließung“ Amazoniens zu arbeiten, dann werden uns aller Optimismus, alle Energie und alle Besorgnis nichts nützen: Dann hat der Regenwald Amazoniens langfristig ebensowenig eine Chance wie die Menschen, die in ihm leben. Lösungen können zwangsläufig nur radikal sein. Sie mögen zwar in Anbetracht des fehlenden politischen Willens und der bestehenden Machtverhältnisse wenig realistisch erscheinen. Für den Schutz Amazoniens sind jedoch kosmetische Korrekturen wenig realistisch. Es bleibt also keine Wahl. Dabei ist jeder Schritt, der geeignet ist, das Rad der Erschließung und Zerstörung anzuhalten und umzukehren, ein Fortschritt: Die internationale Ächtung der Tropenholzextraktion kann ein solcher Schritt sein, ebenso die Beendigung der Kreditvergabe für industrielle Großprojekte. Wir dürfen jedoch über Einzelerfolgen das Ziel nicht aus den Augen verlieren, und wir müssen allem nationalistischen Entwicklungsgeschrei zum Trotz den Mut haben, dafür öffentlich einzutreten. Nur dann ist Amazonien noch zu retten.

Anmerkungen:

1) Zit. nach Bodo Krauß: Tropenholz in der Bundesrepublik Deutschland. In: Amazonien - Ein Lebensraum wird zerstört. Raben Verlag, München 1989, S. 168.

2) Zit. nach Ribeiro, B. und Tolaman Kenhíri: Regenfälle und Sternbilder: Der Wirtschaftskalender der Desana. In: Amazonien — eine indianische Kulturlandschaft. Kassel 1988, S. 21.

Otmar Wassermann

Meeresvergiftung — ein Zeichen von Geistesstörung in dieser Gesellschaft

Emsig sägen wir am Ast, auf dem wir sitzen. Die Betroffenheit über das durch „Fortschritt“ erreichte Ausmaß an Naturzerstörung, an fortschreitender Vernichtung unserer eigenen Lebensgrundlage ist groß. Angst und Schrecken aber müssen das Unwissen, die Verantwortungsunfähigkeit, Geld und Machtgier vieler in Industrie und Politik Verantwortlicher — fast nur Männer — einflößen, von denen der erfahrene Verhaltensforscher Irenäus Eibl-Eibesfeld zurecht sagt, „ihre Ignoranz ist ungeheuerlich“.

Dies ist keine undifferenzierte Industrieschelte, sondern der Versuch, an einem Teilbereich — nämlich unseren beiden Meeren Nord- und Ostsee — aufzuzeigen, wieweit Kurzsichtigkeit und Rücksichtslosigkeit menschlichen Handelns und das „lineare Denken in Kontoauszügen“ das Überleben auch der eigenen Art mehr und mehr gefährden. Dabei wird nicht übersehen, daß gerade in den industriell-gewerblichen und landwirtschaftlichen — wie in allen anderen — Bereichen unserer Gesellschaft viele Einzelne durch engagierten, mutigen und selbstlosen Einsatz aus Verantwortung für die Natur und unsere Nachkommen das dringend — in wahrem Wortsinne — Not-wendige Umdenken praktizieren, oft gegen massive Widerstände. Neben zahllosen aktiven Selbsthilfegruppen, Bürgerinitiativen, Organisationen wie Greenpeace, Robin Wood, BUND, Verbraucherschutzinitiativen, umweltbewußten BürgermeisterInnen, Kommunen etc. sei hier, stellvertretend auch für andere, nur auf „BAUM“ — den Bundesdeutschen Arbeitskreis für umweltbewußtes Management — aufmerksam gemacht[1], der vom Hamburger Unternehmer Georg Winter gegründet wurde und inzwischen mit einer wachsenden Mitgliederzahl in ganz Europa erfolgreich demonstriert, daß umweltbewußtes, *ökologisches* Planen und Handeln in der Wirtschaft nicht nur vereinbar, sondern als Voraussetzung für ein Überleben der *Ökonomie* unverzichtbar sind. Wachsendes couragiertes Umweltbewußtsein ist auch unter den Juristen zu beobachten. Große Hoffnung dürfen wir auf das rasch zunehmende gesellschaftspolitische Engagement von Ärztinnen und Ärzten setzen, die sich als kompetente Autoritäten schützend vor ihre Mitmenschen stellen, damit gefährliche Technologien wie Atomenergie, Müllverbrennung, übertriebener oder hemmungsloser Chemikalieneinsatz, Luft- und Trinkwasserverschmutzung und andere schädliche anthropogene Umwelteinflüsse sie nicht zu Patienten machen. Das ist wirkliche Präventivmedizin.[2] Die unaufhaltsame Dynamik dieses Umdenkens hat bereits sehr viel mehr Mitmenschen erfaßt, als es die „verstockten Pharaonen“ [3] der Rüstungs-, (Atom)Energie-, Auto- oder Chemie-Industrie, deren Geldmänner und politische Erfüllungsgehilfen wahrhaben wollen.

Die Meeresvergiftung ist nur eines der Symptome einer kranken Gesellschaft; industrielle Einflüsse wirken sich negativ auch auf Luft-, Boden-, Trinkwasser- und Nahrungsmittelqualität aus.

*

Nord- und Ostsee sind flache Meere, deren Wassermassen sich nur sehr langsam mit denen des Atlantik austauschen — einmal in fünf Jahren bei der Nordsee, in 50 Jahren bei der Ostsee. Ihre geographische Lage hat die Entwicklung vielfältigen Lebens über Hunderte, ja Tausende von Jahren sehr begünstigt - bis blinder Eigennutz des Menschen innerhalb eines halben Jahrhunderts dem nahezu ein Ende bereitet hat. Insbesondere das Wattenmeer der Nordsee war wegen der einmaligen Besonderheit des günstigen Zusammenwirkens geographischer und klimatischer Gegebenheiten als „Kinderstube“ einer unvorstellbaren Vielfalt von Arten weltweit berühmt.[4] Die relativ geringe Wassertiefe, die Gezeiten, der ausgewogene Salz-, Sauerstoff- und Nährstoffgehalt des Meerwassers, die Temperaturen von Wasser und Luft boten hierfür ideale Voraussetzungen, die allerdings die vom Menschen geschaffenen massiven Störeinflüsse nicht verkraften, sondern dagegen sogar extrem empfindlich sind. Derart bevorzugte Lebensbedingungen machten die Nordsee lange Zeit auch zu ergiebigen Fanggründen, die einst unsere Küsten- und Hochseefischer für ihre harte Arbeit mit durchaus behaglichem Wohlstand entlohnten. Davon ist heute wenig geblieben.

Diese flachen, austauscharmen Meere wurden im zurückliegenden „Jahrhundert der massiven Industrialisierung“ von allen angrenzenden oder über Flüsse mit ihnen verbundenen Staaten rücksichts- und hemmungslos wirtschaftlich ausgebeutet und als vermeintlich preiswerte Abfallgruben mißbraucht — und sie werden es noch. Täglich fließen viele Tausende von Tonnen eines komplexen, in seiner wahren Zusammensetzung und Menge unbekannten Schadstoffgemisches über die Flüsse in Nord- und Ostsee. Den diffusen, durch Auswaschungen von überschüssigen — und weitgehend überflüssigen — Düngemitteln und Pestiziden aus Agrarflächen entstehenden Nähr- und Schadstoffeintrag in die Meere verantwortet die von der Chemischen Industrie diktierte Agrarindustrie, die mit der weitblickenden Naturverbundenheit unserer früheren Bäuerinnen und Bauern längst nichts mehr gemeinsam hat.[5] Riesige Mengen an Luftschadstoffen — weit mehr als 5 Millionen Tonnen pro Jahr —, kommen noch hinzu: aus den ständig wachsenden Abgaswolken „unserer wahnsinnigen Liebe zum Auto“[6], aus der unverantwortlichen Müllverbrennung[7], aus Kraftwerken, Industrieschloten, Privatheizungen usw. Diese „Großdeponie Luft“ schädigt jedes Leben in unserer Biosphäre, auch das unserer Kinder.[8]

Das alles zusammen wird nicht „ausreichend schnell verdünnt“ oder „weggespült vom großen Atlantik“ - nebenbei bemerkt: wohin? -, sondern führt zu einer stetigen Anreicherung und damit zu einer schleichenden, ständig zunehmenden Vergiftung der Meere. Ihre vielbeschworene „Selbstreinigungskraft“ ist dieser Abfallflut längst nicht mehr gewachsen. Die komplexe chemische Zusammensetzung des Abfalls kann daran erahnt werden, daß allein im Rheinwasser ständig weit über 100.000 verschiedene Chemikalien aus industrieller Produktion geschätzt werden - die Trinkwasserverordnung läßt dagegen gerade etwa 25 prüfen. ... Die wahre Zusammensetzung des Abfalls interessiert seine Erzeuger nicht, da sie sich von ihm nur „entsorgen“ wollen. Er trifft auf die äußerst vielfältigen und sensiblen Ökosysteme unserer Meere nicht „ab und zu“ in kleinen, biologisch abbaubaren Mengen, sondern in Millionen von Jahrestonnen einer Fracht, deren Zusammensetzung aufzuklären das Lebenswerk zahlloser ChemikerInnen wäre. Eine besonders gefährliche Rolle spielen dabei nach heutigem Wissen die radioaktiven Isotope, Schwermetalle und persistenten Halogenkohlenwasserstoffe (u.a. die Dioxine), die — an Sedimentpartikel gebunden — jahrhundertelang in Flüssen, im Wattenmeer und noch weit außerhalb der Flußmündungen ökotoxisch wirksam bleiben. Hier kann nicht mehr „saniert und repariert“ werden. Hier wird deutlich, daß vom Menschen angerichteter Schaden nicht mehr rückgängig gemacht werden kann und schon gar nicht mit lächerlich geringen Geldstrafen zu heilen ist, falls Gerichte überhaupt so mutig sind. Ein Beispiel: Bei einer Verhandlung vor einem Gericht im US-Staat Illinois wurde kürzlich der angeklagte Chemiekonzern Monsanto durch Zeugenaussagen der vorsätzlichen und fortgesetzten eklatanten Umweltschädigung überführt.[9] Unter anderem leitete diese Firma jahrelang *täglich ca. 20 kg Dioxine (!)* in den Mississippi.

Wieviele solcher Brunnenvergifter siedeln an unseren Flüssen und Meeren? Das Ausmaß an rücksichtsloser Profitgier, ja an krimineller Energie zur Durchsetzung ausschließlich eigener wirtschaftlicher Interessen, das hier ausnahmsweise einmal ans Licht kommt, ist ungeheuerlich. Alle Politiker, Wirtschaftspartner, Wissenschaftler, Verwaltungsangehörige und Kunden, die solche skrupellosen Unternehmen unterstützen, werden zu Komplizen systematischer Naturzerstörung und der schleichenden Vergiftung auch des Menschen.[10] Sinngemäß gilt dies auch für diejenigen — insbesondere deutschen - Firmen, die von chemischen und biologischen Waffen bis zu Atombomben ihre schmutzigen, verachtenswürdigen Geschäfte machen: sie sind der Abschaum unserer Gesellschaft. Solche Kriminellen und ihre Helfershelfer werden auch mitschuldig an der ausbeuterischen Verarmung bereits der nächsten Generation, unserer Kinder.

Eine rasche und weitestgehende Einschränkung der Verwendung solcher Schadstoffe und der Produktion der Halogenkohlenwasserstoffe (z.B. „Chlorchemie“) ist daher besonders dringlich. Schon die Änderung eines einzigen Faktors der aquatischen Lebensbedingungen, seien es Temperatur, Licht, Salzgehalt oder Säuregrad, hat bereits weitreichende, für manche Art fatale Folgen. Die vom Menschen in Flüsse und Meere eingebrachten Abfälle stören das Leben dort aber vielfältig. Diese Schadstoffgemische schädigen nachhaltig eine unbekannte Zahl von Arten in verschiedenen Entwicklungsstufen, reichern sich teilweise in den Nahrungsnetzen zu tödlichen Konzentrationen an oder reißen einzelne Arten infolge hoher akuter Toxizität und Konzentration gänzlich aus dem seit Hunderttausenden, Millionen von Jahren und länger aufgebauten und ins lebensfähige Gleichgewicht gekommenen mehrdimensionalen Netz der Ökosysteme. Sie lösen damit einen „Dominoeffekt" aus: Die Folgen für andere im Gesamtsystem über Symbiosen eingebundene Arten sind schwerwiegend.

Das Massensterben der Robben war ein Drama, das sich jederzeit auch bei anderen Arten wiederholen kann. Es war aber zugleich auch ein Spiegel für die Dummheit in unserer Gesellschaft: Unter Industrie- und Politik-unabhängigen, nicht opportunistisch nach plötzlich sprudelnden Forschungsgeldern lechzenden Wissenschaftlern war klar, daß das Robbensterben nicht ausschließlich von - in wöchentlichen Bulletins wechselnden — Virusstämmen verursacht wurde. Nicht nur Politiker, auch Wissenschaftler sollten sich der röhrenförmigen Einengung ihres Horizontes häufiger bewußt werden. Die Schwächung der Tiere durch extreme Anreicherung eines toxikologisch bedenklichen Schadstoffgemisches war und ist offensichtlich. Gleichwohl war es der Vergifter-freundlichen Politik wie auch der verdrängungsbereiten Öffentlichkeit sehr genehm, diese vom Menschen wesentlich verschuldete Ökokatastrophe „nur" einer Virusinfektion, möglichst vergleichbar der Bagatelle eines Schnupfens, zuzuordnen, weil damit auch von eigenem Schuldanteil abgelenkt wird.

Nicht nur chemische Abfälle werden biologisch wirksam, sondern auch Gemische radioaktiver Isotope, die aus Atomkraftwerken und Wiederaufbereitungsanlagen abgelassen oder nach den Großkatastrophen der Atomwirtschaft über Luft und Flüsse in die Meere verfrachtet werden. Die Ökotoxizität radioaktiver Isotope im Niedrigdosisbereich, insbesondere für die Erbinformation auf lange Sicht, ist noch völlig unbekannt. Wie wirken sie *zusammen* mit den vielen Tausenden anderer chemischer Verbindungen? Der noch nicht annähernd abschätzbare Schaden alleine durch die Reaktorkatastrophe von Tschernobyl (1986) auch an der Natur, sollte gerade die christlichen und demokratischen Politiker sofort zum Abschalten dieser extrem gefährlichen Zeitbomben bewegen, da doch ihr Bundeskanzler Kohl angeblich „die Schöpfung bewahren" will.[11] Zunehmend werden diese uneinsichtigen CDU/CSU-Politiker aus den eigenen Reihen zum Abschalten der Kernkraftwerke aufgefordert.[12]

Die tatsächliche Menge und Zusammensetzung der Abfälle, die über die großen und kleinen Flüsse „kostenlos" der Nord- und Ostsee überlassen werden, ist unbekannt. Offizielle, d.h. von den Regierungen nur widerstrebend bekanntgegebene Zahlen verdienen kein Vertrauen. Sie sind nicht einmal als Untergrenze von Schätzwerten brauchbar, da sie sich im wesentlichen auf Angaben der Verursacher stützen. Letztere haben aber ihre Glaubwürdigkeit durch jahrzehntelange Geheimhaltung, durch zahllose „Störfälle" — man beachte die verharmlosende Ausdrucksweise, die auch auf Katastrophen angewandt wird —, durch Lügen und Vertuschen ohnehin verloren. Dies gilt gleichermaßen für industrielle „Einleiter" wie für Behörden, welche z.T. extrem hohe Einleitungsgenehmigungen zu verantworten haben, eine Dateneinsicht z.B. in Wasserbücher aber verbissen abwehren. Bei internationalen Konferenzen, wie den irreführend als „Nordseeschutzkonferenzen" bezeichneten, ist zusätzlich davon auszugehen, daß jedes Land seine eigene Schuld durch Datenmanipulation verschleiert. Derartige Veranstaltungen sind über ihren zweifelhaften Unterhaltungswert als tragische Komödien mit stets voraussagbar erfolglosem Ende noch nie hinausgekommen. Erinnernswert blieben von diesen, deutlich von Industrieprotektionismus geprägten und auf Zeitgewinn angelegten Show-Veranstaltungen bisher nur die deutlichen Worte, mit denen Prinz Charles die Politiker der „2. Internationalen Nordseeschutzkonferenz" in London 1987 begrüßte:

„While we wait for the doctor's diagnosis, the patient may die." Auch das eitle Eigenlob deutscher Umweltpolitik als die „fortschrittlichste" verdient genauere Betrachtung: Neben Nachbarn, wie Frankreich und Großbritannien (von den katastrophalen Verhältnissen im ehemaligen „Ostblock" einmal abgesehen), deren Politiker die überlebensnotwendige Dringlichkeit des Umweltschutzes noch nicht einmal als Lippenbekenntnisse formulieren können, wirkt selbst eine bekleckerte Weste der Deutschen noch vergleichsweise sauber. Auch kann die deutsche Umweltpolitik schwerlich den Verdacht widerlegen, daß der Widerstand im Ausland gegen die bei der Industrie rasch nötigen drastischen Emissionsverminderungen höchst willkommen sei als Ablenkung von der eigenen Durchsetzungsschwäche gegenüber der deutschen Industrie.

Vor diesem Hintergrund sind die internationalen Statistiken zu werten, die für 1986 einen Gesamt-Schadstoffeintrag allein in die Nordsee von etwa 10 Millionen Tonnen beziffern — das wahre Ausmaß dürfte weit darüber liegen. Die Ursachen dieser gewaltigen Schadstoff- und Schmutzfracht sind ebenso vielfältig, wie die Quellen unterschiedlich sind. Hierzu zählen die direkten Einflüsse einer intensiven Übernutzung der Meere durch den Menschen mit *Schiffahrt, Erdöl- und Gasförderung* (von ca. 300 Plattformen in der Nordsee), *Überfischung, Müllverklappung* und *Giftmüllverbrennung*, starkem *Tourismus*, Küstenindustrialisierung und das *Militär.*

Die Schiffahrt trägt erheblich zur Meeresverschmutzung bei. Während sich in der südlichen Nordsee der dichteste Schiffsverkehr aller Weltmeere drängt — eine große Tankerkatastrophe ist hier statistisch schon längst „überfällig" -, rühmt die Statistik des Nord-Ostsee-Kanals diesen als meistbefahrene künstliche Wasserstraße der Welt. Wie miserabel Menschen und Natur vor gefährlichen Transporten geschützt werden, zeigte die Havarie des Frachters „Oostzee" 1989. Sollten wir etwa daraus gelernt haben? Starker Schiffsverkehr findet auch innerhalb der Ostsee und durch das Skagerrak statt. Verantwortungs- und Rücksichtslosigkeit von Reedern, Kapitänen und Mannschaften dieser Schiffe zeigt sich in der häufig geübten „Müllentsorgung über Bord". Die verschmutzten Strände spiegeln nur einen sehr geringen Teil der tatsächlichen Müllbelastung der Meere wider. Die kleine Minderheit, die ihren Müll verantwortungsbewußt in den Häfen abgibt, steht im Schatten der rücksichtslosen Verschmutzer. Auch das MARPOL-Abkommen, welches international die Meere vor Verschmutzung schützen soll, bleibt ein Papiertiger, da die kompetenzschwachen Umweltminister der Anrainerstaaten dem Druck der Industrie weichen. Dabei sind es nicht nur die Chemikalien- und Öltanker, die — dank unzureichender Luftüberwachung und ohne Bedrohung durch wirklich drastische Geld- und Freiheitsstrafen —, ihre Tanks preiswert auf offener See reinigen, oder die Passagier- und Kriegsschiffe, die jede Art von Abfall ins Meer kippen, sondern auch diejenigen sportlichen Segler und Motorbootfahrer, die vom Schutz der Natur noch nichts gehört haben.

Die *Müllverklappung auf See* hat im Bereich der Nordsee weit größeren ökologischen Schaden angerichtet, als Verursacher und Politiker zuzugeben bereit sind. Die Auswirkungen der Müllverklappung auf See — an zahlreichen Stellen werden Atommüll und Klärschlämme, Chemiemüll und Asche aus Kraftwerken, Hafenschlamm und Bergwerksabraum und vieles andere in die Nord- und Ostsee gekippt —, sind wissenschaftlich kaum untersucht. Die wenigen bekanntgewordenen Fakten zeigen jedoch einen massiven zerstörerischen Eingriff in die einstige Artenvielfalt auf. Im Verklappungsgebiet bei Helgoland sind z.B. 40% der am Meeresboden lebenden Arten bereits ausgerottet und die noch verbliebenen teilweise schwer geschädigt.

Die *Giftmüllverbrennung* auf hoher See wird auf technologisch verantwortungslos primitivem Niveau ohne jede Abgasreinigung betrieben. Die eindrucksvollen Luftaufnahmen von Greenpeace dokumentieren den katastrophalen Zustand dieser Verbrennungsschiffe. Sogar nach „offiziellen" Angaben sollen jährlich etwa 100.000 Tonnen toxikologisch äußerst bedenklichen Materials — meist Chlorkohlenwasserstoff-Gemische — auf diesem ökologisch skandalösen, öffentlich nur wenig beachteten und nur von Umweltschutzorganisationen wie Greenpeace, der 'Aktionskonferenz Nordsee' und einigen anderen Initiativen an der Küste scharf verurteilten, von der Bundesregierung aber lange geschätztem Wege „entsorgt" worden sein, zwei Drittel davon aus dem deutschen Bundesgebiet. Die wahre Menge dürfte eher bei 150.000 Tonnen oder noch höher liegen. Kein unabhängiges Labor hat je die Behauptung einer „99,9%igen Verbrennungseffizienz" überprüft. Aber die Messungen am Schornstein der alten „Vulcanus" — nomen est omen! — durch ein Berliner Dioxin-Labor überführten diesen schrottreifen Höllenofen als extrem gefährliche Dioxin-Schleuder und halfen ihn endgültig an die Kette zu legen.

Selbst bei tatsächlicher 99,9%iger Verbrennung — wobei selbstverständlich Verbrennungsprodukte wie u.a. Salzsäure in gigantischen Mengen entstehen — bleiben die anscheinend vernachlässigbaren „restlichen 0,1%" immerhin mit *jährlichen 100 bis 150 Tonnen* eines toxikologisch hochgefährlichen Gemisches übrig, die im Einwirkungsbereich der Abgasfahne in die Ökosysteme der Nordsee eindringen. Die hochtoxischen Dioxine spielen hierbei eine wesentliche Rolle. Doch gerade diese Dioxine schädigen schon in niedrigsten, weit unter der derzeit leistungsfähigsten Nachweisgrenze liegenden Konzentrationen z.B. die Fischbrut — andere Arten sind gar nicht erst untersucht... Das Deutsche Hydrographische Institut, in dem ökologischer Sachverstand offensichtlich von Industrieinteressen dominiert wird, erteilt verantwortlich die Genehmigungen an deutsche Nordseeverschmutzer.

Auch wenn man nach all dem schon krankhaftes Verhalten in diesem Handeln vermutet, werden noch deutlichere Zeichen ernsthafter Geistesstörung der Verantwortlichen bei den folgenden Beispielen sichtbar:

- Der Fortschrittswahn der 70er und 80er Jahre ließ an der gesamten Nordseeküste, einschließlich der Elbmündung, eine gigantomane *Industrialisierungsplanung* wuchern. Von der Kanalküste Frankreichs bis nach Dänemark liegen aber heute 25.000 Hektar voll erschlossenen Industrielandes brach, für dessen Durchsetzung die Staatsgewalt (Methode „Wackersdorf") jeden noch so verzweifelten Bürgerwiderstand zu brechen weiß. Wenigstens das größenwahnsinnige Luneplate-Projekt der ehemaligen, traditionell ökologisch ignoranten Albrecht-Regierung Niedersachens blieb dem Emsland, seinen Menschen und der Natur erspart.

An Schleswig-Holsteins Südwestküste wurde rund um Brunsbüttel einst blühendes, idyllisches Bauernland durch eine gespenstische Industrieansiedlung erdrückt, weil in den 70er Jahren die Chemische Industrie den von Fortune gemiedenen Herrn Stoltenberg von einer „blühenden Chemiestadt" halluzinieren ließ. Die Dorf- und Sozialstrukturen sind zerschlagen, den mutigen Pastor, der gelegentlich und eher zurückhaltend von den „Risiken der Chemie" sprach[13], zog die kleinmütige Nordelbische Kirche mit tiefem Kotau vor der Firma Bayer ab. Die Luftverschmutzung entspricht jetzt der von anderen Industriegebieten, der von der CDU-Regierung zugesicherte enorme industrielle Grundwasserverbrauch — beste Trinkwasserqualität — wird noch immer geheimgehalten und schädigt doch schon die benachbarte Landwirtschaft. Der vielversprochene Konjunkturschub freilich blieb aus, das Krebsgeschwür in Schleswig-Holsteins ehedem schöner Landschaft aber ist da.

Hier lauert auch die geballte Ladung der vier Atommeiler Brunsbüttel, Brokdorf, Krümmel und Stade, die eine klügere und verantwortungsbewußtere Industrie- und Energieplanung hätte vermeiden können, die aber — siehe Brokdorf — feldschlachtmäßig und brutal mit aller verfügbaren Staatsgewalt (einschließlich chemischer Waffen) gegen den verzweifelten Widerstand der Bevölkerung buchstäblich durchgeknüppelt wurden. Diesen Pyrrhus-Sieg des verblichenen „Feldherrn Barschel" lassen wir uns gerne etwas kosten: Die überwältigende Mehrheit der Bevölkerung wünscht die baldige Abschaltung dieser Energieform, welche der Physiker Fritjof Capra als „voller Risiken, unwirtschaftlich, unverantwortlich und unmoralisch, kurz gesagt, absolut unannehmbar" beschreibt.[14] Die bitteren amerikanischen und sowjetischen Erfahrungen werden geflissentlich verschwiegen. Wir wünschen dies, obwohl wir wissen, daß die milliardenschweren Kosten des Abrisses dieser strahlenden Ungeheuer und der ungewissen „Entsorgung" — wohin? — von deren Schutt und Schrott auch nicht annähernd beziffert werden, damit der Atomstrom „so billig" bleibt... Wer aber wagt es, den „Wert" eines einzigen, durch die radioaktive Strahlung eines Atomkraftwerkes an Leukämie erkrankten Kindes zu „beziffern"? Was „kosten" die Folgen eines Super-Gau an der Elbe in Europa...?

○ Die Einwirkung des Militärs[15]

Wer noch immer an die Mär vom „größten Umweltschützer Bundeswehr" glaubt, möge sich der extremen, mit Psychoterror nur milde umschriebenen Gewalteinwirkung, dem infernalischen Lärm stundenlanger Raketenangriffe auf das Dünengebiet von List auf Sylt — in der Nähe eines Wohngebietes - und dem der Tiefflüge im sogenannten „Naturpark Wattenmeer" und anderswo aussetzen. Spätestens dann werden hoffentlich auch dem letzten latenten Militaristen der unerträgliche Anachronismus und die Sinnlosigkeit weit übertriebener Aufrüstung klar. Politischer Mut ist jetzt gefordert, bessere, menschen- und naturwürdigere Prioritäten für die fast *60 Milliarden DM* — nahezu 20% des gesamten Bundeshaushaltes! -, die dieser Moloch Rüstung an Steuergeldern *jährlich* verschlingt, zu setzen. Wir haben diese, jedes Vorstellungsvermögen übersteigende Geldmenge bitter nötig zur Beendigung des langen, verlustreichen Krieges gegen die Natur und zur — wo noch möglichen - Heilung seiner Schäden, auch bei Nord- und Ostsee, zur bevorzugten und schnellen Förderung der Nutzung von Sonnenenergie, zur zügigen Entwicklung natur- und menschenverträglicherer Produktionsverfahren und Produkte, zur Sanierung unserer verrotteten kommunalen Kanalisationssysteme und der Kläranlagen, zum Versuch, aus den jetzigen Abwasserkanälen die früheren Flüsse zu machen, zur Rettung alter deutscher Städte und zur Schaffung lebenswürdiger Verhältnisse im Osten Deutschlands, zur Linderung unzähliger sozialer Probleme und zu vielem anderem mehr.

Rapide wachsende Berge von Fakten und Bilanzen dokumentieren bereits das erhebliche Schadensausmaß. Sie müssen nur wahr- und ernstgenommen werden.[16] Die bei uns überwiegend von Laien aufgeführte Politik der Mittelmäßigkeit ist hierzu offensichtlich nicht in der Lage. „Dieser Politik fehlen herausfordernde Ziele, wie z.B. ein sauberer Rhein", sagte Kurt Biedenkopf im Januar 1987. Sein Weitblick wird nur nicht geschätzt. Eine neue Chemische Industrie ohne Chlor-organische Verbindungen, ohne Schornsteine und Abflußrohre und mit Produktlinien ohne Abfall, deren Produkte die Natur voll in ihre Kreisläufe integriert, wäre auch ein herausforderndes, sehr lohnendes Ziel. Parteien, die diese drängenden Prioritäten nicht durchsetzen, verdienen kein Vertrauen.[17]

Wie eng und unentrinnbar wir Menschen auch mit dem Schicksal der Meere und der Schadstoffanreicherung z.B. in den Fischen verhaftet sind, wurde von einigen weiterblickenden und von Industrie und Politik unabhängigen Wissenschaftlern schon seit Jahrzehnten warnend aufgezeigt. Ebenso wie bei uns die Qualität von verschmutztem Flußwasser vor allem an seiner Schädlichkeit für technische Anlagen beurteilt wird, findet die Meeresvergiftung allenfalls dann Beachtung, wenn durch Rückgang des Fischfangs und Zunahme schon äußerlich entstellender Fischkrankheiten wirtschaftliche Verluste eintreten. Was wegen ekelerregenden Aussehens nicht verkaufbar ist, wird als „Fischmehl" verfüttert - man sieht es dann nicht mehr. Der erschreckende Artenschwund, die chronische Schadstoffbelastung durch Fischverzehr auch beim Menschen sind schrille Alarmsignale, die nur wenige wahrnehmen und von der derzeitigen Umwelt(schutz?)politik ignoriert werden.

Wie schnell die Glaubwürdigkeit (d.h. Lückenhaftigkeit) chemischer Analytik, diejenige von Grenzwerten, toxikologischen Verharmlosungen und darauf gestützten Verzehrsempfehlungen, ja politischen Sonntagsreden von „gesunder Umwelt" und „schärfstem Nahrungsmittelgesetz der Welt" demaskiert werden kann, zeigt folgender Sachverhalt, der schon in dem für die Bundesregierung erstellten Nordseegutachten von 1980[18] versteckt dokumentiert ist: Bereits damals gab man zu, daß von der in Fischen angereicherten Menge allein an *Chlor*-organischen Verbindungen, die praktisch alle aus industrieller Produktion stammen, *nur etwa 1%* überhaupt chemisch identifizierbar ist, der „Rest" von 99% ist ein unbekanntes Risiko (nach den ebenfalls vorhandenen bromhaltigen Stoffen suchte man damals noch gar nicht). Auch zehn Jahre später sind wir nicht viel weiter. Das sollten auch Industrie und Politik offen und ehrlich zugeben. Die wenigen öffentlich diskutierten Schadstoffe im Fisch (und allgemein in den tierischen Fetten) einschließlich der Dioxine stellen tatsächlich nur die vielzitierte „Spitze des Eisbergs" der wahren Schadstoffkontamination dar. Dies gilt sinngemäß für die gesamte Schadstoffdiskussion (insbesondere für die Anreicherung im Menschen als „Endlager", in seinen Ei- und Samenzellen und in der Muttermilch), die von notorischer Abwiegelei geprägt ist. In welchem Maße die inzwischen erreichte Belastung „des Menschen" — vom Embryo über alle Varianten unterschiedlicher Empfindlichkeit bis zum alten Menschen — mit Dioxinen und zahllosen anderen Halogenkohlenwasserstoffen, Radioaktivität, Schwermetallen und weiteren Schadstoffen industrieller Produktion z.B. zur Schwächung des Immunsystems und zur ständig steigenden Krebshäufigkeit, insbesondere bei Kindern, beiträgt, wird nicht untersucht. Die dringend nötige bundesweite Einführung aufschlußreicher (aber politisch unbequemer) Krebs- und Mißbildungsregister wird noch immer aktiv behindert. Will diese „konservative" Regierung endlich ihre Bürger oder weiterhin nur die Industrie schützen?

Die jahrhundertealte Berufstradition der Flußfischer ist von den Industriestaaten systematisch durch Vergiftung der Flüsse schon lange ausgerottet und mit ihnen ein weiterer, unwiederbringlicher Teil kultureller Tradition. Auch dies ist „Artenschwund", unseren eigenen Mitmenschen und von uns selbst verschuldet. Es ist nur ein Beispiel von vielen. Warum nimmt eine Gesellschaft dies so gleichgültig hin? Macht- und Gewinnstreben dominieren das Denken und Handeln. „Wo Politik ist oder Ökonomie, da ist keine Moral", schrieb Friedrich Schlegel schon 1800 in seinen „Ideen", eine offensichtlich zeitlos gültige Erkenntnis. Wem kommt denn heute noch in den Sinn, in einem Fluß baden zu wollen? Erfolgreich verdrängen wir Älteren die Erinnerung an die Freude über einen kristallklaren, bis zum Grunde durchsichtigen, von vielfältigem Leben erfüllten Fluß, dessen Wasser unbeschadet trinkbar war und das den Menschen ein natürliches Anrecht auf ein erfrischendes Bad garantierte. Wer heute jünger als 40 Jahre ist, wurde um diesen Teil an Lebensqualität bereits betrogen. Auch wenn politische Sprüche geringen Erinnerungswert haben, fällt doch das christlich-demokratische Wahlkampf-Motto wieder ein: „Weiter so, Deutschland!" Wollen wir *so* weitermachen und u.a. bald auch die Vernichtung der Existenz unserer Küsten- und Hochseefischer billigend dulden? Wenn uns schon die Meere als unersetzlich wertvoller Lebensraum gleichgültig sind, sollten wir bedenken, daß wir damit auch unsere Versorgung mit tierischem und pflanzlichem „Eiweiß aus dem Meer" minimieren. Die zur Anlockung von Touristen immer wieder beteuerte „Badequalität" von Nord-und Ostseewasser und ihr wissenschaftlich unseriöser Vergleich mit „Trinkwasserqualität" lenken davon ab, daß die selbst menschliche Gesundheit nur unzureichend schützende „Trinkwasser-Verordnung" für die komplexen Ökosysteme des Meeres völlig ungeeignet und ökologisch sogar einem Todesurteil gleichzusetzen ist. Wer die Verschmutzungssituation dieser Meere etwas besser kennt, weiß auch, daß

- die Verschmutzung der offenen See unter den wahrnehmungsfähigen, ehrlichen und kritischen Seefahrern, den Seglern und insbesondere den Tauchern wohl bekannt ist,
- Änderungen der klimatischen Bedingungen z.B. rasch Algenblüten auslösen können mit Arten, die vielleicht auch dem Menschen gefährlich werden, und daß hieran der Mensch mitschuldig ist,
- Badeverbote nicht nur an den extrem verschmutzten Stränden der östlichen Ostsee, sondern immer wieder auch im übrigen Küstenbereich beider Meere angeordnet werden müssen. Woher kommen wohl die häufigen Badeverbote an der britischen Küste ...?

Sein oder Nichtsein? Was tun?

Es ist höchste Zeit, daß der in diesem Lande herrschende Industrie-Darwinismus (d.h. nur die Giftfesten dürfen länger leben) und Industrie-Opportunismus abhängiger, feiger Politiker zugunsten einer humaneren und ökologischen Denk- und Handlungsweise aufgegeben werden, bei welcher sich Entscheidungen an den Schwächsten, den am meisten Schutz-und-Hilfe-Bedürftigen, orientieren. Und das sind neben verschiedenen anderen Risikogruppen vor allem unsere Kinder. Es darf nicht länger das „Bruttosozialprodukt“ als Meßlatte für die „Qualität“ einer Nation verherrlicht, ja wie das goldene Kalb angebetet werden, da es das kurzsichtigste und dümmste aller Maße ist. Die Einführung des „Ökosozialproduktes“ ist zwingend erforderlich.[19] Ethik und Moral einer Gesellschaft sind daran zu erkennen, wie sie ihre Kinder schützt und mit der Natur umgeht. Mit diesem Maß gemessen, sehen wir schlecht aus. Es ist höchste Zeit, daß wir Frieden mit der Natur auf diesem schönsten aller Planeten schließen.[20]

Die Vergiftung von Flüssen und Meeren ist nur ein Teil einer weitverbreiteten Geistesstörung der Menschen, die am extremsten in ihrem Kriegsgebaren sichtbar wird. Dieser Risikogesellschaft[21] muß wohl die entscheidende Frage gestellt werden, auf welchem Niveau sie ein künftiges Weiterleben akzeptieren will: mit rasch abnehmender Zahl von Tier- und Pflanzenarten und mit steigender Häufigkeit bestimmter Erkrankungen beim Menschen, wie Mißbildungen, Krebs, Immunschäden etc.? Für „Krise“ haben die Chinesen einen klügeren Begriff: wei ji, d.h. „Gefahr und Gelegenheit“. Gelegenheit zum Umdenken. Die Vision Fritjof Capras von der „Wendezeit“[22] sollte gesellschaftlich bald realisiert werden. Zur Verminderung der Schadstoffbelastung unseres Lebensraumes haben wir an anderer Stelle Alternativen aufgezeigt.[23] Es wird überlebensnotwendig werden, sich der frühen Mahnungen von E. F. Schumacher, seiner Botschaft „small ist beautiful“ zu erinnern und zum menschlichen Maß zurückzukehren.[24]

Schließlich sei darauf aufmerksam gemacht, daß *Frauen* das Gefährdungspotential nicht nur von technischen Schadstoffen, sondern allgemein von riskanten Großtechnologien, wie Atomenergie, Chemie oder Gentechnologie, aber auch der verhängnisvollen Überrüstung sehr viel deutlicher erkennen als Männer. Ich meine den weiblichen Menschen und nicht Margret Thatcher. Deshalb ist es für ein Umdenken in dieser Gesellschaft und für ein lebensfähiges Erhalten unseres und des unseren Mitkreaturen übrig gelassenen Lebensraumes unerläßlich, daß Frauen möglichst bald in den Entscheidungsstrukturen aller Bereiche der Gesellschaft, wie Politik, Wissenschaft, Wirtschaft, Verwaltung, Kirchen usw. mindestens den prozentualen Anteil übernehmen, den sie in der Bevölkerung ausmachen. Es würde uns allen besser gehen: Das friedliche, gleichberechtigte Miteinander von Mann und Frau in der minoischen Kultur auf Kreta an der „Wiege des Abendlandes“ brauchte lange keine Verteidigungsanlagen für ihre Städte — bis aggressive Männerhorden sie vernichteten . . .

Anmerkungen und weiterführende Schriften

1. Winter, G.: Das umweltbewußte Unternehmen. München: C.H.Beck, 1987
2. Beispielhaft seien hier nur genannt die „Internationalen Ärzte für die Verhütung des Atomkrieges (IPPNW)“, Bahnhofstraße 24, 6501 Heidesheim, der Ökologische Ärztebund, K.-U. Kroeker, Kurhaus, 8117 Baiersoien, und zahlreiche Ärzteinitiativen u.a. gegen Müllverbrennung. Es wird der Öffentlichkeit nicht verborgen bleiben, daß selbst bei ärztlichen Fortbildungsveranstaltungen Universitätsprofessoren als Referenten immer häufiger abgelehnt, ja sogar ausgepfiffen (!) werden, weil ihre penetrante Industrieabhängigkeit jegliche Kritikfähigkeit gelöscht hat.
3. Mayer-Tasch, P.C.: Die verseuchte Landkarte. München: C.H. Beck, 1987
4. Eisbein, Chr.: Watt in Not. München: Knaur, 1988
5. Auch die redliche Denkweise unserer letzten Waldbauern, denen es selbstverständlich war, daß den Gewinn aus ihrer Arbeit frühestens die Enkel einfahren werden, wird mit den Wäldern aussterben. Wir sollten dem Ungeist „cash and carry“ wehren und wieder lernen, in Generationen zu denken.
6. Bastian, T., Theml, H.: Unsere wahnsinnige Liebe zum Auto. Weinheim: Beltz, 1990
7. Spill, Elvira, Wingert, E.: Brennpunkt Müll - eine Anleitung zum Widerstand. Sternbuch, Hamburg: Gruner + Jahr, 1990
8. Dost, B.: Ein Land erstickt — Kranke Umwelt, kranke Menschen. München: Kösel, 1985
9. Frances E. Kemner et al., Versus Monsanto Company, Appeal from the Circuit Court of St. Clair County, Illinois, No. 80-L-970, filed by Rex Carr, CARR and others, 412 Missouri Avenue, East St. Louis, IL 62201, and Jerome W. Siegfried, SIEGFRIED and others, P.O. Box 160, 123 East Jackson St., Mexico, MO 65265-0160, USA

10. Wassermann, O., Alsen-Hinrichs, C., Simonis, U.E.: Die schleichende Vergiftung. Frankfurt/M.: Fischer, 1990; für weiterführende Details siehe auch: Wassermann, O.: Schadstoffbelastungen unseres Lebensraumes — Auswirkungen auf die menschliche Gesundheit. In: Krebs durch Umwelteinflüsse. Königstein-Falkenstein: Access-Verlag, 1990.
11. Regierungserklärung des Bundeskanzlers Kohl vom 18.3.1987
12. Bürgel, E.: Die Karawane darf nicht weiterziehen — Christliche Demokraten gegen Atomkraft. Remscheid: Seehund-Verlag, Dr. Eva Bürgel, 1989
Gohl, D., Niesporek, H.: Sicher auf neuen Wegen — Impulse für christlich-demokratische Friedenspolitik. Warendorf: Gohl, 1986
13. Zu diesem Zeitpunkt war Bhopal schon vergiftet und die von der Firma Sandoz, Basel, durch einen Großbrand verschuldete Rhein-Katastrophe brach wenig später herein. Diese Beispiele sind nur zeitlich aus einer kontinuierlichen Folge von „Störfällen" bei der Chemischen Industrie herausgegriffen.
14. Capra, F.: Wendezeit. Bausteine für ein neues Weltbild. München: Knaur, 1988, S. 273
15. Achilles, O. (Hrsg.): Natur ohne Frieden — Die Umweltsünden der Bundeswehr. München: Knaur, 1988; Krusewitz, K.: Umweltkrieg. Militär, Ökologie und Gesellschaft. Königstein, Ts.: Athenäum, 1985
16. s.u.a. Global 2000. Bericht an den Präsidenten. Frankfurt/M.: Zweitausendeins, 1988; Wicke, L.: Die ökologischen Milliarden. München: Kösel, 1986; Crutzen, P.J., Müller, M.: Das Ende des blauen Planeten? München: C.H. Beck, 1989; Kerner, D., Kerner, I.: Der Klima-Report. Köln: Kiepenheuer und Witsch, 1990 sowie die in Anm.[10] zusammengestellte Literatur
17. Fischer, J.: Der Umbau der Industriegesellschaft — ein Plädoyer wider die herrschende Umweltlüge. Frankfurt/M.: Eichborn, 1989; Jänicke, M.: Staatsversagen. Die Ohnmacht der Politik in der Industriegesellschaft. München: Piper, 1986; ders.: Wie das Industriesystem von seinen Mißständen profitiert. Opladen: Westdeutscher Verlag, 1979; Wassermann, O.: Dieser Staat duldet die schleichende Vergiftung. Hamburg: Magazin Stern, 9.3.1989; ders.: Unergründliche Chemikalienflut. Aarau, Stuttgart: Natürlich, 1/1989, S. 25 f.
18. Der Rat von Sachverständigen für Umweltfragen: Umweltprobleme der Nordsee. Stuttgart: Kohlhammer, 1980
19. Brunowski, R.D., Wicke, L.: Der Öko-Plan. München: Piper, 1984
20. Commoner, B.: Making peace with the planet. New York: Pantheon Books, 1990; Meyer-Abich, K.M.: Wege zum Frieden mit der Natur. München: dtv, 1986
21. Beck, U.: Risikogesellschaft. Auf dem Weg in eine andere Moderne. Frankfurt/M.: edition suhrkamp, 1986; ders.: Gegengifte. Die organisierte Unverantwortlichkeit. Frankfurt/M.: edition suhrkamp, 1988
22. s.Anm. 14
23. s.Anm. 10
24. Schumacher, E.F.: Die Rückkehr zum menschlichen Maß. Alternativen für Wirtschaft und Technik — „Small is Beautiful". Reinbek: Rowohlt, 1977

Muttermilch heute

„Anfang der siebziger Jahre wurde zum erstenmal das Insektengift DDT in Muttermilch nachgewiesen. Seidem beobachten Toxikologen die Anreicherung von Umweltschadstoffen im menschlichen Körper mit Sorge: Rückstände von Holzschutz- und Pflanzenschutzmitteln, von Pestiziden und des Seveso-Giftes Dioxin treten aus dem Fettgewebe stillender Mütter in alarmierend hohen Konzentrationen in die Milch über ... Die Schadstoffwerte sind jedoch bereits so hoch, daß der erforderliche Sicherheitabstand zu einer „bedenklichen Dosis" nicht mehr gewährleistet ist, so das Bundesgesundheitsamt."
Süddeutsche Zeitung, Aktuelles Lexikon
1.6.1990

Kinder sind die empfindlichsten und schwächsten Mitglieder dieser Industriekultur. Kinder sind auch die Hauptleidtragenden der alltäglichen Vergiftung. Sogar die Muttermilch ist inzwischen zur „Giftmülldeponie" der entsprechenden Industrien geworden. Mit welchem Recht, mit welcher Moral werden eigentlich die nachkommenden Generationen immer mehr vergiftet?
Schon heute ist Krebs die Haupttodesursache bei Kindern.

Briefe aus Sellafield

Die Bundesrepublik will künftig ein Drittel ihrer abgebrannten hochradioaktiven Brennelemente nach Sellafield schicken. In der Nähe der Anlage ist das Leukämierisiko für Kinder bereits auf das Sechs- bis Achtfache gestiegen.
Die folgenden Briefe sind auf Initiative von GREENPEACE und der englischen Bürgerinitiative CORE (Cumbrians Opposed to a Radioactive Environment) an die deutsche Bundesregierung und die deutsche Bevölkerung geschrieben worden.

*

AN DAS VOLK UND DIE REGIERUNG WESTDEUTSCHLANDS
Wir, das Volk von Westcumbria, haben an unseren Küsten die höchste radioaktive Verseuchung der Welt, aber man hat uns nie gefragt, was wir von dem Vorhaben halten, Ihren Müll zu übernehmen, der noch mehr strahlende Abwässer verursachen wird. Zweifellos ist es für Ihre Atomindustrie ein gutes Geschäft, aber für uns, die wir davon betroffen sind, ist es ein unfreundlicher und zynischer Akt.
Ich hoffe, Sie werden darüber nachdenken und es sich anders überlegen.

Mit freundlichem Gruß
Maurice Telford, Maryport (33 km Luftlinie von Sellafield entfernt)

*

Liebe Freunde,
ich schreibe Ihnen, um Sie inständig zu bitten, Ihren Atommüll nicht nach Sellafield zur Wiederaufarbeitung zu schicken.
Sellafield liegt nahe der Westgrenze unseres schönen Lake District Nationalparks, einem Gebiet von außerordentlicher natürlicher Schönheit. Daraus wird allzu rasch die atomare Müllkippe der Welt. Die meisten Menschen, die in dieser Gegend leben, wollen Sellafield samt seiner Verseuchung und Gefahr nicht. Man ist sehr besorgt über die hohe Leukämierate bei Kindern in der Nähe von Sellafield; über die Verseuchung

durch die Luft — in diesem Teil des Landes weht der Wind für gewöhnlich von Westen - und über den Transport der Abfallstoffe durch die Region.
Die Gegenwart von Sellafield, insbesondere die neue Wiederaufarbeitungsanlage, ist in jeder Hinsicht ein Schandfleck für unsere Landschaft. Wenn ich durch die Seenlandschaft wandere, genieße ich großartige Ausblicke von atemberaubender Schönheit - Gebirgszüge, stille Gehöfte, steile Felsen und geschwungene Hügelketten; das gibt mir zu jeder Jahreszeit körperliche Entspannung und geistige Erneuerung. Tausenden von Urlaubern tut die Ruhe dieser Gegend genauso gut. Die Krönung ist es, den Gipfel eines unserer wundervollen Berge zu erreichen. Was aber sehen wir von dort oben? Sellafield mit seiner Häßlichkeit und Umweltverseuchung — das einzige, was die Landschaft verdirbt.
Wir, die wir in Cumbria leben, wissen, daß kaum ein Monat ohne „Zwischenfall" oder Unfall in der Anlage vergeht, und wir fürchten uns vor der Zukunft. Die „Fachleute" versichern uns, daß es hier kein Tschernobyl geben könnte, und das macht mir große Angst. Wir wissen alle, wie sehr sich die sogenannten Fachleute irren können.
Bitte helfen Sie, unsere Sorgen zu verringern, anstatt sie zu vergrößern. Unterstützen Sie uns, indem Sie Ihren Atommüll nicht nach Sellafield schicken. Die Menschen von Cumbria wollen ihn nicht.

John Hart, Broughton-in-Furness (25 km Entfernung von Sellafield)

*

Sehr geehrter Herr,
Wir sind nicht glücklich darüber, daß Sie uns Ihren Abfall schicken. Wenn er so sicher ist, wie Sie sagen, warum vergraben Sie ihn dann nicht unter Ihren eigenen Häusern? Ich bin erst zehn Jahre alt und möchte nicht darüber nachdenken, was in der Zukunft geschieht.
Denken Sie nochmal darüber nach.
Nick Martucci, Windermere (45 km)

*

Liebe Nachbarn,
ich lege eine Postkarte der herrlichen Landschaft bei, in der ich lebe und die durch Strahlung von Sellafield kontaminiert ist.
Ich habe Angst, die Kinder an den Strand gehen oder auf die Hügel klettern zu lassen.
Ich flehe Sie an, schicken Sie Ihren Atommüll nicht nach Sellafield, denn wenn er aufgearbeitet wird, gelangt noch mehr Strahlung in die Luft und das Meer, und diese schöne Gegend und die Welt wird noch mehr verseucht und ungesund für uns und zukünftige Generationen.
Bitte lassen Sie uns gute Nachbarn sein und versuchen, eine saubere Welt zu schaffen.

Anita Stirzaker, Bowness-on-Windermere (45 km)

*

Ich bin sehr traurig, zu hören, daß noch mehr Atommüll hierherkommt und nach Sellafield gebracht werden soll. Warum schicken Sie ihn in einen so schönen Teil der Welt? Er wird Cumbrias Ruf kaputtmachen. 4000 Tonnen Müll sind sehr gefährlich und werden sehr gefährlich sein. Wenn sie hochgehen, werde ich sterben, und Hunderte von Jahren kann niemand mehr den Lake District besuchen, und all die Bäume müssen gefällt werden. Es macht mir Spaß, auf den Bergen zu spielen, und das geht nicht mehr, wenn mehr Atommüll hierher nach Sellafield kommt. Ich habe einen Freund mit Leukämie, der in der Nähe von Sellafield lebt, zum Glück erholt er sich. Einmal hatte er keine Haare.

Ben Merlin, 11 Jahre, Broughton-in-Furness (25 km)

*

Bitte helfen Sie uns in unserem Kampf gegen den Ausbau der Atommüllanlagen in Sellafield. Hier in unserem kleinen Dorf mit 3000 Seelen haben wir drei Kinder, die an Leukämie leiden, einer davon, ein siebenjähriger Freund von mir, stirbt. Sie können sich vorstellen, was seine Familie durchmacht. Unsere Hügel sind kontaminiert, genauso wie unsere Schafe. Wir leben in Furcht vor einem atomaren Unfall in der Anlage oder auf unseren Straßen und Schienen.
Unsere Regierung interessiert sich nur dafür, wie ihre bereits reichen Freunde noch mehr Geld machen können.
Bitte lassen Sie uns zusammenarbeiten gegen *jeglichen* Ausbau von Atomanlagen.

Stella Ward, Ambleside (40 km)

*

Liebe Freunde,
BNFL (British Nuclear Fuels Ltd.; die Hg.) unterschreibt die Verträge, aber all die Menschen in Cumbria müssen die Konsequenzen tragen. Wir sind nie gefragt worden, ob wir es gutheißen, daß radioaktiver Müll in die Irische See gepumpt wird. Wir wollten das Risiko nicht akzeptieren, abgetrenntes Plutonium einzuatmen, wenn wir an unseren schönen Stränden spazierengehen, oder das Risiko, radioaktiven Fisch zu essen. Wir können diese Risiken jetzt nur verringern, wenn wir vom Strand wegbleiben; wenn wir unseren Kindern nie erlauben, im Meer zu schwimmen oder am Ufer Sandburgen zu bauen, und wenn wir den Fisch nicht essen.
Weiter landeinwärts waren unsere Schafe schon lange vor dem Tschernobyl-Unfall kontaminiert, weil sie radioaktives Gras gefressen haben.
Jetzt müssen wir in einer verseuchten Umwelt leben, wo wir um die Gesundheit, ja sogar das Leben unserer Kinder fürchten.
Ich bitte Sie inständig, unterzeichnen Sie den Vertrag nicht, er würde unsere Probleme unendlich verschlimmern.

Jean Thompson, Ulverston (42 km)

(. . .)Vielleicht wissen Sie nicht, daß 4000 Tonnen abgebrannter Kernbrennstoffe zur Wiederaufarbeitung nach Sellafield, Cumbria, geschickt werden sollen und daß bisher noch niemand darüber entschieden hat, wie wir unseren eigenen Atommüll loswerden. British Nuclear Fuels in Sellafield wollen den Vertrag mit Westdeutschland, aber sie haben das Problem, wie die übriggebliebenen Stoffe zu beseitigen sind, nicht gelöst. Als Folge davon werden vielleicht die Menschen in dieser Gegend einem Langzeitrisiko ausgesetzt.
Wir in Europa werden nun eine einzige, größere Gemeinschaft, von der wir hoffen, daß sie demokratisch regiert wird. British Nuclear Fuels handelt fast immer eigenmächtig, in der Gewißheit, daß die Regierung hinter ihr steht. Sie sind direkt verantwortlich für die Verseuchung der Irischen See, was für die Regierungen Irlands und der Insel Man Anlaß zu großer Sorge gibt.
Wir bitten die Regierung der Bundesrepublik Deutschland, den Vertrag mit BNFL nicht zu unterzeichnen.

Dr. J. D. Marshall, Mitglied der Royal Historical Society, Grange-over-Sands (51 km)

*

(. . .) Hier sterben Kinder an Leukämie. Ich kannte selbst zwei. Auf unseren Hügeln hier in Cumbria gibt es Ringe aus Steinen, die Menschen vor 5000 Jahren so hingelegt haben. Wir kennen ihren ursprünglichen Zweck nicht. Glauben Sie, die Menschen des Jahres 7000 werden den Zweck unseres Atommülls kennen und wissen, wie sie ihn bis in alle Ewigkeit bewachen müssen? Wissen Sie, daß sie über die Technologie des 20. Jahrhunderts Bescheid wissen und dieselben Ressourcen zur Verfügung haben werden, um damit umzugehen? Gebrauchen wir noch Steinäxte wie die Menschen des Altertums? Der Mensch ändert sich, nicht wahr? Er hat das immer getan und wird es weiterhin tun.
Diese Obszönität darf nicht so weitergehen. Bitte kümmern Sie sich selbst um Ihren Müll, übernehmen Sie die Verantwortung

für den Dreck an Ihren eigenen Händen. Erfinden Sie keine Entschuldigungen dafür, daß Sie der Wahrheit nicht ins Gesicht sehen.
Meiner Meinung nach hat die Menschheit kein Recht, die Zukunft auf Tausende von Jahren hinaus zu verseuchen.
Bitte machen Sie dem ein Ende.

Sarah Askew, 16, Kendal (55 km)

*

(...) Lämmer sind nicht zum Verzehr geeignet, die Fischbestände gehen zurück und die Vögel verschwinden.
Eine steigende Anzahl unserer Kinder und Jugendlichen stirbt an Leukämie und Krebs. Jeder hier weiß von einer Familie, die auf diese Art ein Kind verloren hat.
Ich bin Krankenschwester in einem hiesigen Krankenhaus und beobachte das gehäufte Auftreten von Tumoren und seltsamen Krebserkrankungen, die eine Schwester normalerweise nur zwei- oder dreimal während ihres Berufslebens zu sehen bekommt — für uns Anlaß zu großer Sorge.
Die Unterzeichung dieses Vertrages wird dazu führen, daß die radioaktiven Ableitungen in die Luft und ins Meer von Cumbria ansteigen. Sie würde unser Schicksal als nukleare Müllkippe der Welt besiegeln und zukünftigen Generationen das Problem des Atommülls und seiner verheerenden Auswirkungen auf die Umwelt und die Menschen in diesem Land aufbürden.
Unsere Gegend ist dünn besiedelt und wird von der Regierung als entbehrlich betrachtet, aber wir werden kämpfen, um unseren Landstrich und seine Menschen, seine Kinder und zukünftige Generationen zu retten.
Wir appellieren an Sie, zeigen Sie Erleuchtung, Phantasie und Mut und bitte — schreiben Sie unsere Zukunft nicht ab.

Christine und George Brown, Barrow-in-Furness (38 km)

*

Heute habe ich meinen Freund Jimmy besucht. Er ist acht Jahre alt und hat noch ungefähr eine Woche zu leben. Er hat Leukämie und findet, daß er großes Glück hat, so viele Geschenke und Aufmerksamkeiten zu bekommen. Schönes Glück!! Er ist sehr müde jetzt und sieht schrecklich aus.
Morgen hat eine andere Freundin, Gemma, sieben Jahre alt, eine Knochenmarktransplantation. Sie hat auch Leukämie. Ohne die Operation muß sie sterben, so hat sie eine 50 zu 50 Chance. Ihr ist immer schlecht.
Vor fünf Jahren bekam mein Bruder Leukämie. Ich glaube, er hat ein bißchen Glück gehabt, weil er jetzt wohl gesund ist.
Es heißt, niemand wisse, warum so viele Kinder in Cumbria, besonders in der Nähe von Sellafield und an der ganzen Küste, Leukämie haben. Einige Wissenschaftler sagen, es könnte ein Virus sein, natürliche Strahlung von Felsen, und andere Wissenschaftler sagen, es ist der Abfall, den Sellafield in die Irische See und durch die Kamine pumpt. Ich glaube, es ist Sellafield, weil all die Kinder mit Leukämie, die ich kenne, draußen am Strand gespielt haben oder auf den Hügeln, wo die Radioaktivität auch hoch ist.
Ihre Regierung wird mehr Atommüll nach Cumbria schicken. Das bedeutet mehr radioaktive Verseuchung des Meeres und verteilt über ganz Cumbria.
Ich finde das nicht richtig. Bitte schicken Sie uns Ihren Müll nicht. Sie haben ihn produziert, dann sollten Sie sich auch darum kümmern. Sellafield hat zu viele Lecks und Unfälle.
Das macht das Leben soviel gefährlicher für uns.

Steven Allis-Smith, 15 Jahre, Broughton-in-Furness (25 km)
(Stevens Freund Jimmy starb am 4. April 1990)

Nicolas Born

Die Welt der Maschine

(. . .) Wir leben in einer Zeit größter Werkzeuge. Die nationalen und multinationalen Industriekonzerne sind zu gigantischen Werkzeugmonopolen geworden und damit auch zu einem, oft entscheidenden, politischen Werkzeug. Sie selbst haben, institutionell, eine normative Überfunktion aus sich selbst heraus entwickelt, die uns prägt und unterwirft. Die gewählten Regierungen und Parlamente bestätigen oft nur per Gesetz, was die *Megamaschine* zu ihrer eigenen Expansion an „Sachzwängen" produziert hat. Zwar bestimmen nach wie vor die Eigentümer der Werkzeuge den möglichst profitablen Kurs, aber auch sie, befangen und gefangen in ihrem Begriff von *Sachdienlichkeit* und Fortschritt, haben nicht mehr die volle Entscheidungsfreiheit über die Art und Weise der Produktion, geschweige denn über deren Folgen. Die Kapazität der Werkzeuge und Produktionsstätten *zwingt* sie zu immer größeren und schnelleren Programmen. Der (innere) Systemzwang des Zuwachses herrscht. Niemand ist mehr in der Lage zu bestimmen, ob eine Technologie den Menschen zum Vor- oder Nachteil gereichen wird; niemand beherrscht die Megamaschine, vielmehr beherrscht sie alle. Selbst die gewerkschaftlichen Tarifpartner haben sich, ganz im Sinne der Vollbeschäftigungsideologie, ihren Zwängen unterworfen. *Mitbestimmung*, sogar Verstaatlichung wären wahrscheinlich kein Ausweg mehr aus diesem Dilemma. Mit den ersten *Generationen* der *Schnellen Brüter* (man spricht tatsächlich von Generationen) und der Amtscomputer wird diese Entwicklung einen Höhepunkt erreichen auf dem Wege zur Entmündigung des Menschen. Schon heute werden einzelne wegen ihres „Datenprofils" festgenommen oder anderen Repressalien ausgesetzt. Das kann durchaus auch präventiv geschehen, theoretisch gleich nach der Geburt. Ein Schneller Brüter kann, wenn er erst einmal arbeitet, nicht ohne großen wirtschaftlichen Schaden ausgeschaltet werden.

Der industrielle Riesenwuchs hat aus sich selbst heraus Verhaltensmuster für die menschliche Gesellschaft gebildet. Dem einzelnen hat sie sein Werkzeug entwunden und ihn abhängig gemacht von ihrem Monopol. Die handwerklichen Fähigkeiten, die einmal aus ihrer Notwendigkeit auch Lebenssinn hervorbrachten, sind vergessen, verkümmert und abgedrängt in den Untergrund der *Heimwerker*, den Hobbykeller, wo industriell vorgefertigte Materialien mit pseudoindividuellem Schliff versehen werden: eine reflexhafte Beschäftigung, ein bloßes Simulieren von Selbstverwirklichung.

Gleichzeitig wird immer deutlicher, daß der emanzipierende Effekt der industriellen Entwicklung verbraucht ist. Man kann ihn vereinfachend auf Kühlschrank, Waschmaschine und Fernseher reduzieren, Gegenstände, die allerdings die Hausfrau aus ihrem Berufsbild erlöst haben, wenn auch ihr Lohn großenteils wieder einfließt in solche arbeitserleichternden Geräte und in die Anschaffung von immer neuem pervertiertem Heimzeug

Mit jedem Massenprodukt wird auch ein neues Massenbedürfnis produziert. Es ist kein Euphemismus, diesen rasch eskalierenden Dauerzustand von Bedürfnis und Befriedigung, in dem das eine das andere in mechanischer Folge hervorbringt, als Sucht zu bezeichnen. Und eine Gesellschaft von Kranken und Süchtigen kann schon ein angedrohter Stromausfall oder der Entzug des abendlichen Fernsehprogramms in bedrohliche Krampfzustände versetzen. Jedes Opfer, außer dem Verzicht, erscheint dann gering, wenn nur die Dosis, die für ein ungestörtes Siechtum notwendig ist, wieder pünktlich eintrifft.

Die industriellen Werkzeuge selber sind die Großmacht, auch da, wo eine zentralistische Administration noch scheinbar über sie triumphiert; von wem und durch wen denn sonst bezieht sie ihre Macht? Den großindustriellen Werkzeugen haben wir die Züchtung einer besonderen Rasse zu verdanken, die Technologen und Technokraten. Ihnen haben wir unsere selbstvergessene unbegrenzte Konsumierfähigkeit zu verdanken und unsere dauernden Mangelgefühle. Sie haben menschliche Gedanken, Vorstellungen und Taten in totale Abhängigkeit gebracht, indem sie Maß und Wert jeder Arbeit, jedes Gegenstands, jeder Zeit bestimmen. Der einzelne und seine noch nicht in der Megamaschine vervielfältigten Fähigkeiten kommen nur noch als Entschuldigung vor, als „menschliches Versagen". Die Megamaschine hat die Sprache auf ein Informationssystem heruntertypisiert; die Sprachlosigkeit ist laut, das Schweigen zu einem

Nicht-sprechen-können geworden. Wir sind, wie Ivan Illich es ausgedrückt hat, „dem Slogan verfallen", einem Krücken- und Prothesenangebot zur Selbstverlautbarung. Im Kulturbericht Reizschübe, Ereignis-Kampagnen und Neuigkeitsparolen, bunt, knallig, nicht um die Sinne zu bilden, sondern um an die Nerven zu gehen. Alles auf kürzestem Weg direkt zum Verbraucher, Watt- und Phonzufuhren, Farb- und Temperaturschwemmen.

Ist die allgemeine materialistische Formel unsere eigentliche Natur? Ist die Megamaschine unser aller Werk, das wir von Beginn an in uns getragen haben? Ermöglicht sie uns endlich in Gestalt *Großer Brüder* und *Schneller Brüter* den sowieso und immer beabsichtigten Abgang. Und ist das kritische Räsonieren, ist die Sprache in ihrer schönen Widerständlichkeit nur der Abgesang?

(. . .) Auf dem Projektionsschirm, der unsere Wahrnehmungsfähigkeit luftdicht abschließt, *empfangen* wir ein Welt-Surrogat, eine Täuschung, die die Wirklichkeit aufzuheben scheint. Unsere Bedürfnisse richten sich immer genauer nach ihrer Befriedigung. Die Täuschung ist wirklich geworden, wirklicher. Wir vernehmen die Verlautbarungen der Megamaschine in unserer (unserer?) eigenen Sprache: „Wir produzieren Sicherheit" (Bundeswehr); „Wenn die Industrie wieder investiert, dann produziert sie zuerst neue Arbeitsplätze"; „Mehr Auto für weniger Geld";„Ohne Atomkraft geht es nicht".

(. . .) Mit der Betonierung des Landes zugunsten florierender Bau- und Autoindustrien ist kulturelle Bewegungsfreiheit verlorengegangen. Mit der Vernichtung des Handwerks sind nicht nur Handwerkzeuge und die zu ihrer Benutzung in vielen Generationen erlernten und erfühlten Fertigkeiten verschwunden, sondern auch ein ganzer Zweig sprachlicher Ausdrucksfähigkeit.

Die eingepaßte Funktion fast jedes einzelnen in der Industriemaschine zwingt ihn zu immer rationellerem Verhalten. Er hat vieles zu vergessen; viele Möglichkeiten seines Körpers und Geistes sind auch als Möglichkeiten abgestorben. Die Maschine erzwingt ein verstümmeltes Sprechen. Die Entspannungszeiten, Pausen zur Wiederherstellung der vollen, auf den Lauf der Maschine gerichteten Konzentration sind betriebspsychologisch und sozialmedizinisch errechnete Normen. Das Charakteristische an dem Kollegen nebenan ist seine Automarke oder sein Urlaubsziel. Seine Lust- oder Unlustgefühle haben auf den Lauf der Maschine keinen Einfluß, und er hat auch kaum Gelegenheit, andere auf seinen Zustand aufmerksam zu machen. Er hat gelernt, daß ihn bestimmte Vorstellungen, Gedanken und Tagträume teuer zu stehen kommen, also hat er sie abgeschafft. Er hat seine Wahrnehmung und seine Lebensäußerung auf das Notwendige reduziert, und das Maß dafür bestimmen Tempo und Arbeitsweise der Maschine.

(. . .) Mit Hilfe der Megamaschine ist nicht nur eine totalitäre zweite Wirklichkeit errichtet worden, sondern auch eine zweite Natur, eine Über- oder Unnatur, unatembare Luft, untrinkbares Wasser, unfruchtbarer Boden. Die altbekannten Naturgewalten sind weitgehend entschärft worden; an ihre Stelle treten die neuen, nuklearen. Auf welche Weise müßten wir mutieren, um dagegen den Kampf erneut aufnehmen zu können?

(. . .) Der ganze Sinn der Megamaschine liegt in ihr selbst. Ihr Sinn ist es, zu wachsen und immer mehr menschliche Arbeitskraft abzustoßen. Die menschliche Arbeitskraft wird immer entbehrlicher und damit untauglich für die Produktion. Ihre Tendenz ist es, herauszufallen aus dem Zusammenhang. Wenn aber nun der einzelne als Produzent seinen Sinn verliert, auf welchen Sinn kann er sich dann noch als *Verbraucher* berufen? Als Verbraucher, Konsument, Sachbeschädiger und Vertilger wird er durchleuchtet. Aus dem unbekannten, unberechenbaren Wesen, das in der Vergangenheit die Geschäfts- und Verwaltungsrisiken mehrte, in seiner Begehrlichkeit den Lauf der Maschine hemmte, der zuviel oder zuwenig verbrauchte, sich dumm stellte oder Fehler machte und deshalb nicht mehr *wirtschaftlich* war, wird eine bekannte Größe, transparent und kalkulierbar, eine Lochkartenexistenz, eine vollkommen durchsichtige Hülle, ein *input-* und *output-*, ein *Rückkoppelungswesen*. Seine verbleibende individuelle Formel ist auch bekannt (ein winziges *Restrisiko*, das *beherrschbar* ist) und in Daten-

banken gespeichert. Partielle Unangepaßtheit erscheint als *Verhaltensstörung*; besondere Resistenz gegen das Diktat der Maschine als *kriminelle Energie.* Aber in einem geschlossenen System geht nichts mehr verloren. Kranke und Kriminelle im Sinne eines ungestörten Marktes dienen wiederum als Rechtfertigung für eine wachsende Kontroll- und Medizinalindustrie. In dem Maße, in dem menschliche Arbeit knapp wird, wird auch das Arbeithaben aus guten Gründen zum Fetisch. Wenn Arbeit *in* der Megamaschine auch schon lange leer ist von Lebenssinn, von eingesehener Lebensnotwendigkeit, wenn auch der Arbeitsbereich des einzelnen immer mehr eingeengt wird auf eine *Teilfunktion*, so bietet sie doch wenigstens noch minimale Sicherheit, und der Erwerb *verspricht* zumindest ein freies Verfügen über die freie Zeit. Noch immer ist auch solche Arbeit Bindeglied an die, wenn auch noch so entfremdete, Realität der Produktion; ohne sie versinkt der einzelne schutzlos in den Fluten des Marktes und der zweiten Wirklichkeit. Das Leiden an Arbeitslosigkeit und die vielfältigen Gründe dafür zu analysieren, ist hier nicht der Platz. Immerhin bedeutet aber eine Massenarbeitslosigkeit Gefahr für die Megamaschine und mehr noch für die politischen Mandatsträger.
(. . .) Der Mensch *bedient* die Megamaschine, und in dem Maße, in dem sie ihn *ausschaltet*, bedeutet er nur noch soviel wie ein verbrauchter Treibstoff, eine verbrauchte Energie. Der Sinn des Werkzeugs, ich zitiere noch einmal Ivan Illich, „überwältigt den Benutzer". Ob am Fließband oder angeschnallt in Auto oder Flugzeug — wir gewinnen nicht Zeit. Wir verlieren Zeit mit unserer eigenen Konditionierung für den Zeitgewinn, an Stechuhren, Verkehrsampeln, in Warte- und Abfertigungshallen, über Formularen, in Ämtern, Kliniken und Kursen zur *Fortbildung*. Wer zum Beispiel nach Kreta fliegt, um Ferien „zu machen", gewinnt zwar ein paar Ferientage, verliert aber die Reisezeit, die langsame, mit den Sinnen zu verwirklichende Annäherung an das Ziel, die eine wichtige Dimension des Ferienerlebnisses war. Fahrrad, Schiff, vielleicht auch noch Eisenbahn vermittelten diese Dimension. Mit dem Flugzeug machen wir einen *Zeitsprung*, Start und Ziel gehen ineinander auf; der erste Ferientag beginnt sofort, weit weg von dem Ort, wo wir uns gerade noch befanden. Der Sinn dieses Transportmittels hat unsere eigenen Sinne überwältigt. Und überwältigt zu werden heißt Zwang zu erleiden, Verlust an Freiheit, unabhängig davon, ob man sich einverstanden erklärt oder nicht.
Die Verluste freilich können mit den Mitteln der *public relations* verhüllt und verschönt werden. So gibt es den Slogan vom „Autowandern". Wer heute wieder das Fahrrad besteigt, den befällt dabei trotz Rückgewinn ein Unbehagen: er wird ja dadurch nicht wieder zum Radfahrer, vielmehr gehört das Radfahren zu einem Freizeitkult scheinhafter Tradition, vermittelt über eine Kampagne. Ebensowenig macht die *vorschriftsmäßige* Benutzung eines „Trimm-dich-Pfads" den Menschen wieder zu einem Fußgänger oder Läufer, vielmehr leistet er Folge einer großangelegten therapeutischen Kampagne.
Für das Auto werden unwiederbringliche Bodenschätze vergeudet, Land asphaltiert und betoniert, Luft verpestet und jährlich Abertausende von Menschenopfern dargebracht. Wieviel Zeit ist denn damit vernichtet und wieviel Sinn?
Der heute leicht absehbare Höhepunkt auf dem Wege zum totalen und totalitären Monopolwerkzeug sind zwei omnipotente Branchen der Megamaschine, deren *Eigen-Sinn* über jeden Begriff geht, die wahrscheinlichen Vernichter des Menschenbildes wie des Menschen, die Großen Brüder selbst derer, die sie gerufen haben: Atomreaktoren (Entwicklungsziel: Schnelle Brüter) und Datencomputer als Pendant dazu, die neue völkerverbindende Zwangsjacke.
Seit Hiroshima und Nagasaki gilt der Slogan von der „friedlichen Nutzung der Atomenergie". Aus der Verdrängung geboren, bot er bald die Aussicht auf ein neues Maschinenmonopol. Milliarden wurden von Industrie und Staat „hineingesteckt". Durch die Erdölkrise kam man unverhofft (unverhofft?) zu einem übergreifenden Motiv für die rigorose Durchsetzung solcher Projekte. Eine Propagandalawine mit betörenden Slogans von „Ungefährlichkeit" und „Umweltfreundlichkeit" brandete gegen zunächst schwach sich regenden Widerstand. Dennoch wurde offenbar, daß hinter jenen Absichten eine komplexe

Gefährdung steckt, von der nuklearen Katastrophe (*melt down* oder GAU) bis hin zu erbbiologischen Schäden noch unbekannter Ausmaße. Langfristige politische, besonders sicherheitspolitische Maßnahmen müssen um jeden Preis ebenso *durchgesetzt* werden. Radioaktive Mülldeponien jeglicher Strahlenintensität und nach fünfzehn Jahren Betriebszeit abgeschaltete Reaktoren, deren gesamte Beton- und Materialmasse strahlt, müssen jahrtausendelang überwacht und kontrolliert werden. Die Emission mannigfacher tödlicher Gifte wie Jod, Strontium und Krypton (von den ungeheuren erwirtschafteten Plutoniummengen einmal abgesehen) hat zur Folge, daß die Deckung der menschlichen Grundbedürfnisse kontingentiert werden muß. In zehn bis fünfzehn Jahren wird „Trinkwasser" keine Selbstverständlichkeit mehr sein, jedenfalls seine trinkbare Beschaffenheit nicht. Die Vergiftungen werden nicht abgebaut, weder in der stofflichen Umgebung noch in den Körperzellen. In der Nahrungskette potenziert sich der Giftgehalt.
Diese Zukunft, brutal in die Wege geleitet, wird mit dem *angemessenen* Gesetzeswerk ausgestattet. Und diese Gesetze werden wie die von ihnen in Schutz genommenen *Anlagen* ihrerseits von Datencomputern geschützt. Der verbliebene Rest menschlicher Sorge um die Zukunft soll damit wegrationalisiert werden. Der verbliebene Rest an Empörung und wahrhaft menschlicher Emotionalität soll damit *versachlicht* werden. Wo er es nicht sein wird, wird er kriminalisiert und verfolgt werden.
(. . .) Der *Widerstand* — ich zögere nicht, dieses Wort zu gebrauchen — ist in einer verzweifelten Lage. Er hat zu kämpfen gegen internationale Verträge, die im Westen (der Osten sieht vornehmlich dies als seine eigene Rückständigkeit an) den Modus der Energiegewinnung für die Megamaschine regeln; er hat zu kämpfen gegen Macht und Kapitalkonzentration und den ihr innewohnenden Fortschrittsbegriff. Es muß ihm das Unwahrscheinliche gelingen, nämlich eine kranke und süchtige Masse von Verbrauchern wachzurütteln, eine sprach- und stimmlose Gesellschaft zum Sprechen zu bringen. Und das im Zustand eigener Befangenheit, mit Wortführern, die selbst, teilweise und unfreiwillig, dem Slogan der Technokratie verfallen sind, dem Werbebild der Umweltfreundlichkeit, der Halluzination Entsorgung. Daß dennoch eine große und wachsende Kampagne entstanden ist, die, das ist entscheidend, nicht von der Megamaschine assimiliert werden kann, macht Kritik um so notwendiger.
Gegenstrategien, Widerstand gegen Programme und gerade die verbalen Anstrengungen müssen sich vom Slogan zu befreien suchen, vom Verlautbarungscharakter aller möglichen Interessengruppen. Es ist eine große Anstrengung, Sprache zu gewinnen, nicht bloß das gestreute Wortmaterial in einem anderen Sinne zu verwenden. Es hat keinen Zweck, Begriffe wie „Lebensqualität", „Freizeitwert", „Umweltfreundlichkeit", „Bürgernähe", „Versachlichung", um nur die hartkantigsten zu nennen, „positiv umzubesetzen", denn sie entstammen der Megamaschine, und wenn wir sie sprechen, sprechen wir sie aus dem Zentrum der Sprachlosigkeit heraus. Es sind die Formeln der maschinellen und medialen zweiten Wirklichkeit, der Abhängigkeit, des Rasters, dem sich alles einpassen soll.
(. . .) Wenn ich von der verzweifelten Lage des Widerstandes gesprochen habe, so nicht nur wegen seines miterlittenen Sinn- und Sprachverlustes, sondern auch, weil er (vielleicht gibt es da einen Zusammenhang) auf keine konkrete Alternative verweisen kann. Der Sturm auf die Megamaschine wäre nicht unsinnig, wenn er nicht auch selbstmörderisch wäre. *Zuwachsstopp* oder sogar politisch erzwungener Leerlauf der Maschine widerspricht ihrem herrschenden Gesetz und Sinn. Und angenommen, eines davon wäre möglich - auf welche Schwund-Identität sähen sich dann die Menschen zurückgeworfen. Andererseits: Die Ereignisse während des zweitägigen Stromausfalls in New York beweisen zwar unsere Abhängigkeit, nicht aber die Notwendigkeit dieser Abhängigkeit.
So sicher wir annehmen, daß kein Weg zurückführt in die Manufaktur oder die Selbstversorger-Gesellschaft, so falsch wäre es auch, uns zum Beispiel die Vision vom „konvivialen Werkzeug" (Illich) ausreden oder lächerlich machen zu lassen. Es geht auch nicht darum, die Industrie und ihre Entwicklung zu verfluchen, die uns eine Vielzahl von Lebenserleichterungen

gebracht und uns von natürlichen Bedrohungen befreit hat. Aber Illichs Thesen nach hat es in der industriellen Entwicklung einen Punkt gegeben, an dem die Werkzeuge ihre konvivialen Eigenschaften verloren haben; sie hörten auf, unsere Hilfen zu sein, sich von uns gebrauchen zu lassen, vielmehr begann ein Prozeß, in dem sie uns *verbrauchen*. Zu ihrem Sinn gehört es heute, harte Konzentrationen zu bilden, „totale Monopole", den Menschen Stück für Stück alle gewachsenen Lebensgrundlagen zu zerstören, um sie in die unwiderrufliche Abhängigkeit von ihren Ersatz-Grundlagen zu zwingen. Daß diese Tatsache überhaupt und von relativ vielen erkannt worden ist, darin *muß* eine Hoffnung liegen, eine Ermutigung, das Leben zu verteidigen. Auch die große Angst, die aus diesem Erkennen wächst, ist notwendig, notwendig wie die ganze lebendige Emotionalität gegen den Vernunftbegriff, den die Megamaschine verkörpert. Es ist notwendig, mit tausend Zungen zu sprechen, um den Slogan zu schlagen.
Im Zustand der Abhängigkeit von Großen Brüdern und Schnellen Brütern fallen *Verzicht* und *Verweigerung* schwerer denn je, um so schwerer noch, als, wie beschrieben, die Menschen künftig durchaus dazu gezwungen werden können, ihr Verhalten dem Sinn der Maschine zu unterwerfen. Dennoch, es mag einfältig und kleinlich klingen, diese Tugenden müssen wieder ins Recht gesetzt werden; es geht wirklich um eine Entziehungskur. Wie jede Entziehungskur wird sie ein Schock sein. Vielleicht finden wir unter diesem Schock die Sprache wieder.

Fred Langer

Die unendliche Geschichte
PVC — Woher kommt es, wohin führt es?

Die Industrie ist stolz auf PVC, denn der Wirtschaftswunder-Stoff ist ein Alleskönner. Am Bau und in der Medizin, in Küche und Garten, im Auto und am Flugzeug tut er seinen Dienst. Aber PVC kann auch ganz anders. Die Lebensgeschichte von ein paar alltäglichen Produkten zeigt, was die Hersteller gerne verschweigen.

Wir schreiben das Jahr 1989, heute ist Samstag, der 15. April, es ist zwölf Uhr. Wahrscheinlich haben Sie lange geschlafen und sitzen jetzt auf dem *Küchenstuhl* am Frühstückstisch. Sie haben gerade den *Margarinetopf* beiseite gestellt, nehmen den Käse aus der *Verpackung* oder öffnen den *Marmeladenbecher*. Wenn Sie kleckern, ärgern Sie sich nicht, denn *Tischdecke* und *Bodenbelag* sind pflegeleicht. Weil Sie nicht rechtzeitig zur Bank gekommen sind, haben Sie sich das Geld für den Einkauf mit der *Scheckkarte* aus dem Automaten geholt. Vielleicht sind Sie auch beim Frühjahrsputz, haben *Flaschen* mit Putzmittel vor sich und widmen sich gerade den Fenstern (als ordentlicher Mensch wischen Sie auch die *Fensterrahmen*). Zur Zerstreuung haben Sie eine *Schallplatte* aufgelegt. Oder gehören Sie etwa zu jenen, die den Samstagvormittag ihrem Automobil widmen? Haben Sie den *Wasserschlauch* in der Hand, reinigen Sie die *Innenverkleidung* oder ergründen Sie ratlos den Verlauf bunter *Kabelisolierungen,* weil die Kiste mal wieder nicht anspringt? Wenn Sie dies alles nicht tun und meine Vermutungen über Ihre Tätigkeit unzutreffend sind, so weiß ich doch eines mit ziemlicher Sicherheit: Sie haben es mit Polyvinylchlorid (PVC) zu tun, an diesem Samstag wie an jedem anderen Tag. Sie wissen es bloß nicht, können es gar nicht wissen. Denn von der weichen, durchsichtigen, hauchdünnen Frischhaltefolie über der Mettwurst bis zum hochbelastbaren Konstruktionsteil im Flugzeugbau kann alles PVC sein. Ob es PVC ist, ob Polyethylen, Polypropylen, Polystyrol oder ein anderer Kunststoff, steht nirgendwo geschrieben. Nur Flammtest oder Analyse könnten Gewißheit bringen, denn die PVC-Industrie will ihre Produkte nicht freiwillig kennzeichnen. Die eben genannten Gegenstände können aus PVC sein, sie müssen aber nicht aus PVC sein, und

manche sind es nur zum Teil (bei unserem Marmeladenbecher ist es nur der Deckel).
PVC hat die hintersten Winkel unseres Alltags erreicht. Neuerdings liegt es gemäß Straßenverkehrsordnung in jedem PKW-Kofferraum, als „Schutzhandschuh gegen Kontaktinfektionen bei der Unfallhilfe". Jeder von uns verbraucht jährlich an die 18 Kilo PVC. Es ist so alltäglich, daß höchstens Kinder noch die Frage stellen: Was ist das, und wie kommt es dahin?

Es begann in grauer Vorzeit
Die Antwort zu geben ist alles andere als kinderleicht. Konsequent betrachtet ist die Geschichte unseres Margarinebechers oder Gartenmöbels eine unendliche Geschichte. Wir lassen sie einige hundert Millionen Jahre vor dem 15. April 1989 beginnen, in den Meeren des Paläozoikums: Kleintiere und Kleinpflanzen sind im sauerstoffarmen Wasser abgeschnürter Buchten zu Boden gesunken. Über Jahrmillionen bilden sie einen Schlamm, der zu Erdgas und Erdöl wird — dem wichtigsten Ausgangsprodukt für alles, was „Plastik" heißt. Wenn das Öl für unsere Gartenmöbel oder die Käseverpackung an die Erdoberfläche schießt, müssen wir die Zeit fast anhalten und wie durch ein Riesenmikroskop blicken, denn jetzt entwickelt sich die Geschichte mit explosionsartiger Geschwindigkeit. Wir rechnen nicht mehr in Jahrmillionen, sondern in Wochen, Tagen, Stunden, bald in Prozeßabläufen von Minuten.
Erdöl wird in Raffinerien zerlegt, als eines der wichtigsten Produkte der Petrochemie wird so Ethylen gewonnen. Chlor, das zweite Ausgangsprodukt von vielen Käseverpackungen und Marmeladenbechern, wird auf das Ethylen losgelassen, und es entsteht Vinylchlorid. Zum PVC fehlt jetzt eigentlich nur noch das „P" - aber wir wollen nichts überstürzen. Denn zur Geschichte unseres Marmeladenbechers oder unserer Plastiktischdecke gehört die Geschichte des Chlors, und die wiederum soll erklären, warum wir uns überhaupt so ausführlich mit PVC beschäftigen. Wir halten also an diesem Punkt an und fahren noch einmal zurück, so eine runde Viertelmilliarde Jahre: Abgeschnürte Meeresarme trocknen ein, Wasser verdunstet, Salz lagert sich ab und wird von jüngeren Schichten zu mächtigen Paketen gepreßt. Steinsalz, auch Kochsalz genannt, Natriumchlorid (NaCl) also, wird heute zum weitaus größten Teil von der Industrie verbraucht — vor allem zur Herstellung von Natronlauge und Chlor.
Natronlauge ist für die Aluminiumproduktion wichtig, ist Grundchemikalie für Pestizide und Farbstoffe, wird in der Seifen- und Papierproduktion verwendet. Wenn die Salzsole durch elektrische Energie in ihre Bestandteile zerlegt wird (Elektrolyse), entsteht aber nicht nur Natronlauge, sondern auch Chlor. Chlorgas zerstört tierisches und pflanzliches Gewebe, ein halbes Prozent in der Luft tötet Menschen. Alles Chlor der Welt liegt im Salz. Es reagiert so schnell und heftig, daß es auf natürliche Art nirgendwo ungebunden vorkommt. Erst der Mensch verwandelt es unter hohem Energieaufwand in Chlor zurück. Als in den dreißiger Jahren immer mehr Natronlauge verwendet wurde und so immer mehr von dem giftigen Gas entstand, ließ sich die chemische Industrie etwas einfallen. Sie lernte, so steht es in einer Broschüre der Arbeitsgemeinschaft PVC und Umwelt, „große Mengen Chlor umweltfreundlich zu beseitigen" — in Kunststoffen. PVC wurde zur wichtigsten und größten Deponie für das Umweltgift. Unsere Plastiktischdecke oder unser Bodenbelag bestehen zur Hälfte daraus.

Das Ei des Kolumbus
Der Einfall ist simpel, aber folgenschwer: Ethylen bindet Chlor, aus dem so entstandenen Dichlorethan (Ethylendichlorid) läßt sich PVC herstellen. Voilá, Kaninchen aus dem Hut: Das giftige Chlor ist wieder weg, ein neuer Stoff - das Wunderding PVC- ist entstanden.
Leider ist das Chlor nicht beseitigt, sondern nur unter den PVC-Teppichboden gekehrt (den einen Teil treffen wir gleich wieder, der andere wartet am Ende dieser Geschichte in altbekannter Aggressivität auf uns). Leider entsteht auch mehr als nur EIN neuer Stoff. Denn der Schritt vom Dichlorethan zum PVC beschert uns en passant eine wesentliche Ursache für Ozonloch und Nordseesterben.

Bei der VC-Produktion in den belgischen und bundesdeutschen Werken der Unternehmensgruppe Solvay beispielsweise entstehen jährlich 12 000 Tonnen chlorierte Abfälle. Rund 85 Prozent davon werden in einem Chlorolyseprozeß zu chlorierten Lösungsmitteln. Eines davon, PER (Perchlorethylen), ist zum Beispiel verantwortlich für die gesundheitsschädlichen Ausdünstungen chemischer Reinigungen. Auch FCKW (Fluorchlorkohlenwasserstoff) wird aus diesen Rückständen gewonnen. Es steigt aus Kühlmitteln und Treibgasen auf und zerstört die Ozonschicht. Und in der Chlorolyse entstehen neue Abfälle: Das langlebige Hexachlorbenzol, in der Umwelt verbreitet wie die berüchtigten Chlorkohlenwasserstoffe DDT und PCB. Spätestens wenn diese „Wertstoffe" in der Metallverarbeitung, beim Entfetten, Lackieren, Abbeizen oder in der Elektronikindustrie ihren Dienst getan haben, sind die CKW wieder da. Mindestens 80 Prozent landen unkontrolliert in Luft und Wasser, den Rest bringt der Sondermüllsammler in die Seeverbrennung. Dort treffen sie sich zum Beispiel mit jenen restlichen 12 000 Jahrestonnen chlorierter Abfälle aus den Solvay-Werken, die nicht auf elegante und gewinnbringende Art fortgeschafft werden konnten. Rund 65 Prozent des auf hoher See verbrannten Abfalls sind chlorierte Lösungsmittel.

Giftgas wird zu Kunststoff

Nachdem wir dieses unerfreuliche Kapitel in der Geschichte unseres Bodenbelags oder unserer Scheckkarte hinter uns haben, liegt Vinylchlorid (VC) vor uns. Es galt lange Zeit als relativ harmlos. Anfang der siebziger Jahre aber trieben furchtbare Schmerzen in den Fingern und in der Lebergegend, Schwindelgefühle und ein unerträgliches Flimmern vor den Augen einen 37jährigen Arbeiter zum Arzt. Diagnose: Leberzirrhose, Bauchvergrößerung, Veränderung der Handknochen. Der Mann starb wenige Wochen später. Jahrelang hatte er jene riesigen Hochdruckkessel gereinigt, in denen aus Vinylchlorid PVC wird. Heute weiß man: VC ist ein giftiges Gas. Nachdem die „Vinylkrankheit" Hunderte von Opfern gefordert hat, wird heute in den Anlagen nur noch unter strengen Sicherheitsauflagen gearbeitet. Bei Hitze und Druck wird das giftige Gas zum weißen Kunststoffpulver. Der Vorgang heißt Polymerisation; die VC- Moleküle lagern sich zusammen, wachsen zu langen Ketten. Allerdings nicht alle. Mit dem übriggebliebenen VC im PVC ging man früher recht großzügig um. So großzügig, daß manche alte Schallplatte noch heute das giftige Gas ausdünstet. Durch „Entgasung" des PVC wird der VC-Restgehalt heute jedoch in aller Regel unter die Nachweisgrenze gesenkt.

Jetzt endlich darf der Stoff, aus dem unsere Scheckkarte oder Spülmittelflasche ist, das geschlossene System verlassen und das Licht der Welt erblicken. Als schneeweißes, mehliges Pulver fließt es aus Silos in Tanklastzüge. Die chemische Industrie hat ihr Werk getan, in der Geschichte unserer Spülmittelflasche oder unseres Fensterrahmens schreiben wir jetzt das Kapitel Kunststoff-Industrie.

Der Mix, den keiner kennt

Es ist ein schwieriges Kapitel. Denn neben unsere beiden bisherigen Akteure Chlor und Ethylen treten in schneller Reihenfolge viele weitere. Manche von ihnen erscheinen unbedeutend, andere übernehmen Hauptrollen. Manche sind unbekannt und umstritten, andere berühmt und berüchtigt. Das genaue Programm wird an den elektronischen Schaltpulten der Kunststoff-Fabriken zusammengestellt. Sie werden es niemals gedruckt vor sich sehen, denn die exakte Zusammensetzung unseres Bodenbelages oder einer Pralinenverpackung ist Betriebsgeheimnis. In dem automatisch gemixten Cocktail ist PVC nur noch ein Bestandteil unter vielen. Die Ingredienzien entscheiden über die weitere Geschichte unseres Produkts, bestimmen, ob eine hauchdünne Folie oder ein Konstruktionsteil für die Luftfahrtindustrie entsteht. Die Rezeptur kann neben Polyvinylchlorid noch Weichmacher, Füllstoffe, Stabilisatoren, Brandschutzsysteme, Gleitmittel, Lichtschutzmittel, Schlagzähmodifizierer, Antistatica, Pigmente, Rauchminderer, Treibmittel oder andere „Additive" enthalten. Unser Fensterrahmen besteht aus über einem Dutzend unterschiedlicher Stoffe.

Bisher war die Geschichte unseres Gartenmöbels auch die Ge-

schichte unserer Kabelisolierung, aber wenn der Mix angerührt ist, trennen sich die Wege, und zwar zunächst nach Hart- und Weich-PVC. Letzteres macht ein Drittel aller PVC-Produkte aus: Schläuche, Fußbodenbeläge, Kunstleder, Hygiene-Handschuhe, Infusionsbeutel in der Medizin, Folien, Kabel-Ummantelungen und vieles mehr. PVC ist ein vielfältiger Werkstoff, aber ohne 25 bis 50 Prozent Weichmacheranteil wäre er für die genannten Produkte viel zu spröde. Ohne Weichmacher kein PVC-Boden, aber ohne PVC-Boden auch kaum Weichmacher: Fast 90 Prozent der Produktion geht in die PVC-Verarbeitung. DEHP (Diethylhexylphtalat), auch genannt DOP, ist die wichtigste unter den 500 bekannten Weichmacherverbindungen. Allein mit Fußbodenbelägen werden hierzulande jedes Jahr 20 000 Tonnen davon ausgerollt. Die Frage, wie giftig DEHP ist, erhitzt die Gemüter. Die Industrie hält die akute Toxizität für „extrem niedrig". Daß es im Versuch bei Nagetieren in hohen Dosen Krebs erzeugt, sage über seine Wirkung auf Menschen noch lange nichts aus. Die Schweizer Behörden haben trotzdem ein DEHP-Verbot für Spielzeug erlassen (in der BRD wird es für die Herstellung von Beißringen „nicht empfohlen"). Die Hamburger Gesundheitsbehörde strebt ein generelles Verbot von PVC-Folien für die Verpackung von Lebensmitteln an. Denn Frischfleisch wird in Folien aus Weich-PVC gewickelt, bisweilen sogar Käse. Zumindest das ist unzulässig, denn bei fetthaltigen Lebensmitteln wandert der Weichmacher ins Eingepackte.
Weichmacher verdampfen; zusammen mit anderen Stoffen können sie sich in geschlossenen Autos als sichtbarer Schmierfilm auf der Scheibe niederschlagen. DEHP ist mittlerweile weltweit in den Sedimenten von Flüssen und Seen zu finden. DEHP ist im Grundwasser und im Regen.

Ein Panzer aus Cadmium

PVC zerfiele bei Sonnenlicht, bei Wind und Wetter, wenn es nicht mit giftigen Schwermetallen „gepanzert" würde. Dachrinnen, Fassadenelemente, vor allem Fensterrahmen, bekommen einen kräftigen Schuß Blei- oder Cadmiumverbindungen mit auf ihren langen Lebensweg. Ein Viertel des gesamten Cadmiumeinsatzes in der BRD wird in PVC-Produkte gemixt. Der Kunststoffindustrie ist das mittlerweile unangenehm. Sie versucht, Cadmium und Blei zu reduzieren oder zu ersetzen. Aber ohne Schwermetalle gibt es keine dauerhaften PVC-Produkte. Also werden dieses Jahr wieder 300 Tonnen Blei und 250 Tonnen Cadmium in Fenstern, Rolläden, Dachrinnen durch die Republik geschickt. Vor zehn Jahren war es noch doppelt so viel.

Es ist Samstag, der 15. April. Sie sitzen gerade beim Frühstück, und wir wollen nicht hoffen, daß es bei Ihnen brennt. Abgesehen von der individuellen Tragik wäre das ein Schaden für uns alle. Schließlich sind Sie umgeben von PVC-Produkten. Und immer wenn PVC brennt, entsteht eine teuflische Mixtur. PVC setzt ätzenden Chlorwasserstoff frei. Auch das giftige Chlorgas wird entfesselt. Schlimmer noch: Eine einfache Analyse ergab bereits mehr als 30 Stoffe, die beim Brennen von PVC entstehen. Zehn konnten nicht einmal identifiziert werden.

Dioxin aus PVC

Die Industrie hat recht: PVC ist durch das eingelagerte Chlor nur schwer entflammbar, und nach Entfernen der Zündquelle verlischt es von selbst. Wenn es aber brennt, führt die Anwesenheit von Chlor zur Bildung von Dioxinen und Furanen. Weltweit wird nach den Quellen für diese Ultragifte gefahndet. PVC steht im Verdacht, einer der wesentlichen Verursacher zu sein. Wie stark der Anteil aus dem PVC an der Umweltbelastung mit Dioxinen ist, läßt sich nicht abschätzen. Einiges kommt aus den Abgasen und der Flugasche von Müllverbrennungsanlagen. Viel entsteht beim Brand einer PVC-Lagerhalle. Und geringe Mengen bei jedem Wohnungsbrand. In einer Millionenstadt wie Hamburg brennt es jeden Tag ein paarmal. Und fast immer brennt PVC mit.

Es ist Samstag, der 15. April, und wir denken nicht gleich an das Schlimmste. Sie sitzen also am Frühstückstisch, haben gerade den Margarinetopf beiseite gestellt, nehmen den Käse aus der Verpackung und öffnen den Marmeladenbecher. In wenigen Tagen landet Ihr ganzer Abfall wahrscheinlich in einer Müllverbrennungsanlage. Mehr Kunststoffmüll heißt mehr Müllverbrennungsanlagen, mehr Verbrennungsanlagen bedeuten mehr Umweltbelastung, bedeuten auch: Verstärkung des „Treibhauseffekts", Aufheizen der Atmosphäre.

Auch das „umweltfreundlich beseitigte" Chlor ist wieder da. PVC macht zwar weniger als ein Prozent des Gesamtmülls aus. Aber dieses eine Prozent liefert über die Hälfte des gesamten anfallenden Chlors in den Verbrennungsanlagen. Moderne Filter lassen das giftige Gas kaum noch aus den Schloten, aber irgendwo müssen die Chlorsalze hin. Sie kommen, nach der Rauchgasreinigung, auf Spezialdeponien. Auch das Cadmium wird mit dem Filterstaub als Sondermüll deponiert. Rund 85 Prozent des Cadmiums in Müllverbrennungsanlagen stammt aus Kunststoffen, die Hälfte davon aus PVC.
PVC ist historisch eine Verwertung für Chlor. Ohne PVC müßte das Chlor neutralisiert und das entstehende Salz auf Kosten der Industrie gelagert werden. Jetzt fällt es in der Müllverbrennung an, und wir alle spendieren der chemischen Industrie die Kosten für die „Entsorgung".

Es ist Samstag, der 15. April, womöglich widmen Sie sich an diesem Vormittag der Pflege Ihres PKW. Ihr Gefährt hat, seien wir großzügig, noch sieben Jahre vor sich. Dann kommt es auf den Schrott. Die Kunststoffteile aber bleiben uns noch eine halbe Ewigkeit erhalten. Bei allen Problemen, die uns das Auto beschert, kann es doch immerhin einfach beseitigt und wiederverwertet werden. Das wird mit dem rasch wachsenden Kunststoffanteil am Automobil immer schwieriger (1970: 3 Prozent, 1988: 20 Prozent, Tendenz: steigend). Das Metall läßt sich sortieren, aber auf der Kunststoffseite bleibt ein Riesenberg unterschiedlichster Verbindungen, den keine Anlage der Welt je wieder trennen kann. Jedenfalls nicht zu vernünftigen Preisen.

Die Lawine rollt

Es ist Samstag,der 15.April, und wenn Sie gerade Fenster putzen, tun Sie das sicher noch viele Jahre lang. Die Industrie geht davon aus, daß zwei Drittel ihrer PVC-Produkte 15 bis 100 Jahre in Gebrauch bleiben. Die Abfallwirtschaft aber warnt vor einer Lawine, die um 20 bis 50 Jahre zeitversetzt auf uns zurollt. Jeder renovierte Altbau ist ein Zwischenlager für PVC und seine Additive. Allein in den bisher verkauften Fensterrahmen stecken 3 000 Tonnen Cadmium. An die 130 000 Tonnen PVC landeten 1983 auf Bauschuttdeponien. „In absehbarer Zeit" erwartet die Abfallwirtschaft „bis zu einer Million Tonnen aus diesem Bereich".

Wir können die Geschichte Ihres Fensterrahmens nicht zu Ende schreiben, weil niemand weiß, wie sie zu Ende geht. PVC-Fensterrahmen sind erst seit zwei Jahrzehnten in Gebrauch. Sickerwässer von Deponien sind mit Cadmium, Blei und Vinylchlorid (VC) verseucht. Daß sie aus PVC stammen, läßt sich nicht beweisen. Aber selbst die Hamburger Baubehörde warnt: „Unter Langzeitbetrachtungen kann eine dauerhafte Immobilisierung von Schadstoffen im PVC nicht vorausgesetzt werden."

Reinhard Klopfleisch / Armin Maywald

Über Geschmack läßt sich nicht streiten: Das Beispiel Aromastoffe

Der Versuch war perfekt vorbereitet. Jedem Jury-Mitglied hatten die Chemiker des Nestlé-Konzerns in Vevey am Genfer See drei numerierte Gläser mit einem Milchgetränk auf den Tisch gestellt. Die Kabinen der Prüfer waren schalldicht und mit Sichtblenden abgeschirmt. Den Kandidaten wurde nur soviel mitgeteilt: Der Milch seien unterschiedliche Kakao-Geschmackspulver beigegeben worden. Ihre Aufgabe sei es nun, unabhängig voneinander zu entscheiden, welchem Instantgetränk sie den Vorzug gäben.

Das Ergebnis machte den Chemikern alle Ehre. Nur fünf von 27 Testern wählten das herkömmliche Schokoladen-Milchgetränk; 22 Juroren entschieden sich für Fertigmix-Getränke mit Schokoladengeschmack. Deren Kakaoaroma sei wesentlich ausgeprägter, bekundeten sie übereinstimmend.

Die Konzern-Chemiker hatten dem Kakaopulver ein wohldosiertes Kontingent an Aromastoffen beigemischt und auf diese Weise „Wohlgeschmack" erzeugt. Ein Grund zur Freude, brachte der Versuch doch den langersehnten Erfolg. Pulver, das bislang Instantgetränken Kakaoaroma verleihen sollte, gab den Geschmack von gekochtem Kakao nur unzureichend wieder. Denn die Aromastoffe, die im allgemeinen aus mehr oder weniger stabilen Substanzen bestehen, können die verhältnismäßig langen und aggressiven thermischen Behandlungen nicht ohne Schaden überstehen. Die Chemiker hatten die brillante Idee gehabt, die Aromastoffe zu extrahieren, bevor der Kakao zum Instantpulver verarbeitet wird, und sie nachträglich dem Pulver wieder zuzuführen. Doch bis zu jenem Tag im Nestlé-Labor hatte der Trick nicht funktioniert. Beim Lagern bildeten sich im isolierten Kakaoaroma Nebenprodukte, „Substanzen mit unerwünschten Aromanoten".

Der Durchbruch zum perfekten Kakaogetränk gelang erst, als die Chemiker die abgetrennten Aromen mit einem Kunstharz verrührten. Das umhüllt die empfindlichen Geschmacksmoleküle wie ein Netz und schützt sie vor chemischer Veränderung. Der Kakao wird anschließend ohne Aroma erhitzt und als Instantpulver getrocknet. Um dem faden Pulver den begehrten Geschmack zurückzugeben, müssen die Aromastoffe zunächst aus der Kunststoffhülle herausgelöst werden. Das schaffen organische Lösemittel, bevorzugt solche mit einem geringen Siedepunkt, wie Isopropylchlorid oder Methylenchlorid. Die Mischung wird anschließend konzentriert, entfettet und mit Ethanol versetzt. „Auf diese Weise werden Kakaoaromastoffe in alkoholischer Lösung erhalten. Diese Lösung enthält weniger als 50 ppm restliches Methylenchlorid"[1], verkünden stolz die Nestlé-Chemiker. Das Aroma muß nur noch in Wasser oder Milch gelöst werden, schon bildet sich eine „angenehme Schokoladennote" — Kakaogeschmack, wie ihn die Tester schätzen.

Aromen, gewonnen mit Lösemitteln

Die Extraktion mit organischen Lösemitteln ist eines der beliebtesten Verfahren geworden, um Aroma- und Geschmacksstoffe zu gewinnen und zu reinigen.

Der Lebensmittelchemiker Professor Alfons M. Burger beschreibt, wie Lösemittel aus den Aromen wieder entfernt werden können: Meist wird „das Abdestillieren eines niedrig siedenden Lösemittels zuerst bei gewöhnlichem Druck vorgenommen. Besser arbeitet man schon am Anfang unter schwachem Vakuum, das man im Laufe des Prozesses verstärkt. Andererseits läßt sich auf diese Weise kein Lösemittel restlos entfernen, da immer soviel Lösemitteldampf im Destillierraum zurückbleibt, als seine Dampfdichte bei dem jeweiligen Destillationsdruck ist."[2] Gase, unter hohem Druck durchgeblasen, könnten die Lösemittelreste gleichsam mit sich reißen und auf diese Weise entfernen; dafür geeignet sind allerdings nur Substanzen, die nicht mit den Aromen chemisch reagieren, die aber ungemein teuer sind.

Niemand kann ausschließen, daß isolierte Aromen Reste organischer Lösemittel enthalten. Eine neue EG-Richtlinie erlaubt nicht weniger als zehn verschiedene Lösemittel, darunter Hexan, Methyl-Ethyl-Keton und Methylenchlorid (Dichlormethan)[3]. Höchstwerte wurden festgelegt, allerdings nicht für Aromen, sondern für den Lösemittelgehalt im Lebensmittel, dem das Aroma zugesetzt wird. Damit ist es ein leichtes, Werte zu erreichen, die das Gesetz toleriert.

Den chlorierten Kohlenwasserstoff Methylenchlorid benutzt die Industrie besonders gern, weil er billig ist. Anfang der achtziger Jahre haben US-Forscher nachgewiesen, daß die Substanz bei Ratten Krebs erzeugt. Folgerichtig wurde sie auch als krebsverdächtig für den Menschen eingestuft. Methylenchlorid hat deshalb in Lebensmitteln nichts zu suchen, auch nicht in geringen Konzentrationen. Die Deutsche Forschungsgemeinschaft zog 1986 die Konsequenzen und empfahl, Methylenchlorid am Arbeitsplatz zu meiden.[4]

Es ginge ja auch anders. Aromen könnten aus Rohstoffen destilliert oder mit Wasser oder Alkohol herausgelöst werden. Lösemittel besitzen jedoch den Vorteil, daß die Extraktion wirtschaftlicher erfolgen kann, also eine größere Ausbeute aus dem eingesetzten Material erzielt wird, weiß die Zeitschrift „Süßwaren".[5] Das Verfahren ist also billiger als die Konkurrenz-Techniken. „Außerdem kann durch eine selektive Extraktion erreicht werden, daß man bestimmte erwünschte Geschmacksstoffe aus dem Rohstoff erhält, andere unerwünschte dagegen, z.B. Bitterstoffe, in den Rückständen des Extraktionsgutes zurückbleiben." Organische Lösemittel sind den sauberen Methoden also überlegen, und deshalb hält die Industrie an ihnen fest — trotz aller Bedenken der Mediziner.

Aroma für die Welt

Immer ausgeklügelter werden die Verfahren, um das Aroma aus Erdbeeren, Nüssen, Mangos und Kakaobohnen herauszulösen. Das Arsenal der Aromenindustrie bietet die verschiedensten Geschmacksrichtungen an, maßgeschneidert für jedes Synthese-Nahrungsmittel und danach ausgewählt, bei den Verbrauchern die größte Kauflust zu wecken. Aromaingenieure haben kritische Kunden: Die Nahrungsmittelkonzerne beschäftigen ganze Heerscharen von Testessern und -kostern, die das neue Produkt für gut befinden müssen, bevor überhaupt eine Mark in die Werbung investiert wird. Und einige der größten Konzerne wie Nestlé leisten sich ihre eigene Aromenabteilung. Einen Schritt weiter ging der Unilever-Konzern. Er übernahm 1986 einen der größten Aromaproduzenten der Welt, die holländische Naarden-Gruppe. Das Credo der Aromatiseure lautet: „Denken wir beim Aromatisieren oder bei der Geschmacksgebung stets daran, daß der Geschmackssinn, wie ihn uns die Natur verliehen hat, derjenige von allen Sinnen ist, der uns die meisten Genüsse verschafft. Das positiv zu unterstützen und möglichst zu fördern im Sinne eines steigenden Absatzes haben wir in der Hand. Die richtige Geschmacksfindung ist gleichbedeutend mit Erfolg, was leicht aus den Umsatzzahlen zu ersehen ist."[6]

Das heißt am Beispiel der Kartoffel: Zwar essen die Menschen überall in Europa immer weniger Kartoffeln, doch „gleichzeitig nimmt der Verbrauch von Kartoffel-Veredelungsprodukten mit speziellen Aromaeigenschaften zu", wie der Aromenspezialist Manfred Rothe aus Ost-Berlin weiß.[7] Beispiele derartiger Erfolgsprodukte sind aromatisierte Kartoffelchips, Pommes frites und Instant-Kartoffelbrei.

Innerhalb von nur zwei Jahren, zwischen 1983 und 1985, stieg die Menge der hierzulande hergestellten Aromen um 40 Prozent auf 26000 Tonnen.[8] Bereits 500 Millionen Mark setzen die Geschmacksproduzenten jährlich um, und in zehn Jahren wird die Milliardengrenze ohne Zweifel überschritten sein. Kein anderer Zweig der ohnehin verwöhnten Chemiebranche hat höhere Zuwachsraten vorzuweisen als die Aromenindustrie. Und das ist keineswegs ein Zufall. Die Branche wächst in dem Maße, wie unsere Nahrung ihr natürliches Aroma verliert. Die Manager der Aromenfirma Haarmann & Reimer aus Holzminden sagen ganz offen, warum sie so gut verdienen: Intensivlandwirtschaft bringe zwar „eine Ertragssteigerung, jedoch ist diese gleichzeitig mit einer Geschmacksverarmung der Erzeugnisse verbunden. Darüber hinaus führen viele Verfahren der modernen Lebensmittel-Technologie zu Aromaverlusten, nicht selten sogar zum Entstehen eines unangenehmen Geschmacks. Daher wird es erforderlich, Geschmacksstoffe hinzuzufügen."[9]

Fruchtsaft und Fertigtorte, Suppe und Sauce, Speiseeis und Pudding, Käse und Keks, Mixgetränk und Marmelade — ausgelaugt von den Mühlen und Pressen der Industrie, verhilft ihnen allein die Aromenindustrie zum neuen Geschmack. Rund 15%

aller Lebensmittel, die wir verzehren, reizen unsere Geschmacksnerven bereits mit Kunstaroma, und die Tendenz ist steigend. Zwischen 3000 verschiedenen Aromastoffen können Industrieeinkäufer wählen. Allein die Schweizer Fabrik „Firmenich" bietet mehr als 200 künstliche Geschmacksrichtungen an: „Ahorn mit dezenter Butterabrundung" beispielsweise oder Erdbeeressenz nach Wahl — vollreif, Konfitürentyp oder speziell für Kaugummis. Die Renner in den letzten Jahren sind tropische Früchte wie Maracuja, Mango oder Kiwi.

Die Aromen-Verordnung aus dem Jahre 1981 unterscheidet „natürliche" und „naturidentische" Aromenstoffe von „künstlichen", die nicht in der Natur vorkommen. Und lediglich gänzlich neue Aromen werden als Zusatzstoffe strengen Genehmigungsprüfungen unterworfen. Die große Masse der Kunstaromen aber läßt der Gesetzgeber ohne weitere Prüfung zu, werden sie doch aus Naturprodukten gewonnen oder im Labor als Imitate „naturidentisch" nachgebaut. Auf diese Weise hat der Gesetzgeber dafür gesorgt, daß lästige Bestimmungen den Höhenflug der Aromen nicht aufhalten können. Ein Aromenmanager schwärmt angesichts dieser Bestimmungen: Die Industrie brauche noch nicht einmal die Zusätze auf der Packung zu deklarieren und auch nicht die Chemikalien, die aus der Aromenproduktion ins Lebensmittel gelangen — chemische Lösemittel, Antioxidantien oder Konservierungsstoffe. „Die Aufstellung der Zutatenliste für das verbrauchsfertige Enderzeugnis wird dadurch ganz wesentlich erleichtert.[10] Auf den Packungen von Eis oder Pudding, Snack oder Schoko-Riegel steht harmlos: "Enthält natürliche oder naturidentische Aromastoffe" — und keiner weiß, was darin alles an Lösemitteln oder Konservierungsstoffen zurückgeblieben ist.

Wie „naturidentisch" sind „naturidentische Aromastoffe"?

Den Bedarf an Geschmack weltweit zufriedenzustellen ist nur noch mit Chemieerzeugnissen möglich, also mit „naturidentischen Aromastoffen". Erdbeeraroma zum Beispiel ist in Eis, Joghurt oder Mixgetränken derart beliebt, daß das Aroma der gesamten Erdbeerernte der Vereinigten Staaten lediglich drei Prozent des US-Bedarfs abdeckt, haben die Experten ausgerechnet — eine fatale Situation. Viele „natürliche" Aromen lassen sich nicht vollständig „naturidentisch" nachbauen, weil sie zu kompliziert sind. Kaffeearoma beispielsweise setzt sich aus mehr als tausend Einzelstoffen zusammen, von denen die Chemiker erst 468 identifiziert haben. Am begehrten Erdbeergeschmack sind nicht weniger als 324 Stoffe beteiligt. Die Chemiker behelfen sich, indem sie lediglich einige Leitsubstanzen synthetisieren, die bereits ein leidlich wiedererkennbares Aroma bieten. Diese vermischen sie anschließend mit kleinen Mengen des natürlichen Aromas, damit das Endprodukt dem natürlichen Geschmack möglichst nahekommt.

Was uns erwartet, wenn es nach dem Willen der Aromatiseure geht, zeigt deutlich die Entwicklung beim Vanillegeschmack. In natürlichen Vanilleschoten sind die Geschmacksstoffe lediglich in Konzentrationen von 1,5 bis zwei Prozent enthalten; daher ist es viel zu aufwendig und zu teuer, sie aus der Frucht zu gewinnen. 1874 gelang es dem deutschen Chemiker Haarmann, den Hauptaromaträger Vanillin einfach und billig im Labor nachzubauen. Seitdem beschränkt sich die Industrie darauf, die Substanz künstlich herzustellen. Die meisten der rund fünfzig anderen Stoffe, die natürlichem Vanillearoma die besondere Würze verleihen, fallen dabei unter den Labortisch. Deshalb kann kaum jemand heute noch beurteilen, wie natürliches Vanillearoma schmeckt. Was als „Vanillegeschmack" zu gelten hat, bestimmt längst die Industrie.

Künstliche Geschmacksnoten manipulieren uns immer mehr. Forscher boten Kindern Fruchtsaftgetränke an, die mit Falschfarben verfremdet waren. Aufgefordert, den Geschmack zu bestimmen, „schmeckten" die Kinder prompt die Farbe; im grüngefärbten Orangensaft erkannten sie „Waldmeister", im rotgefärbten Apfelsaftgetränk „Kirsch" oder „Himbeer".

Aromastoffe in Kartoffelchips

Aromastoff	Anteil am Eindruck des Gesamtaromas (Aromawert)
Methional	100.000
2-Phenyläthanal	8.180
3-Methylbutanal	3.850
2-Äthyl-3,6-dimethylpyrazin	2.720
2,4-Decadienal	560
2-Methylbutanal	530
2-Äthyl-5-methylpyrazin	190
1-Penten-3-on	180
Hexanal	175
2-Methylpropanal	120
2-Nonenal	100
2,5-Diäthylpyrazin	37
2,5-Dimethylpyrazin	25
Heptanal	24
2-Octenal	14
2-Heptenal	12
2-Decenal	6
Nonanal	1

Quelle: Guadagni u.a. (1972)

Wen wundert es, daß die Industrie versucht ist, lieber gleich alles aus Wasser, Zucker, Farben und Chemiearoma zusammenzubrauen?
Besonders gut nachzubauen sind Zwiebel- und Paprika-, Erdnuß- und Kartoffelaromen, weil sie lediglich aus einer einzigen oder nur einer Handvoll Chemikalien bestehen. Für den Lebensmittel-Designer ist es eine Anfängerübung, Kartoffelchips vollmundig zu präparieren: 18 Substanzen machen das Aroma perfekt, doch mit zweien bereits ist das Ergebnis annehmbar. Zuständig für den Kartoffelgeschmack sind geringe Zugaben von 2-Äthyl-3,6-Dimethylpyrazin, für das Chipsaroma sorgt Methional. Ist penetranter Knoblauchgeruch erwünscht, hilft Di-2-Propenyldisulfid aus der Klemme.
Schwefelhaltige Verbindungen wie Mercaptane und Sulfide zählen zu den Stoffen mit intensivem Geruch und Geschmack.[11] Werden sie beigemischt, gehen Feinheiten des natürlichen Aromas leicht verloren; die Industrie kümmert's nicht, sie weiß sich ihre Kunden zu erziehen. Wenn sich die Verbraucher in Zukunft immer mehr an den Industriegeschmack gewöhnen, werden natürliche Aromen schließlich so fremdartig schmecken wie heute schon das Aroma der Vanilleschote.

Das wahre Reich der Aromatiseure

Chips und Kräcker, Flips und Riegel aus dem Extruder, mit „unangenehmem Eigengeschmack" oder bestenfalls ganz ohne — sie alle starten ihre Karriere in den Aromenlabors der Lebensmittel-Designer. „Simulierte Lebensmittel verdienen das Prädikat 'maßgeschneidert' erst dann, wenn auch ihre Aromaqualität der des traditionellen Erzeugnisses angepaßt wurde", meint Aromatiseur Manfred Rothe.[12]
Früchteriegel werden von vornherein mit Fruchtpulver, -granulaten und -konzentraten versetzt. Und dennoch ist „eine Nacharomatisierung unbedingt erforderlich, weil diese Artikel, auf Grund ihrer technischen Zubereitung, viele natürlich vorhandene Aromastoffe verloren haben", berichtet Gerhard Daffertshofer, Leiter der Curt Georgi Aromaforschung in Böblingen. „Ihnen müssen die entzogenen Aromastoffe entweder wieder zugesetzt werden, oder andere naturidentische und natürliche Aromastoffe nehmen ihren Platz ein. Prinzipiell sind hier der Phantasie keine Grenzen mehr gesetzt. Die verschiedensten Geschmacksvariationen sind denkbar und können kreiert werden."[13]
Die empfindlichen Aromachemikalien halten jedoch die extremen Temperaturen im Extruder nicht aus. Bleibt nur, die Aromastoffe den faden Snacks in einem weiteren Arbeitsgang nachträglich beizumischen. Dazu werden die Aromen auf die fertigen Chips und Kräcker, Riegel und Knäckebrote aufgesprüht, in einer Mischtrommel, die sich laufend dreht und somit dafür

sorgt, daß das Auftragen möglichst gleichmäßig geschieht. Das ist ein aufwendiges Verfahren, das mit Verlusten verbunden ist und mit der Gefahr, daß die Konzentrationen der Aromen von Stück zu Stück variieren können.

Gleichbleibender Geschmack muß aber gewährleistet sein, damit der Verbraucher beim nächsten Einkauf wieder zur selben Marke greifen wird. Die Aromenindustrie weiß sich zu helfen. Sie hat Aromen geschaffen, denen die extremen Temperaturen im Extruder nichts anhaben können. Diese „extrudertauglichen" Aromastoffe können bereits dem Rohstoffbrei zugegeben werden, damit sie sich während der Extrusion gleichmäßig über das Produkt verteilen. Die britische Fachzeitschrift „Food Engineering" prophezeit den Spezialaromen größte Wachstumsraten: „Die dabei erzielten Erfolge führen zu einer ständig größer werdenden Produktpalette an Snacks, die im Extrusionsverfahren hergestellt werden. Der entsprechende Markt ist enorm und expandiert weltweit."[14]

Extrudertechnik und Aromenproduktion sind aufeinander angewiesen, gemeinsam erst taugen sie als „Schlüsselindustrie" für die moderne Ernährungsbranche. Beide Techniken wurden deshalb in den letzten Jahren mit Hochdruck aufeinander abgestimmt. Der Extruder ist mittlerweile auch in der Lage, aus einer Mischung von Aromen mit Eiweiß oder Fett stabile Geschmackspartikel zu zaubern. Die Holzmindener Firma Dragoco hat im Jahre 1985 ein derartiges Patent veröffentlicht: feine, aromatisierte Körnchen, die Schinkenpizza oder Eiscreme beigemischt werden können.[15]

Die Chemiker der Holzmindener Schwesterfirma Haarmann & Reimer hatten schon im Jahre 1983 den richtigen Riecher. Die Firma kann mittlerweile Käsearoma liefern, das für den Extruder wie geschaffen scheint: „Der Einsatz des Käsegeschmackspuders von H & R ist immer dann anzuraten, wenn natürlicher Käse oder Käsepuder die hohen Temperaturen während der Verarbeitung nicht verträgt oder wenn das Aroma im Endprodukt standardisiert und intensiviert werden muß", nach Wunsch in den Geschmacksrichtungen Cheddar, Gouda und Schweizer.[16]

Bislang fehlte nur noch, alle Käsekomponenten, also Eiweiß und Aromen, zusammen künstlich herzustellen, um so den langwierigen Reifeprozeß von natürlichem Käse zu umgehen. Einfach ist das nicht. Allein das Aroma des Roquefort-Käses setzt sich aus einer Vielzahl von Komponenten zusammen, die eine chemische Synthese von vornherein unmöglich machen. Die Industrie setzt deshalb auf die Biotechnik, um mit geeigneten Mikroorganismen und Pilzkulturen den Reifeprozeß auf wenige Stunden zu verkürzen. Bioingenieuren der Firma Hoechst ist es gelungen, den Pilz „Penicillium roqueforti" zu züchten und Milch zuzugeben. Das Ergebnis ist ein bestechend ähnliches Imitat von Roquefort-Käse. „Der Prozeß der fermentativen Aromagewinnung erfolgt in einem sehr kurzen Zeitraum von 3 bis 10 Tagen, während ein Original-Roquefort-Käse für 6 Monate bei Temperaturen von 1 bis 4 Grad Celsius reift." Und, selbstredend: „Die Gewinnung der Aromasubstanzen aus dem Fermentationsansatz erfolgt durch extraktive Verfahren", also mit Lösemitteln.[17]

Aromen für das Sojafleisch

Auf künstliche Aromen kann nicht verzichten, wer aus Sojabohnenextrakten täuschend ähnliche Fleischimitate basteln will. Das eiweißhaltige Sojaisolat aus dem Extruder ist ohne jeden Geschmack. Das Imitat hat zwar das passende „mouthfeeling" und die begehrte faserige „Textur" des Fleisches, doch es schmeckt genauso fad wie Mais- oder Stärkeextrudate, wird also erst mit Aromen genießbar. Drei Dinge braucht die Ernährungsindustrie: Aromen, Extrusion, Sojaeiweiß — diese Kombination verspricht eine glänzende Zukunft. Fleischaromen zu imitieren ist recht einfach. Ersatzaromen sind seit langem auf dem Markt, um den Suppen oder Saucen, Kräckern oder Riegeln den begehrten Geschmack zu verleihen. Ihre Basis sind altbekannte Geschmacksverstärker, die auch aus Fleischresten noch ein annehmbares Suppen- oder Saucenaroma hervorzaubern können, allen voran der Zusatzstoff Glutamat. Die Imitate, weil gänzlich ohne Fleischgeschmack, verlangen neue Kreationen, und die Aromenindustrie scheut weder Kosten noch Mühe, für jeden Zweck das Passende vorrätig zu haben.

Hierzulande hat die Firma Haarmann & Reimer die Nase vorn. „Wissenschaftler von H & R haben Aromen mit dem Geschmack von Rindfleisch entwickelt", jubelt die Zeitschrift „Food Engineering". Zwar seien diese Aromen vor allem zum „Verstärken und Abrunden des Geschmacks zahlreicher Fleischzubereitungen" zu gebrauchen. Doch könnten diese „ebenso dazu verwendet werden, Sojaprodukte zu aromatisieren".[18]

Den Fleischaromen der neuen Generation gelingt es, die chemischen Prozesse beim Kochen und Braten soweit wie möglich nachzuahmen. Diese Vorgänge sind schon seit Anfang dieses Jahrhunderts als „Maillard-Reaktion" bekannt. Bei hohen Temperaturen reagieren Eiweiß und bestimmte Zucker im Fleisch zu einer Fülle neuer Verbindungen, die insgesamt den würzigen Braten- oder Fleischgeschmack ausmachen.

Das Genfer Chemieunternehmen Givaudan hat die Reaktion im Reagenzglas mit Erfolg nachgeahmt. Wird die Aminosäure Cystin mit dem Zucker Ribose auf Temperaturen zwischen 110 und 130 Grad Celsius erhitzt, entsteht ein intensives Fleischaroma. Wird das Produkt einer Trägersubstanz wie Gummiarabikum, Salzen oder Brauhefe beigemischt, kann es „zur Aromatisierung von vielerlei Nahrungs-, Genuß- und Futtermitteln dienen, z.B. von fleischähnlichen Erzeugnissen, hergestellt aus natürlichen oder synthetischen Proteinen" — wie auch von Chips.[19]

Besonders trickreich ist das Patent des US-Konzerns Pfizer ausgefallen. Ausgangspunkt seines Fleischaromas ist ein Proteinpulver, das wahlweise aus Pilz-, Fisch- oder Sojaprotein zubereitet wird. Ein Gramm Eiweißpulver, dazu ein halbes Gramm des Zuckers Ribose und 0,3 Gramm des Geschmacksverstärkers Mononatriumglutamat werden in Wasser gelöst, vier Stunden lang auf 100 Grad Celsius erhitzt und anschließend gefriergetrocknet. Extrudiertem Sojaeiweiß beigemischt, ergibt das „den Geschmack und die Textur von gekochtem Rindfleisch und ein lang andauerndes Rindfleischaroma".[20]

Meister im Vorgaukeln von Fleischgeschmack ist die International Flavors & Fragrances Inc. mit Sitz in New York, weltgrößter Konzern der Aromenbranche. Die Firma hat bereits im Jahre

Synthese-Fleischaromen (Quelle: IFF (1979)

Verbindung	Geschmackscharakter oder Eigenschaften	Verwendete Konzentration (ppm)
1,2-Äthandithiol	gebratenes Fleisch	0,5
1,2-Propandithiol	blutartig, scharf	0,5
1,3-Butandithiol	serumartig	0,15
2,3-Butandithiol	gekochtes Rindfleisch	0,15
1,3-Propandithiol	„stinkend" potent	0,05
1,6-Hexandithiol	fettartig, geflügelartig, roh schmutzig	0,05
1,4-Butandithiol	metallisch, knoblauchartig chemisch	0,01
3,3-Dimethyl-2,2-butondithiol	eiartig	0,25
1,2-Butandithiol	süß, weich, grasartig, fleischartig	0,05
1,4-Pentandithiol	metallisch, knoblauchartig chemisch, streng	0,05
1,9-Nonandithiol	verbrannt fleischartig	0,5
1,8-Octandithiol	fettartig, etwas bratenartig, geflügel, streng	0,05
1,5-Pentandithiol	schwefelartig, nach gebratenem Fleisch	0,1
2-Mercapto-3-butanol	süß, fleischartig, eintopfartig	0,5
Di-α-methyl-β-mercaptopropylsulfid	etwas nach gebratenem Fleisch	1,0
α-Methyl-β-mercaptopropyl-α'methyl-β'-hydroxypropylsulfid	gebratenes Fleisch	1,0
2-Mercaptoäthylsulfid	süß, bratenartig	0,5
2,4-Pentandithiol	gebratenes Fleisch, metallisch,alluminiumartig	0,15
3-Methyl-1,5-pentandithiol	metallisch, leberartig	0,15
2-Methyl-1,3-butondithiol	fleischartig, bratenartig, zwiebelartig	0,15

1979 in der Bundesrepublik Deutschland eine ganze Palette unterschiedlicher Fleischgeschmäcker zum Patent angemeldet, Schwefelverbindungen und Folgeprodukte der Maillard-Reaktion, doch chemisch synthetisiert. Sie sollen Eiweißnahrungsmitteln einen „fleisch- oder geflügelähnlichen Geschmack verleihen".[21] Von „gekochtem Rindfleisch" bis hin zu „schwefelartig, nach gebratenem Fleisch" reicht die Palette der delikaten Würzen, und für den, der mag, führen die IFF-Vertreter auch „stinkend potent" oder „verbrannt fleischartig" im Angebot.

Die Schwefelverbindungen der Maillard-Reaktion sind nicht ungefährlich. Tests, die in den achtziger Jahren vor allem in den USA, in Japan und den skandinavischen Ländern durchgeführt wurden, lassen kaum einen Zweifel daran: Chemikalienmischungen, die während der Maillard-Reaktion entstehen, rufen in verschiedenen Bakterientests fast regelmäßig Erbgutveränderungen hervor, ohne daß es bislang eindeutig gelungen wäre, einzelne Substanzen verantwortlich zu machen.[22] Die dänischen Toxikologen John C. Larsen und E. Poulsen berichten: „Es ist heute wohlbekannt, daß beim Erhitzen einer großen Zahl von Lebensmitteln erbgutverändernde (mutagene) Verbindungen gebildet werden. Besonders das Braten, Grillen und Kochen proteinreicher Nahrung, allen voran von tierischem Muskelfleisch, führt dazu."[23] Aminosäuren können mit Substanzen aus der Gruppe der Amino-Imidazo-Azarene reagieren, die bei der Maillard-Reaktion entstehen. In Tierversuchen haben die Reaktionsprodukte bei Mäusen und Ratten Krebs erzeugt. „Sie verdienen deshalb ernsthafte Beachtung als mögliche Gefahren für die menschliche Gesundheit", meinen Larsen und Poulsen. Das Risiko einzelner Substanzen abzuschätzen ist allerdings nicht möglich, weil bisher wenig über die chemischen Prozesse bekannt ist. Sicher ist nur: Je höher die Temperatur beim Kochen oder Braten ansteigt, desto stärker wird das Erbgut geschädigt.[24]

Die Nahrungsmittelindustrie sollte aber vermeiden, durch chemische Imitation des Kochens und Bratens zusätzliche Gefahren heraufzubeschwören. Bis heute ist kein Verfahren bekannt, das mutagene und krebserregende Einzelsubstanzen aus den Koch- und Bratchemikalien verbannt. Hinzu kommt, daß viele der altbekannten Fleischaromen ebenfalls Mutationen bei Bakterien auslösen, so zum Beispiel sechs von acht Extrakten, mit denen klare Brühen hergestellt werden.[25] Experten des Bundesgesundheitsamts (BGA) fanden zudem, daß zwölf von zwanzig unterschiedlichen Fleischaromen das Erbgut von Bakterien des Typs Salmonella typhimurium schädigten. Was liegt näher, als diese suspekten Fleischaromen zum Schutz der Verbraucher einfach zu verbieten? Nicht so die BGA-Beamten. Sie empfehlen vielmehr der Industrie zu prüfen, „ob durch Änderung der Technologie der Herstellung die mutagene Wirkung gesenkt werden könnte".[26]

Anmerkungen:

1) Nestlé (1979): Bundesrepublik Deutschland Patentschrift DE 2452693 vom 21.6.1979, Verfahren zur Aromatisierung von Nahrungsmitteln, Inhaber: Societé des Produits Nestlé S.A., Vevey, Schweiz
2) Burger,A.M., Die natürlichen und künstlichen Aromen, Heidelberg 1968, S.97
3) EG (1988): EG-Rat, Richtlinie des Rates vom 13.6.1988 zur Angleichung der Rechtsvorschriften der Mitgliedsstaaten über Extraktionslösungsmittel, die bei der Herstellung von Lebensmitteln und Lebensmittelzutaten verwendet werden, in: Amtsblatt der Europäischen Gemeinschaften vom 24.6.1988
4) MAK, 1986
5) Selbmann, H.F., Die Kennzeichnung von Aromen in der Zutatenliste, in: Süßwaren 6/1983, S. 200-205
6) ZSW, November 1987
7) Rothe, M., Handbuch der Aromenforschung, Einführung in die Aromenforschung, Berlin, DDR, 1978, S.89
8) Statistisches Jahrbuch, Ernährung, Landwirtschaft und Forsten (ELF), 1987
9) Haarmann & Reimer, o.J.
10) Selbmann, a.a.O., S.200
11) Schwedt, G., Chemie und Analytik der Lebensmittelzusatzstoffe, Stuttgart, New York 1986, S.49
12) Rothe, a.a.O., S.18
13) Daffertshofer, G., Aromatisierung von Riegeln, in: Gordian 4, 1985, S.65-67

14) Food Engeneering, 1985
15) Dragoco (1985): Bundesrepublik Deutschland Patentschrift DE 34 10 347 C 1 vom 12.9.1985, Aromagranulate und Verfahren zu deren Herstellung, Inhaber: Dragoco Geberding & Co GmbH, Holzminden
16) Food Engeneering, 1983
17) Wink, J., Lotz, A., Präve,P., Biotechnologisch hergestellte Aromastoffe, in: BTF — Biotech-Forum 4, 1987, S. 234-238
18) Food Engeneering, März 1983
19) Givaudan (1979): Bundesrepublik Deutschland Patentschrift DE 21 61 511 vom 1.2.1979, Verfahren zur Herstellung eines synthetischen Fleischaromas, Anmelder: L.Givaudan & Cie. S.A., Vernier-Genf
20) Pfizer (1978): Bundesrepublik Deutschland Patentschrift DE 25 06 715 C 3 vom 29.6.1978, Verfahren zur Herstellung von Geschmacksstoffen, die so hergestellten Geschmacksstoffe als solche und die Verwendung dieser Geschmacksstoffe, Inhaber: Pfizer Corp., Colón, Panama
21) IFF (1979): Bundesrepublik Deutschland Patentschrift DE 24 17 385 vom 31.5.1979, Verfahren zur Veränderung des Aromas von Fleisch- und Geflügelgeschmackszusammensetzungen, Anmelder: International Flavors & Fragrances Inc., New York
22) Barnes, W., Spingarn, N.E., Garvie-Gould, C., Vuolo, L.L., Wang, Y.Y., Weisburger, J.H., Mutagens in Cooked Foods, in: Waller, G.R., Feather, M.S., (Hrsg.), The Maillard Reaction in Foods and Nutrition, ACS Symposium Series 215, American Chemical Society, Washington 1983, sowie Jägerstad, M., Laser-Reuterswärd, A., Öste, R., Dahlquist, A., Grivas, S., Olsson, K., Nyhammar, T., Creatinine and Maillard Reaction Products as Procursors of Mutagenic Compounds formed in fried Beef, in: Waller, G.R., Feather, M.S. (Hrsg.), The Maillard Reaction in Foods and Nutrition, ACS Symposium Series 215, American Chemical Society, Washington 1983
23) Larsen, J.Ch., Poulsen, E., Mutagens and Carcinogens in Heat-Processed Food, in: Miller, K. (Hrsg.), Toxicological Aspects of Food, London and New York 1987
24) Pariza, M.W., Ashoor, S.H., Chu, F.S., Lund, D.B., Cancer Letters, 7, 1979, S. 63-69
25) Münzner, R., Mutagene Eigenschaften von Fleischaromen, in: Fleischwirtschaft, 1981, S. 1586-1588
26) Scheutwinkel-Reich, M., Reese, G., v. d. Hude, W., Untersuchungen zur Mutagenität von Fleischaromen mit natürlichen und/oder naturidentischen Aromastoffen, in: Z. Lebensm. Unters. Forsch., 1985, S. 207-210

Christiane Grefe

Gift für die Welt

Die Industriestaaten exportieren ihr Sondermüllproblem, statt es zu Hause zu lösen

Vor dem republikanischen Abgeordneten Michael Synar aus dem US-Bundesstaat Oklahoma lagen Dokumente über die Odyssee des Frachters *Khian Sea*. Fassungslos las Synar im Sommer 1988 von dem zwei Jahre dauernden und noch immer vergeblichen Versuch, fast 13500 Tonnen giftiger Verbrennungsrückstände aus Philadelphia irgendwo auf der Welt loszuwerden. Seit Mai, so schloß der Bericht, sei das Geisterschiff samt Ladung verschollen — irgendwo auf hoher See. Da tauchte die *Khian Sea* plötzlich wieder einmal auf: in Bijela, einem kleinen Hafen an der strahlend sonnigen, touristenbevölkerten Adriaküste im Süden Jugoslawiens.

„Ungiftig, ungefährlich, nicht entflammbar" — die Zollpapier-Lüge, vom Kapitän beim Auslaufen im Sommer 1986 unterzeichnet, nützte wenig. Niemand auf den Bahamas, im Heimathafen der unter liberianischer Flagge segelnden *Khian Sea*, wollte die schäbige Fracht aus den USA entladen. Die Besitzer bei der *Amalgamated Shipping Company* versuchten es daraufhin in der Dominikanischen Republik. Fehlanzeige auch dort, trotz emsiger Lobby-Bemühungen bis hin zum katholischen Bischof. Auf Bermuda war man ebenfalls mißtrauisch. Chile wollte den Giftmüll nicht in stillgelegten Minen deponieren und Honduras keine seiner Sümpfe damit trockenlegen. Auch Guinea-Bissau, ganz woanders, lehnte ab. In Costa Rica versuchten es die Betreiber mit der Umdeklaration des Giftes als Baumaterial für eine Hafenmauer — vergebens.

Erst in Haiti organisierte eine erzrechte Gruppe mit Verbindungen zu Kokainhandel und Militär die Importgenehmigung für einen Teil der gefährlichen Fracht. Immerhin 3000 Tonnen wurden im Oktober vergangenen Jahres auf einer abgelegenen Strand- und Mangroven-Halbinsel entladen, dieses Mal erfindungsreich verkauft als „Düngemittel". Wie befürchtet haben von dort laut *Greenpeace* starke Seewinde die giftigen Stäube in die nahe Stadt Gonaive geweht.

Die Militärs untersagten eine Demonstration oppositioneller Umweltschützer. Daraufhin protestierten haitische Flüchtlinge in Miami. Doch der Müll aus Philadelphia lagert immer weiter am Strand — obwohl die Regierung schließlich zugleich mit einem generellen Anlandeverbot für Giftschiffe auch den Abtransport der Flugasche anordnete. Die Odyssee der *Khian Sea* mit der verbliebenen Giftfracht führte zurück Richtung Philadelphia, dann über den Atlantik, schließlich ins Mittelmeer. In Jugoslawien dann kündigte der genervte Kapitän an, er werde den Dreck demnächst ins Meer schmeißen. Vielleicht tat er das längst: Statt 10 500 waren nur noch 3500 Tonnen an Bord. Niemand weiß, was mit dem Rest geschah.

Der „Gruselroman" der *Khian Sea*, so Michael Synar, war der Anlaß für US-Volksvertreter, ein Gesetz zum Verbot von Giftmüll-Exporten in die Dritte Welt vorzuschlagen. Mindestens 20 Millionen Tonnen hochgiftiger Abfälle schicken die westlichen Industrieländer jedes Jahr auf die Reise, schätzt die amerikanische *Greenpeace*-Sektion. Farben, Lacke Medikamente, Ölrückstände, Flugasche, PCB, Dioxin, Arsen und Asbest, Klärschlamm und Schwermetalle aus den Konsumparadiesen landen in Wüsten, Sümpfen und Flußdeltas, in Vorstadt-Slums und Hinterhöfen wuchernder Dritte-Welt-Metropolen.
Händler, Makler, Reeder und „Berater" profitieren vom blind verdrängten Alt- und Neulasten-Notstand der nördlichen Halbkugel — und von Armut, Verschuldung und Informationsmangel in den Ländern, die als Müllkippe dienen sollen. Ein blühendes und expandierendes Gewerbe versteckt sich zwischen Kriminalität und Gesetzeslücken hinter Briefkastenfirmen, wickelt in bar ab und ohne Schriftverkehr — mit Filialen auch in der Bundesrepublik.
Der giftige Handel von Europa in die Dritte Welt „könnte sehr profitbringend sein und wird in Zukunft mit großer Wahrscheinlichkeit noch zunehmen", urteilte ein Gutachter für die OECD. Das ganze Ausmaß des Skandals ist unbekannt. Auch der Experte Jan Huismans zuckt die Achseln: „Niemand weiß, was wirklich los ist", sagt der Direktor des Internationalen Registers für potentiell gefährliche Giftstoffe der Vereinten Nationen.
Auch die Leute von *Greenpeace* meinen, nur die „Spitze eines Eisbergs" zu kennen: „Unsere Berichte spiegeln nur die Fakten, die wir erfahren haben", sagt David Rapaport vom *Greenpeace*-Büro in Washington. „Wahrscheinlich ist alles viel schlimmer." Japan läßt seinen Wohlstandsballast in Südostasien und im Pazifik verschwinden. Singapur schiebt zum Nachbarn Thailand ab. Dubios etikettierte Fässer rollen von Westeuropa überwiegend nach Afrika, nach Großbritannien und in den devisenhungrigen Ostblock. Amerikanischer Industrieabfall landet in Afrika, Kanada, Europa, Lateinamerika und der Karibik. Das Netz der Giftmüllstrecken rund um den Globus ist dicht gespannt.

Es handelt sich um Riesenmengen: *American Security*, ein Unternehmen in Florida, plant laut seinem Präsidenten, „mehr als 100 000 Fässer im Monat" in Argentinien, Uruguay und Paraguay wegzuwerfen. Robert Zeff, ein Rechtsanwalt aus Detroit mit berühmten Prominenten-Scheidungserfolgen und einer Yacht in Miami, plante den Vier-Millionen-Tonnen-Deal mit Guinea-Bissau, einem der allerärmsten Länder der Welt. Dabei wollte Zeff pro Tonne Dreck 100 Dollar in die eigene Tasche wirtschaften: 400 Millionen Reingewinn.
Früher als in Europa mußten in vielen Bundesländern der USA die Firmen bei dem Aus-dem-Auge-aus-dem-Sinn-Prozeß teure Umweltschutz-Auflagen erfüllen. Die Gebrüder Colbert beispielsweise hatten unbekannte Mengen Gift in Indien, Südkorea, Nigeria und Simbabwe abgesetzt — in Behältern, die mit dem Aufkleber „Putzmittel" versehen waren. Die Transporte gelangen in immer abgelegenere Regionen der Erde, auch weil inzwischen viele Drittwelt-Staaten die schmutzigen Schmutz-Geschäfte untersagen. Im Juni 1988 lehnten König und Kabinett von Tonga das Angebot der kalifornischen *Omega Recovery Services* ab, die Südseeinsel mit Wohlstandsmüll zu überhäufen. Mehrere US-Firmen verhandeln in Papua-Neuguinea. Die Amerikaner hatten gleich die passende Verbrennungsanlage mitliefern wollen.
15 000 Tonnen hochgiftiger Asche aus Philadelphia mußte ein norwegisches Schiff in Guinea wieder abholen. Die Reederei *Klaveness* hatte gemeinsam mit der amerikanischen *Bulkhandling* im April auf Kassa Island vor der guineischen Hauptstadt Conakry Material deponiert, das laut der US-Umweltbehörde

außer Blei, Zyanid und Chromverbindungen höhere Dioxin-Konzentrationen enthielt, als man je in Times Beach ermittelte — jenem Kaff in Missouri, das zur verseuchten, menschenleeren Geisterstadt wurde. Auch auf der afrikanischen Insel starben innerhalb kürzester Zeit die Pflanzen zu schwarzen Krüppeln ab. Man wisse noch nicht, wo das Gift nun hingebracht werden solle, lautet die letzte Nachricht aus Oslo.

Doch spätestens seit im winzigen nigerianischen Hafen Koko auf einem Privatgrundstück 2000 Tonnen italienischen Giftmülls gefunden wurden, ist klar, daß auch die europäischen Industriegift-Erzeuger Dreck am Stecken haben. Wie nach dem Stich in eine Eiterbeule kamen immer neue dunkle Geschäfte in afrikanischen Ländern ans Tageslicht: Fünf Schiffstransporte von Italien nach Nigeria sind seit 1987 nachgewiesen. In Sierra Leone waren Polizisten alarmiert, als sie im Hafen der Hauptstadt Freetown 20 falsch deklarierte Giftmüllsäcke fanden. Wenig später entdeckten sie 625 weitere Behälter in einem Flußbett. Die Anwohner hatten sich gewundert: Sie litten unter Augenbrennen und quälender Übelkeit. Weitere Pläne wurden unter anderem für Benin und Äquatorial-Guinea bekannt. Afrika protestierte: Bei der Konferenz der „Organisation für Afrikanische Einheit" (OAU) im Mai 1988 ging es voller Leidenschaft gegen den „Kolonialisten-Dreck", gegen die „neue Sklaverei", den „Angriff auf Afrikas Würde", den „Gift-Terrorismus". Die betroffenen Länder kündigten an, vereinbarte Importe zu stornieren und Verhandlungen abzubrechen.

Starke Worte — doch Skepsis ist angebracht. Es fehlen wirksame Zollkontrollen. „Wir sind wehrlos", schrieb die nigerianische Zeitung *Daily Sketch*. In Guinea landete die tödliche Fracht, obwohl zwei Jahre zuvor ein Gesetz gegen Giftmüll-Importe erlassen worden war. Doch vor allem gibt es für die Bereitschaft, Müllkippen zur Verfügung zu stellen, kleine und große Geschenke für korrupte Individuen und Zahlungen an erbärmlich verschuldete Staaten. Er selbst habe Verträge zwischen afrikanischen Ministern und Firmen mit dem Stempel „Vertraulich" gesehen, sagt Jan Huismans: „Die wissen schon, was sie tun."

Beim Transport des Giftes wurde ein Dorf nördlich von Beirut verseucht. Ein Teil des Mülls landete später auch noch im Hafen. Seitdem traute sich lange Zeit niemand mehr, an den Küsten in der Nähe der Hauptstadt zu baden oder zu fischen. Als der libanesische Wissenschaftler Pierre Malishif das Gift auf seine Inhaltsstoffe prüfen wollte, rang er verzweifelt nach Luft und mußte ins Krankenhaus gebracht werden. Auch im Giftmüll-Handel mit afrikanischen Staaten, das behauptet der engagierte italienische Anwalt Francesco Rizzuto, sind Waffen ein beliebtes Tauschobjekt. Eines der Totenschiffe in Nigeria soll laut der Abgeordneten Laura Cima einer Waffenschmiede gehören.

Siebzig bis neunzig Mark für jede Tonne Müll wurden Guinea-Bissau angeboten. Zum Vergleich: In der Bundesrepublik kostet die Beseitigung auf öffentlichen Deponien mindestens 280 bis 350 Mark; bei manchen Entsorgungsmethoden geht der Preis auf bis zu 1700 Mark hoch. Für die Verbrennung PCB-haltiger Abfälle müssen die Firmen sogar bis zu 4000 Mark aufbringen. Das Dumping in Übersee also lohnt sich — zumal die Transportkosten per Schiff lächerlich niedrig sind. Guinea-Bissau andererseits könnte als Abfalleimer des Westens jedes Jahr mehr verdienen, als das gesamte Bruttosozialprodukt von knapp 300 Millionen Mark ausmacht — eine längerfristig zuverlässige, doch vielleicht schon kurzfristig gefährlich zerstörerische Einnahmequelle.

Seine Pläne für weitere Exporte in dieses Land hat der Genueser Unternehmer Gianfranco Ambrosini trotz internationaler Proteste nicht aufgegeben. Der einschlägige Giftmüllhändler war nicht nur in Nigeria-Geschäfte verwickelt. Er schickte außerdem das Geisterschiff *Lynx* mit auf die Reise, das im August 1987 11 000 Giftfässer im venezolanischen Puerto Cabello auslud, nach einem vergeblichen Dumping-Versuch in Dschibuti. Tote Fische trieben in Puerto Cabellos Gewässern. Die Dorfbewohner klagten über dauernde Schmerzen, Jucken und Hautausschlag aufgrund der aus rostenden Fässern entwichenen toxischen Gase. Manchen fielen die Haare aus. Ein kleiner Junge, der in der Nähe der Müllkippe gespielt hatte, starb. Das Gift mußte wieder zurückgenommen werden. Als die brisante Ladung auf der *Makin* und später auf dem Frachter *Zanoobia* noch weitere neun Monate lang über Syrien und Griechenland nach Italien zurücksegelte, kam auch ein Besatzungsmitglied um an den Wirkungen der schäbigen Fracht. Die anderen 18 Männer an Bord, Syrer und Libanesen, müssen noch immer Kopfschmerzen, Übelkeit und Hautausschläge ertragen. Seit Mai warten sie im Hafen von Genua an Bord ihres Schiffes. „Es stinkt", sagt Ahmed Tabalo, der Kapitän. „Die Italiener kommen mit Schutzanzügen — wir kriegen keine. Wir leben vom Fischen. Richtig ernährt sind wir seit langem nicht." Erst auf Druck versprach die Regierung, ab dem 8. August 1988 entladen zu lassen. Was dann mit dem Gift passiert? „Nobody knows", sagt Tabalo — keine Ahnung. Daß in Holland oder kürzlich in Rumänien Giftmüll-Händler verhaftet wurden, die Manager von *Jelly Wax* jedoch weiter frei herumlaufen, findet Francesco Rizzuto „zum Schämen! Die Regierung wußte von dem Nigeria-Geschäft. Die haben gekungelt."

Gianfranco Ambrosinis Briefkasten-Büro *Intercontrat* in Zürich ist zwar gekündigt; „wir haben uns aufgrund der Skandale von Herrn Ambrosini getrennt", sagt der Vermieter. Doch: „Nein, nein — es gibt uns!", versichert der Händler selbstbewußt. Nur „vorübergehend bis zum nächsten OAU-Gipfel im Herbst" sei seine Vereinbarung mit Guinea-Bissau über 50 000 Tonnen jährliche Lieferung ruhiggestellt. Schließlich habe er „richtige Verträge mit richtigen Ministern" unterzeichnet. Auch mit der Regierung des Senegal verhandle er, sagt Ambrosini — über eine Deponie 40 Kilometer nördlich von Dakar. Mehrere andere Nationen, möglichst wüstenreich, habe er schon im Auge, zum Beispiel den Nordjemen. Für das Zögern der afrikanischen Partner zeigt Ambrosini vornehm Verständnis: „Wir machen schließlich Geschäfte mit Gift", scherzt er, „und nicht mit Schokolade."

Die Endlagerung von giftigen Substanzen in der unheimlichen Stille der fisch- und vogelreichen, silbrig grünen Mangrovensümpfe des Cacheu-Flusses in Guinea-Bissau wird auf ihre Umweltschädlichkeit hin geprüft. Ein Projekt der „Europäischen Entwicklungshilfe-Stiftung" zur Förderung der Flußfischerei für die mangelernährte Bevölkerung wäre allemal gefährdet. Lebensmittelerzeugung gegen Mülleimerdienste für die Industriestaaten: Ist dies etwa eine neue Variante der Handelsbeziehungen zwischen Kolonialherren und -knechten?

Ganz sicher aber könnten Feuchtigkeit und Hitze alle möglichen unberechenbaren chemischen Prozesse in Gang setzen. Signor Ambrosini will mit all dem nichts zu tun haben: „Man muß es richtig machen", befindet er, „dann kann man es auch machen".

Reichlich überdreht scheint ihm die ganze Diskussion um Dritte-Welt-Exporte:

„Wenn Sie bedenken, welche Giftmengen jeden Tag hier in unsere europäischen Flüsse gekippt werden..." Der EG-Parlamentarier Francis Roelânts Du Vivier vermutet, daß schon jetzt fast zehn Prozent der exportierten EG-Abfälle in Guinea-Bissau gedumpt werden — illegal, unbemerkt, auch ohne die Papiere irgendwelcher Behörden. In Nigeria wurden auch Abfalltonnen mit dem Aufdruck *BASF* und *Hoechst* entdeckt. Doch die bundesdeutschen Chemiekonzerne winken empört ab: Millionen benutzter Metallfässer seien im Umlauf; über deren Verwendung habe man keinerlei Kontrolle. Laut Francesco Rizzuto, dem Anwalt der *Zanoobia*-Mannschaft, recherchiert Interpol, ob das Dementi der deutschen Konzerne stimmt.

Doch der „Entsorgungs-Infarkt", den Bundesumweltminister Klaus Töpfer hierzulande kommen sieht, läßt auch bundesdeutsche Firmen zunehmend nach „Ausflüchten aus dem Dampfkessel" suchen — so ergänzt blumig Töpfers Pressesprecher Hans-Peter Meister.

Die relativ billigen betriebseigenen Sondermüll-Deponien in der Bundesrepublik sind allmählich voll. Erweiterungen werden wegen der strengeren Umweltschutzauflagen immer teurer. Bei schwindender Deponie- und Verbrennungskapazität müssen die Unternehmer Müll-Entsorgung zunehmend als Dienstleistung beanspruchen — für immer mehr chemische Substanzen. Die Materialliste des Abfallgesetzes wurde seit der viel zu späten Entdeckung der Schadstoffgefahren in den siebziger Jahren,

also mit der Zunahme des Umweltbewußtseins, ständig erweitert. Das betrifft nicht nur zahlreiche neue Chemikalien, sondern auch deren veränderte Einordnung. Wenn beispielsweise ein Auto in der Spritzkabine lackiert wird, erläutert Hans-Hermann Schwarz von der Essener Recyclingfirma „Kleinholz", dann floß früher die Flüssigkeit mit dem Wassernebel einfach in den Gully. Heute muß sie gesammelt und aufbereitet werden.
Rund fünf Millionen Tonnen Sondermüll fallen in der Bundesrepublik jedes Jahr an. In der Statistik wird dieser Zuwachs allerdings durch die Undurchschaubarkeit der Abfallhändler und -händel relativiert. Niemand kennt *genaue* Zahlen: Einerseits werden Abfälle registriert, die gar nicht unter das Gesetz fallen, andererseits drücken sich Firmen durch Falschdeklaration vor den Kontrollen. Vor allem aber hakt das Erhebungsverfahren: Oft wandern die schädlichen Materialien vom Industriebetrieb aus erst in ein Zwischenlager. Damit ist der Fabrikbesitzer nicht nur vom Verursacherprinzip befreit — es beginnen auch rege Verschiebe-Bewegungen. Ein Teil des Mülls wird vielleicht von einer Recyclingfirma gekauft, ein anderer geht zu einer Deponie. Die Firma schafft wiederum Reststoffe zu einer Verbrennungsanlage und bereitet andere durch Zusatz von Sägespänen zu sogenannten Ersatzbrennstoffen auf, die wiederum an ausländische Werke verkauft werden.
Bei jedem genehmigten Transport wird zur Kontrolle ein Begleitschein ausgestellt. Die Papiere dienen als Grundlage für die Statistik. Doch auf diese Weise wird der gleiche Müll mehrfach gezählt. „Das liegt begründet im Wesen des Begleitscheins als solchem", erläutert Herr Eitel von der baden-württembergischen Landesanstalt für Umweltschutz. „Irgendwo zwischen 2,8 und 8 Millionen Tonnen im Jahr" setzt denn auch ein Sprecher der Firma *inplus* die Menge des registrierten Sondermülls an.
Wohl keine sonderlich fundierte Planungsgrundlage: Braucht man mehr oder weniger Verbrennungsanlagen als die derzeit geplanten zehn, die man an 23 Standorten durchzusetzen versucht? Fast ist die Frage müßig. Denn ob in Ladenburg oder Weißhorn, ob in Kehl oder Biebesheim, überall kämpfen Bürgerinitiativen gegen die Umweltgefährdung durch eilige Planungen.
Der Staat hat jahrelang geschlafen. Weder ist die Entsorgung kontrolliert gesichert, noch werden die Firmen zur Müllvermeidung gezwungen. „Wenn die Deponie Schönberg dicht macht, bevor die DDR eine Sondermüllverbrennungsanlage aufgebaut hat", sagt Andreas Ahrens von der Hamburger „Umweltschutzgruppe Physik-Geowissenschaften", „und wenn gleichzeitig die Dünnsäure-Verklappung in der Nordsee aufhört, dann wird es für die Industrie ab Anfang der neunziger Jahre wirklich eng."
So entsteht ein riesiger Markt für Abfallbeseitiger, der grenzüberschreitend wächst und derzeit aufgeteilt wird — mit dazugehörenden Konzentrationserscheinungen. Schon handelt der US-Gigant *Chemical Waste Management* seine Aktien an der Zürcher Börse. Der Schweizerische Bankverein rät zum Kauf bei einem Unternehmen, das in den USA nach „aggressiver Übernahmetätigkeit" jährlich Nettogewinnzuwächse von 25 Prozent erreicht. Auch in der Bundesrepublik gibt es bereits Kooperationen mit der Firma „Edelhoff" bei der Seeverbrennung. „Die *Waste* klopft", wie Karl-Erwin Staudenmaier von der Salacher Firma „Weber" ehrfürchtig erklärt, „auch hier an viele Türen."
Dabei geht „ohne Export", so Karl-Erwin Staudenmaier, „in der Bundesrepublik aufgrund der politischen Versäumnisse gar nichts." Hussein Helmy, der Abfallfachmann aus Essen, bestätigt: „Zur Zeit versucht jeder, im Ausland Deponien zu errichten." Und zum Ausland gehört auch die Dritte Welt. „Die Mafiosi sind unterwegs", sagt Helmy, „sie sammeln bei den Firmen." Sein Beratungs-Unternehmen „AVB" erhielt, etwa von Strohmännern schweizerischer Export-Vermittlungs-Agenturen, zahlreiche Angebote — unter anderem zum Transport in den Kongo. „Die wollten das ohne abfallrechtliches Verfahren rausschaffen. Aber ich wollte nicht schwerreich werden und im Gefängnis sitzen", sagt Helmy.
In Afrika wollte Helmy, der sein Vorhaben inzwischen „so gut wie aufgegeben hat", ein „Planfeststellungsverfahren nach deutschem Vorbild" einleiten. Bei den Behörden legte er das Papier

eines ihm gewogenen liberianischen Handelsbevollmächtigten vor. Doch: „So geht es nicht!“, kommentiert der Abfalldezernent des Regierungsbezirkes Arnsberg, Martin Arnemüller, den Antrag.

Die Landesarbeitsgemeinschaft Abfall (LAGA), ein Zusammenschluß der für Genehmigungen zuständigen Behörden, hat kürzlich beschlossen, Exporte in Länder der Dritten Welt grundsätzlich nicht zuzulassen. Doch ist diese Übereinkunft rechtlich nicht bindend.

Auch die zwei Jahre alte EG-Richtlinie, die nach der Odyssee der Seveso-Fässer beschlossen wurde und der zufolge jedes Empfängerland seine Bereitschaft zur Aufnahme von Industrieabfällen erklären und die notwendige Entsorgungs-Technologie nachweisen muß, wird nach Angaben der Behörden ebenfalls praktiziert. Damit ist aber nicht unbedingt verhindert, daß Müll aus der Bundesrepublik über andere europäische Länder in die Dritte Welt gerät — wie offenbar in Italien geschehen. Auch das holländische Umweltministerium hat gerade einen Händler in Rotterdam im Visier, der als Schaltstelle nach Afrika fungiert.

Martin Arnemüller graust es vor dem 1992 geplanten europäischen Binnenmarkt, der die Zollgrenzen durchlässig machen soll: „Dann werden wir überhaupt nichts mehr kontrollieren können.“

Es gibt noch ein weiteres, ganz legales Schlupfloch in Dritte-Welt-Länder: Als Brennmaterial einfach auf dem Papier umdeklariert — oder umgeformt zum Beispiel zu Ersatzbrennstoffen (EBS), also im Gemisch mit Sägemehl und anderen Materialien, ist Giftmüll als „Wirtschaftsgut“ nur noch eine Handelsware zwischen zwei privaten Firmen. Dann unterliegt er nicht mehr dem Abfallrecht mit seinen bei 100 000 Chemikalien und nur rund 3000 Analyseverfahren allerdings auch unzulänglichen Kontrollen.

So handelte die Salacher Firma „Weber“, zu deren Kunden Siemens, Bosch und Daimler-Benz gehören, legal, als sie ihr EBS-Geschäft mit einem Zementwerk im türkischen Isparta abwickelte. Doch statt verbrannt zu werden, lagerten die 1500 Tonnen grauer Masse, die sich aus 168 einzelnen Industrierückständen zusammensetzt, fast ein halbes Jahr lang in der zuletzt glühenden Sommersonne, stinkend, notdürftig mit einer Plane bedeckt, ohne Abdichtung zum Grundwasser hin. Schließlich wurde sie auf Kosten der türkischen Firma nach Rotterdam verschifft.

Greenpeace-USA plädiert dafür, Giftmüll-Exporte grundsätzlich zu verbieten. Nur so könnten die Umweltrisiken und die Katastrophengefahr bei Transporten vermieden werden — nur so werde der Druck auf die Unternehmen groß genug, mehr Energie in Abfallvermeidungs- und Umwandlungsstrategien zu stecken. Regelrechte Stoffbilanzen, fordert Andreas Ahrens, müßten diese Bemühungen durchsichtig machen und eine Kontrolle darüber ermöglichen, daß Gift nicht einfach irgendwo verschwindet. Zentrales Problem ist für Michael Braungart vom Zentrum für soziale und ökologische Technik die Genehmigung von Zwischenlagern, weil diese die eigentlichen Verursacher von der Abfallbeseitigung entlasten: „Die muß man verbieten!“ Auch die Vermischung mit anderen Stoffen müsse untersagt werden: „Wer gegen den Export vorgehen will, sollte den Giftmüll-Panschern das Handwerk legen.“ Nur als Zwischenlösung und nur für den geringen Teil der Abfälle, die überhaupt durch Verbrennen beseitigt werden müßten, schlägt er den Bau von wenigen Verbrennungsanlagen mit rigorosen Schadstoff-Filter-Systemen vor.

Die Vereinten Nationen wollen in einem Weltvertrag Exporte nicht verbieten, sondern nur regeln. Nach dem Stand der Dinge sollen Dritte-Welt-Länder nur dann westlichen Müll aus Industrieländern importieren, wenn sie über die entsprechende umweltfreundliche Entsorgungs-Technologie verfügen. Deren Aufbau, so die Forderung aus Ländern der südlichen Halbkugel, soll per technischer Entwicklungshilfe unterstützt werden. „Wir geben zu“, sagt Jan Huismans, „daß das noch nicht genügend der Verhütung von Exporten dient.“ Auf seinem Schreibtisch hoch über dem Genfer See hocken, mitten zwischen Papierstapeln, drei Affen. Der eine hält sich die Augen zu, die Ohren der andere, ein dritter den Mund. Nichts hören, nichts sehen, nichts sagen — die berühmte Gruppe sei ein Geschenk seiner Tochter:

„Das hat wohl sehr viel mit deiner Arbeit zu tun", habe sie ihm erklärt. Doch die Abschieberei in die Dritte Welt macht ohnehin nur die Spitze des Müllbergs aus, den die Industrieländer tagtäglich über ihre Grenzen schaffen. Erst recht innerhalb Europas profitiert man, so formuliert es Karl-Erwin Staudenmaier, „von der ganz anderen umweltphilosophischen Betrachtung" der anderen. Zum Beispiel beim Ostblock, bei Frankreich und Belgien — und bei Großbritannien: „England", so triumphieren Hussein Helmy und Hans-Hermann Schwarz von „Kleinholz", „erlaubt oft die fünffache Schadstoffmenge im Vergleich zur Bundesrepublik! Das müssen wir Abfallbeseitiger nutzen." Und nachdenklich: „Warum nicht? Die haben andere Grenzwerte — aber wir haben keine Alternative." Auch wenn Staudenmaier bei einer Großbritannien-Reise dort „keine einzige Deponie" gesehen hat, „die hiesigen Anforderungen entspräche": Die Einfuhren europäischen Giftmülls in das Inselreich sind laut *Greenpeace* von 5000 Tonnen im Jahr 1983 auf über 250 000 Tonnen nur vier Jahre später gestiegen.

Maggy Thatchers freier Markt wirkt denn auch animierend: Direkt aus dem Londoner Wirtschaftsministerium kam angeblich der Tip, auf den die Zürcher IPM (Industrie Projekt Management) baut: das „große Loch" mit einer Lagerkapazität von 20 Millionen Kubikmetern. Es liegt in Fife, in Schottland, und besteht aus einem leergeschürften Kohlenbergwerk. Das sollte nun, so IPM-Geschäftsführer Heinz Wienbrauck, zum „Recycling Technology Park" umfunktioniert werden. „Die Stundenlöhne stimmen", sagte Wienbrauck, „und die Arbeitslosenrate stimmt." Also versuchte er im Herbst 1987, die schottischen Behörden von seinem Sondermüll-Projekt zu überzeugen, das nach seinen Worten für die nächsten zehn bis 15 Jahre ganz Europa erlösen könnte. Bislang sperren sich die Schotten gegen seine Idee der „Ent-Produktion", also der aufwendigen Rückgewinnung von Rohstoffen aus Industrieabfall und giftigem Hausmüll im großen Stil.

Allein bis zu 500 000 Tonnen Filterstaub sollten nach Fife gebracht werden, so die „Option eines bundesdeutschen Vertragspartners". Wienbrauck lockte in einem Papier für potentielle Anteilseigner mit Riesengewinnen: Bei Investitionen von nur fünf Millionen Schweizer Franken würden über 100 Millionen Gewinn herausspringen. Daß die Pläne politisch nicht unumstritten sein würden, war auch dem Zürcher Geschäftsmann klar. IPM wollte darum für mehr Akzeptanz sorgen: Bis 8000 englische Pfund im Monat müßten wohl noch eine Zeitlang „investiert" werden, „um all die politischen Widerstände bei bestimmten schottischen Politikern zu überwinden."

*

Nach Erscheinen dieses Artikels in der ZEIT im August 1988 ist viel geschehen:

Die Strategie des kruden „dumping", also der unmittelbaren Deponierung giftiger Stoffe in offener Landschaft, scheint durch die öffentlichen Proteste und Zusammenschlüsse von Ländern der sogenannten Dritten Welt zurückgegangen zu sein. An seine Stelle treten jedoch zunehmend Müllprojekte anderer Art: Die Exporte werden unter dem Deckmantel „Recycling", „Energie-Erzeugung" oder „Technologie-Transfer" versteckt. Dabei werden den armen Ländern Anlagen aufgeschwätzt, die Haus- und Giftmüll verbrennen und dabei gleichzeitig Energie erzeugen sollen. Mindestens 80, manchmal sogar 100 Prozent des verbrannten Mülls dürfen dabei nicht aus eigenem Müllaufkommen, sondern müssen aus dem Ausland stammen. Angesichts solcher Verträge tun sich laut Financial Times allein für Lateinamerika „potentiell unbegrenzte Dollarquellen" auf. In den Vertragsentwürfen für solche Projekte ist aber auch stets vorgesehen, daß die Verbrennungsrückstände — also Flugaschen, Filterstäube und hochgiftige Schlacken — im jeweiligen Importland bleiben müssen. Das heißt: Die zehn bis vierzig Prozent der angelieferten Müllmenge, die nach der Verbrennung immer noch übrig bleiben. müssen noch entsorgt werden. Doch dafür fehlen sowohl die Vorrichtungen als auch das Know-how. Im Frühjahr 1989 handelten die Mitglieder der UN-Umwelt-Organisation UNEP die „Basler Konvention zur Umwelt-Kontrolle grenzüberschreitender Abfalltransporte" aus.

34 Staaten haben sie bisher unterzeichnet. Zentrale Bestimmungen der Konvention:

- ○ Die schriftliche Zustimmung der zuständigen Behörden eines Empfängerlandes wird verlangt, noch bevor der Export im Absenderland genehmigt werden darf.
- ○ Ein Exportverbot in diejenigen 43 Staaten, die die Lagerung giftiger Abfälle aus dem Ausland durch nationale Gesetze oder Erklärungen verbieten.
- ○ Eine staatliche Re-Importpflicht für illegal importierte Abfälle.
- ○ Eine Ausweitung der aufgelisteten Abfälle auf Hausmüll und Rückstände aus der Müllverbrennung, allerdings *nicht* auf radioaktiven Abfall.
- ○ Die Einrichtung eines Sekretariats, das Beschwerden entgegennimmt, den Informationsaustausch organisiert, das den Technologietransfer von Entsorgungstechnologien in Entwicklungsländer betreiben soll und bei dem alle internationalen Müllgeschäfte angemeldet werden müssen.

Der Nachteil dieser Konvention: Ein regelrechtes Exportverbot konnte nicht durchgesetzt werden. Stattdessen gibt es nur eine weltweite Genehmigung mit Einschränkungen und Ausnahmen. Abgelehnt wurde auch die Forderung, exportierte Abfälle dürften in fremden Ländern nur nach dem technischen Standard der Exportländer behandelt werden. Auch die Verantwortung für Schäden, die durch gelagerten Giftmüll entstehen könnten — und bereits entstanden sind -, wollten die Industriestaaten nicht übernehmen. Sie weigerten sich in Basel, über entsprechende Haftungsfragen auch nur zu diskutieren. Das größte Schlupfloch ist Artikel 11 der Konvention. Er erlaubt bilaterale Müllhandelsverträge mit Dritten, also Staaten, die die Konvention nicht unterzeichnet haben. Als Bremsklotz betätigten sich dabei vor allem die deutschsprachigen Staaten — allen voran die Bundesrepublik, die vor allem ihre Müllgeschäfte mit den Ostblockstaaten absichern wollte. Müllexporte in Dritte-Welt-Staaten werde man verbieten, versicherte die Bundesregierung. Gleichzeitig jedoch sickerte aus dem Umweltministerium durch, daß technische Hilfestellung für gegenüber den Industriestaaten „entsorgungsbereite Nationen" gegeben werden sollte, und zwar über das beschlossene und mittlerweile in Genf eingerichtete UNEP-Sekretariat.

Einen eigenen Weg ging die Organisation für Afrikanische Einheit (OAU).Sie verabschiedete im Juni 1989 eine eigene Konvention. Diese verbietet alle Mülltransporte, einschließlich radioaktiver Abfälle, in irgendeines der Mitgliedsländer.

Im Dezember 1989 wurde darüberhinaus eine Bestimmung über Müllgeschäfte in das vierte Abkommen von Lomé integriert. Jeder Export aus einem EG-Land in ein AKP-Land (das sind vor allem die einstigen Kolonien in der sogenannten Dritten Welt) ist demnach untersagt. Ein wirklicher Erfolg — sind doch damit fast die Hälfte der Weltnationen für Müllgeschäfte rechtlich gesperrt.

Brigitte Wormbs

Diesseits von Eden

Ausblick auf den Emscher-Park

Der Aufstieg ist steil, nicht schwierig, aber auch nicht ganz ungefährlich. Schritt für Schritt kommen wir unserem Ziel näher, erreichen schließlich das Aussichtsplateau in luftiger Höhe über den alltäglichen Niederungen. O Lust, von hier zu schauen! Weit über grüne Baumwipfel und blühende Wiesen schweifen die Blicke zum westlichen Horizont, wo der von Weiden und Erlen gesäumte Fluß sein tiefklares Wasser dem Rhein zuführt. Darin spiegelt sich das Himmelsblau; ein Blau, so blau, wie es uns einst versprochen worden ist, als die schwarz-rot-braune Dunstglocke über diesem Gebiet auch an den sonnigsten Maientagen nur einen fernen, blassen Schimmer von Himmelsblau in ihrem Scheitelpunkt erkennen ließ. Aber auch damals, vor dreißig Jahren, als noch Jahr für Jahr zigtausend Tonnen Staub aus Hütten und Zechen auf das Revier der Montanindustrie fielen, war die Zuversicht in eine hellere Zukunft dieser Gegend schon so alt wie ihre rußgeschwärzte Vergangenheit. Und wo sie hinsieht, wächst Gras, und sei es erst in Plänen und Gedanken.

Auch heute, am 31. Mai 1990, ist es in Wirklichkeit noch nicht so weit mit der Anmut des Landes, wie es die Vision von der erklommenen Höhe vorspiegelt. Es ist nicht die Höhe eines Berges, die uns den Überblick verschafft, sondern die Gichtbühne eines Hochofens aus der Zeit, als die Region hier noch in ihrer dunkelsten Gegenwart steckte. Als historische Sehenswürdigkeit und aktuelle Aussichtsgelegenheit zugleich soll das Industriedenkmal den Wandel des Reviers überdauern, der zur Zeit von Planern und Politikern ins Auge gefaßt wird.
"Sich die Zukunft ausmalen — das Zukunftsland schauen ... wen lockte es nicht?" schrieb Wilhelm Liebknecht in jener eben erst eingeschwärzten Gegenwart vor hundert Jahren in seinem Vorwort zur deutschen Übersetzung von William Morris' utopischem Roman „News from Nowhere", den die „Neue Zeit" damals unter dem Titel „Kunde von Nirgendwo" veröffentlichte. „Das einzige, was wir über die Lage von Nirgendwo wissen", fügte Liebknecht seinerzeit hinzu, „ist, daß es nicht da liegt, wo wir sind. Nirgendwo, das ist die Welt der Wünsche, der Träume, der Ideale."

Morris hatte sich indes keineswegs ein bodenloses Wolkenkuckucksheim irgendwo im Nirgendwo vorgestellt, sondern die Verwandlung seiner eigenen Umgebung, der „finsteren, dumpfigen, rauchgeschwärzten" Industriestadt London in eine anmutige Gartenstadt inmitten blühender Kulturlandschaft ausgemalt. An diese Utopie erinnert die Vision der „Zukunft alter Industriegebiete", die mit der Internationalen Bauausstellung der neunziger Jahre unseres Jahrhunderts hier verwirklicht werden soll, wo wir jetzt sind. Inmitten eines der am stärksten von der industriellen Verwüstung während der vergangenen hundert Jahre betroffenen Gebiete Mitteleuropas soll etwas entstehen, das mit einem ebenso verblüffenden wie verheißungsvollen Wort-Paar bezeichnet wird: E m s c h e r - P a r k .
„Der Name 'Park' ", so heißt es im Memorandum zur geplanten Verbesserung Mitteleuropas, „verbindet die Vorstellung von Natur und gestalteter Umwelt." In Meyers Lexikon steht das Wort „Park", abgeleitet vom lateinischen „parricus", dem „umzäunten Platz", gar für eine „großräumige gärtnerische Anlage, die ... die Gestaltung einer idealisierten Landschaft zum Ziel hat", ein dem Vorbild freier Natur nacheiferndes Menschenwerk.
Mit dem Namen „Emscher" verbindet sich dagegen bislang das Ergebnis eines gesellschaftlichen Umgangs mit Natur, der den Fluß als Hauptabwassersammler des Gebiets zur „Kloake", zum „toten Gewässer", wie dasselbe Lexikon ihn nennt, verkommen ließ.
Trübe, schmutzig grau, stinkend und schwerfällig von der mitgeführten Last rinnt die „alte Emscher" im betonierten Kanal zu Füßen des Hochofens durch das Gelände des stillgelegten Hüttenwerks, trifft sich irgendwo draußen mit anderen offenen oder verrohrten Rinnsalen im kanalisierten, begradigten, umgeleiteten Hauptarm des Flusses, der sich ein paar Kilometer weiter westlich über Stufen schäumend in das tiefer gelegene Bett des Rheins ergießt. Ob die runden, rot umrandeten Tafeln mit dem Piktogramm eines fallenden, fuchtelnden, schreienden Männchens am Ufer die spielenden Kinder aus den angrenzenden Wohnquartieren mit den fremdsprachigen Wörtern und Zeichen

an den schäbigen Häuserwänden vor der Gefahr bewahren, die ihnen hier von der Emscher droht? Den Warnungen folgt am Ende Beruhigung. Auf dem Schild neben der Mündung versucht die Emscher-Genossenschaft, beim Anblick der Schaumberge aufkommende Bedenken zu zerstreuen: „Das Flußwasser wird bis zu einem Abfluß von 30 Kubikmetern je Sekunde im Klärwerk Emschermündung, der größten Abwasserbehandlungsanlage des europäischen Kontinents, 7 km von hier, biologisch gereinigt, wobei täglich 100 000 Kilogramm Sauerstoff eingebracht und 10 000 Kubikmeter Schlamm (das sind rund 500 Tankwagen) abgepumpt werden müssen. Der hier an der Mündung sichtbare Schaum bildet sich aus Resten von Waschmitteln infolge der Turbulenz am Absturz, er zerfällt nach kurzer Fließstrecke."

Was bleibt, ob sichtbar oder nicht, wird von hier ab dem Rhein zur Last gelegt, nachdem die Emscher an dieser Stelle ihr Ende gefunden hat. Wo sie ihren Anfang nimmt, verrät uns das Schild auch: „Die Emscher, ein rechter Nebenfluß des Rheins zwischen Ruhr und Lippe, entspringt 81 km von hier bei Holzwickede."

Machen wir uns also auf, gegen den Strom sozusagen, Geographie und Geschichte des Landstrichs an der Emscher zu durchstreifen.

Als einst der technologische Fortschritt mit der Erfindung der Dampfmaschine die Steinkohle wirtschaftlich aktuell werden ließ, entstand südlich von hier eine ganz neuartige Landschaft durch die Ausbeutung der Kohle unter Tage und die daraus folgenden Tatsachen auf der Erdoberfläche: Förderanlagen, Abraum-Tafelberge, mit den Konjunkturschwankungen wachsende und wieder schrumpfende Kohlehalden, Konzentration, Expansion und Reduktion kohleabhängiger Industrie, Neubau und Verdichtung von Transport- und Verkehrswegen, Siedlungen und Versorgungseinrichtungen für die Menschen, die — teils von weither eingewandert — mit ihrer weisungsgebundenen Arbeit diese Landschaft letztlich formten.

Das „Ruhrgebiet" verkörperte schon gegen Ende des vorigen Jahrhunderts in extremer Weise das gebrochene Verhältnis der bürgerlichen Gesellschaft zu einer Natur, die sie in Material und Ideal gespalten hatte. Den Widerspruch zwischen Verehrung und Verwertung von Natur konnten auch die „Industriestädte im Grünen", wie sich die Revierkommunen fast ausnahmslos voller Stolz nannten, nicht aufheben. Der „goldene" Überfluß aus dem Boden gestampfter Tauschwerte führte zu immer größerem Mangel an Gebrauchswerten, erst recht während der neuerlichen Gründerjahre nach dem Zweiten Weltkrieg. Die Luft war kaum zum Atmen, die Städte sind nicht recht zum Wohnen, die Zwischenräume trotz aller „Freizeitangebote" nur unzulänglich zur Erholung zu gebrauchen. Ein Fluß wie die Emscher behielt zwar seinen Namen, aber nicht seinen Lauf, und sein Wasser ist schon längst nicht mehr das, was es war. Darum konnte ihn der Siedlungsverband Ruhrkohlenbezirk auch 1970 in seiner Informationsschrift mit dem programmatischen Untertitel „Ruhrgebiet — heute schon Zukunft" ganz anstandslos als Sammler ungeklärter Abwässer und damit kostensparenden Standortvorteil für die umworbenen Unternehmen ins Feld führen.

Eigentlich hätte, was mit „Ruhrgebiet" gemeint war, schon lange „Emscher-Gebiet" heißen müssen, nachdem die industrielle Ausbeutung der Natur des Landes mit der Pionierzeit des Steinkohleabbaus das Ruhrtal hinter sich gelassen hatte und in breiter Front nordwärts gegen das Münsterland vorgerückt war. Die Selbstverständlichkeit, mit der dabei Verluste im einzelnen wie das Absterben eines Flusses in Kauf genommen wurden, entspricht dem Umgang mit dem Land und vor allem mit seinen Bewohnern im großen und ganzen, wie er auch in der genannten Informationsschrift zum Ausdruck kommt: „Die industrieerfahrene Bevölkerung des Ruhrgebietes hat in den letzten Jahren bewiesen, daß sie sich den Bedürfnissen und dem fortschrittsbedingten Wandel der Industrie anzupassen vermag. Die Bereitschaft der Bevölkerung zur Anpassung drückt sich auch in der starken Arbeitskräftemobilität innerhalb des Raumes aus. Sie wird durch ein vorhandenes und zügig auszubauendes Schnellbahnnetz wie durch ein gut ausgebautes, leistungsfähiges Straßennetz unterstützt. Entfernungen zwischen Wohnsitz und

Arbeitsplatz spielen innerhalb des Ruhrgebietes nunmehr eine untergeordnete Rolle;das Ruhrgebiet ist bereits ein einziger großer Industriestandort. Für den Unternehmer ist das ganze Ruhrgebiet heute sein Arbeitskräfteeinzugsbereich. Der Arbeitnehmer sieht jeden Ort der Region als möglichen Arbeitsplatzstandort."

Auf dem Schachbrett der industriellen Standorterschließung erscheinen die „Arbeitskräfte" als Figuren, die, nach den Regeln wirtschaftlicher Schachzüge hin und her geschoben, schließlich ganz aus dem Spiel geworfen werden: „Automatisierung und Kapitalintensivierung verändern die Anforderungen an Qualität und Quantität des Arbeitskräftepotentials. Das führt auch zur Freisetzung von Arbeitskräften. Dadurch stehen in den traditionellen Ballungsgebieten auch in Zeiten der Hochkonjunktur qualifizierte Arbeitskräfte zur Verfügung."

So machte die Warenwirtschaft nicht nur aus einer ursprünglich abwechslungsreichen Landschaft einen „einzigen Industriestandort", sondern auch aus deren Bewohnern ein verfügbares Potential an „Arbeitskräften" und „Verbrauchern" für ihren Bedarf, dem menschliche Bedürfnisse bis zu ihrer Verleugnung angepaßt wurden. In einer derart verkehrten Welt entstanden mit den Objekten, den Gegenständen der industriellen Produktion, auch Subjekte der Wahrnehmung dieser Gegenstandswelt, die über der Zersplitterung ihres fremdbestimmten Lebens die Gesamtherstellung ihrer Umwelt, an der sie mit ihrer eigenen, aber entfremdeten Arbeit beteiligt sind, aus den Augen verlieren.

Indem Spezialisten ihre Handgriffe am Arbeitsplatz tun, entsteht vorläufig noch weiterhin mit der industriellen Produktion unzähliger Waren von der Alufolie bis zur Zahnpasta beiläufig das Ab- und Zufallsprodukt „Landschaft". Die Entfremdung, der Verlust der schöpferischen Beziehung zu den Ergebnissen der eigenen Tätigkeit, wurzelt in der Kluft zwischen der Arbeit und dem übrigen Leben und im zerstückelten, maschinenorientierten Arbeitsprozeß selbst, der die einzelnen Spezialisten sowohl von Herkunft als auch Zukunft des arbeitsteilig behandelten Rohstoffs abschneidet. So sehen Produzenten das, was nach einer langen Kette von Spezialgriffen aus dem Herstellungsprozeß hervorgeht, selbst mit den Augen von Konsumenten an - ob es sich nun um eine Waschmaschine handelt, betrieben von der in den Kohlekraftwerken erzeugten Energie, oder um die haldenreiche Landschaft, wo Gardinen und Kragen einst schneller schwarz wurden als anderswo.

Ein Foto aus den sechziger Jahren, aufgenommen in Oberhausen, der Stadt der Gutehoffnungshütte, der „Wiege der Ruhrindustrie", zeigt einen Sonntag an der Emscher, wie er sich damals für viele Familien abspielte: Jung und alt im Feiertagsstaat — dunkle Anzüge, weiße Hemden mit Krawatten, helle Sommerkleider, Stöckelschuhe, weißbestrumpfte Kinder — auf dem schütteren Rasen eines Schlackenbergs, dicke Gichtgasrohre daneben, rauchende Schlote im Hintergrund. „Jenseits von Eden" steht unter dem Bild.

Eine melancholisch stimmende Perspektive: den Wonnegarten unwiederbringlich hinter sich, gleichsam aus dem Paradies vertrieben, getrennt von der physisch-materiellen Basis ursprünglicher Natur — der äußeren wie der inneren, menschlichen — suchen die Nachkommen bäuerlicher Einwohner und Einwanderer dieser Region Erholung im Angesicht ihrer rigorosen Besatzungsmacht.

Diesseits von Eden könnte sich dagegen wähnen, wer den Blick auf die Ziele und Verheißungen der Internationalen Bauausstellung Emscher-Park richtet. Was heute ein paar Kilometer weiter emscheraufwärts in den Gebäuden der ehemaligen Zeche Rheinelbe in Gelsenkirchen, wo die IBA ihre „Werkstatt für die Zukunft alter Industriegebiete" eingerichtet hat, an Plänen und Projekten der beteiligten Städte — von Duisburg bis Dortmund — bearbeitet und koordiniert wird, weckt die Hoffnung, daß beinahe paradiesische Zustände erst bevorstehen. Wurde einst die Feststellung, die Toskana sei schöner als die Umgebung von Gelsenkirchen, für unumstößlich wahr gehalten, so sieht es heute so aus, als wäre man dabei, den Spieß umzudrehen. Die Landschaft an der Emscher soll auferstehen wie ein Phönix aus der Asche.

Der „Emscher-Landschaftspark", laut IBA-Memorandum „das

zentrale Anliegen und das verbindende Thema dieser Ausstellung", wird nicht ohne die Sanierung des Flusses, dessen Namen er trägt, ins Auge gefaßt. „Die Emscher und ihre Nebenflüsse bilden neben dem Rhein-Herne-Kanal die wichtigste Leitstruktur des Emscher-Landschaftsparks, der als vernetzter Freiraum vom Rhein bis zur Lippe mit einer West-Ost-Ausdehnung von ca. 70 km das Rückgrat der Emscher-Park-Bauausstellung sein soll. Die Gewässer des Emscher-Systems sollen daher nach ökologischen Gesichtspunkten saniert und als naturnah gestaltete Lebensräume inmitten einer sehr dichten Besiedelung mit vielfältigen städtebaulichen Bezügen gestaltet werden."

Nach zwanzig Jahren vollzieht sich die Wende im Umgang mit Stadt, Land und Fluß, deren „Zielsetzung durch den Begriff 'Park' symbolisiert" wird, allerdings wiederum nicht ohne maßgebliche wirtschaftliche Gründe. Die Stillegung von Zechen und Hüttenwerken, der Rückzug der Montanindustrie aus dem Emscherraum, hat hier große Areale „brachfallen" lassen. Teils noch von den Ruinen der Industriebauten besetzt, teils schon von Vegetation überwuchert, sollen diese Löcher im fadenscheinig gewordenen Filz aus Industrie-, Gewerbe-, Wohn- und Verkehrsanlagen neuen Zugang zur Natur verschaffen.

Als Symbol für die „Verbindung von Natur und gestalteter Umwelt" wird der Begriff „Park" hier auf ganz unterschiedliche Bereiche ausgedehnt. Er umfaßt neben Landschaftsparks im landläufigen Sinne auch die Projekte „Wohnen im Park", „Arbeiten im Park", „Gewerbepark", „Technologiepark", „multifunktionaler Dienstleistungspark" und andere Programme, die nicht zuletzt zu neuen wirtschaftlichen Investitionen in das Revier verlocken sollen.Darum gilt auch — laut IBA-Informationsblatt — bei der Verwirklichung der „idealen Zielvorstellungen" als vorrangiges Gebot: „Wo die brachliegende Fläche bislang nicht bewachsen ist, muß schon heute der 'Park' gebaut werden, denn die Vision vom 'Arbeiten im Park' wird um so anschaulicher, je mehr Blumen, Gräser, Büsche und Bäume auf einer Fläche wachsen."

Doch vor der Lust, im Park zu arbeiten oder zu wandeln, liegt noch die Last hoher Schadstoffkonzentration in großen Teilen des Bodens, auch und vor allem da, wo heute schon unzählige Schmetterlingssträucher, Birken und Weiden aus graslos schwarzen Flächen sprießen, wie auf dem Gelände einer ehemaligen Kokerei, auf dem der Landschaftspark Duisburg Nord entstehen soll. Vorsorglich empfehlen Planer darum, „Teilflächen der natürlichen Entwicklung" zu überlassen. „Nicht jedes Areal muß umgenutzt werden", so argumentieren sie, „wenn auch ohne weitere anthropogene Eingriffe ökologische Nischen für Flora und Fauna entstehen. Dies gilt insbesondere für Randbereiche oder Industriebrachen, die durch Altlasten belastet sind und bei denen kostenträchtige Sanierungsverfahren aus Rentabilitätsgründen nicht in Frage kommen."

Unversehens tut sich da bei aller Zuversicht wieder das abgründig schwarze Loch der eigentlichen „toten Mitte" nicht nur des Emscherraums auf, um die auch das Brachflächenrecycling letzten Endes kreist. Nicht die Stillegung überholter Industriebetriebe und die Verwendung ihrer Hinterlassenschaft, sondern das Stillstellen aller produktiven Prozesse, selbst der erst in Aussicht genommenen schon, schlußendlich in der Allmacht und Ewigkeit des Geldes, bildet das Hauptproblem beim „ökologischen Umbau" des Sterns Erde, das auch die „Werkstatt für die Zukunft alter Industriegebiete" allein nicht lösen kann.

Wird man unter fortgesetzter Vorherrschaft bisheriger Rentabilitätskriterien künftig gerade die schönsten Wiesengründe an der Emscher besonders argwöhnisch betrachten müssen? Steht, wo wir der Natur nahe zu kommen glauben, dann plötzlich „Betreten verboten" oder „Auf eigene Gefahr"? Hat die Vision der IBA Emscher-Park am Ende auch keine besseren Realisierungschancen als William Morris' Blütentraum von der wundersamen Verwandlung der Industriestadt London, wo neuerdings nach dem Willen der Stadtverwaltung künstlicher Blumenduft, mit Desinfektionsmitteln vermischt, von Kehrmaschinen in den Straßen versprüht werden soll? Oder stellen sich erst einmal ganz andere Fragen, bevor Antworten schon bildhaft augenfällig ausgemalt werden können?

Angesichts der „untergeordneten Rolle", die der alltägliche Lebensablauf der eingespannten „Arbeitskräfte“ bislang spielt, und der Lage der vom Arbeitsprozeß Ausgeschlossenen, der das Wort „Freisetzung“ kraß Hohn spricht, wird die „ökologische Frage“, von der IBA „als Voraussetzung für neue Formen von Arbeiten, Wohnen und Kultur“ in den Mittelpunkt ihrer Projekte gestellt, zur zentralen Frage nach einem anderen Umgang, nicht nur mit der äußeren, sondern vor allem auch mit der inneren, menschlichen Natur.

Soll das, was mit dem Wort „Park“ gemeint ist, nicht nur wendiges Passepartout für austauschbare Investitionen sein, sondern vielmehr eine Art Wunschlandschaft verkörpern, so wären wohl so manche noch kaum bewußten Wünsche und Träume erst geduldig und aufmerksam ins Wache zu tragen, gewissermaßen in die aufgerissenen, aufgelassenen Areale hinein, bevor diese, eilig herausgeputzt, dem nächsten Nutzer zugeschlagen werden.

Gemäß dem Anteil der Arbeit an der Entstehung und Veränderung von Landschaft käme es bei deren Neubau — Rück- oder Wiederaufbau ist, streng genommen, unmöglich — auf Art, Organisation und Ziel einer nicht zuletzt an der Entfaltbarkeit menschlicher Sinnesvermögen orientierten Arbeit an, die nicht mehr als Schattenseite des Lebens zum Ausgleich auf die Sonnenseite der ebenfalls in Regie genommenen Freizeit drängen müßte.

Kurz vor Dortmund macht die Emscher einen großen Bogen nach Süden, verliert sich irgendwo hinter den gepflegten Anlagen um die Westfalenhalle, den „Koloß aus Stahl und Glas“, der 1952 an die Stelle der im zweiten Weltkrieg zerbombten Halle von 1925 gebaut worden ist. Der Glamour von Holiday on Ice und die exotische Pracht von Blumenparadiesen voller Orchideen, Kakteen und rosa gefiederten Flamingos boten hier in den fünfziger Jahren ein farbenfrohes Kontrastprogramm zum grauen Alltag im Kohlenpott. „Seit dieser Zeit“, so jubelt der Werbeprospekt der achtziger Jahre, „haben sich Prominente aus allen Bereichen des öffentlichen Lebens, aus Politik, Showgeschäft und Sport, in der Westfalenhalle ein Stelldichein gegeben. Nach dem Motto 'Was leben will, muß wachsen' ist sie zum Mittelpunkt eines ebenso imposanten wie vielseitig nutzbaren Hallenkomplexes geworden. Die fünf Hallen, das neue, im Grünen gelegene Kongreßzentrum Rosenterrassen“, umringt von ausgedehnten Sportanlagen, das alles demonstriert unter den hoch oben auf den Gebäuden langsam um die eigene Achse sich drehenden Insignien weltbekannter Firmen noch einmal die Schauseite der gärtnerisch veredelten und technisch aufgemöbelten Natur, bevor die Zäune um die Hörder Hüttenwerke den Blick auf die Kehrseite verstellen, wo der Oberlauf der Emscher seine ersten Lasten aufgenommen hat. Dahinter steigt der Hellweg hügelig zum Haarstrang an.

Früher ein Bauerndorf, heute im Vorortbereich von Dortmund gelegen, läßt Holzwickede zum Abschied vom „Ruhrgebiet“ noch einmal das hier schon mit Sauerlandluft verdünnte Konzentrat seiner Atmosphäre spüren, diese Mischung aus Dorfresten, kleinstädtischen Auswüchsen und großindustriellem Einschlag, mißfarbener Schäbigkeit vernachlässigter Gebäude und abwaschbarer Wetterfestigkeit von gekachelten Häusersockeln unter blitzblank geputzten Fenstern, aus denen Schneewittchen und die sieben Zwerge zwischen grün-gelb gestreiften Sansevierien und pinkfarbenen Alpenveilchen das Treiben auf der Straße beobachten.

Am hellichten Tag ist die Hauptstraße von Holzwickede fast menschenleer. Hinter den altdeutsch bemalten und schmiedeeisern vergitterten Fenstern von Wirtshäusern mit einheimischer Küche wird mittags selten warmes Essen serviert. Nur die Grillstuben, die mit ihrer grellen Reklame für Fastfood und kühle Drinks der Ortsmitte den Anstrich einer Saloonstraße geben, bieten unentwegt heiße Currywurst mit Pommes frites und Ketchup an. Der unübersehbare Wegweiser zum Emscher-Stadion führt auf der Suche nach der Emscherquelle in die Irre. Zu ihr weist hier nichts, kein Schild, kein Wort hin.

Am äußersten, obersten Rand von Holzwickede, abseits wie der mythische Ursprung von Euphrat und Tigris im Garten Eden, ist sie aber schließlich doch zu finden. In einer Wiesenmulde im sanft geneigten Hang, unter tief herabhängenden Weidenzweigen, sammelt sich ober- und unterirdisches Bachgeriesel aus den höher gelegenen Wäldern, verschwindet noch einmal im Boden, taucht im Garten zwischen schmuck herausgeputzten Fachwerkhäusern wieder auf, beim Austritt als Quell in Stein gefaßt und in einem kleinen, von einer alten Kastanie beschatteten Teich aufgefangen, bevor das Wasser unter Holunderbüschen, Weißdorn und wilden Kirschbäumen hindurch seinen Lauf abwärts zu den Mühen und Sünden der Niederung nimmt, immer wieder und wieder.

Wie eine permanent inszenierte Idylle beginnt, was 81 Kilometer westlich von hier nahe der Katastrophe endet. Dazwischen erstreckt sich eine vorläufige Landschaft, die mit ihren Brüchen und Widersprüchen zu gesteigerter Aufmerksamkeit für den unhaltbaren Zustand des Übergangs herausfordert, zu Vorbereitungen ohne Überstürzung in eine Zukunft, die, heute wie gestern, immer schon alt aussieht.

Bertolt Brecht

700 Intellektuelle beten einen Öltank an

Ohne Einladung
Sind wir gekommen
Siebenhundert (und viele sind noch unterwegs)
Überall her
Wo kein Wind mehr weht
Von den Mühlen, die langsam mahlen, und
Von den Öfen, hinter denen es heißt
Daß kein Hund mehr vorkommt.

Und haben Dich gesehen
Plötzlich über Nacht
Öltank.

Gestern warst Du noch nicht da
Aber heute
Bist nur Du mehr.

Eilet herbei, alle
Die ihr absägt den Ast, auf dem ihr sitzet
Werktätige!
Gott ist wiedergekommen
In Gestalt eines Öltanks.

Du Häßlicher
Du bist der Schönste!
Tue uns Gewalt an
Du Sachlicher!

Lösche aus unser Ich!
Mache uns kollektiv!
Denn nicht wie wir wollen
Sondern wie Du willst.

Du bist nicht gemacht aus Elfenbein und Ebenholz,
Sondern aus
Eisen.
Herrlich, herrlich, herrlich!

Du Unscheinbarer!

Du bist kein Unsichtbarer
Nicht unendlich bist Du!
Sondern sieben Meter hoch.

In Dir ist kein Geheimnis
Sondern Öl.
Und Du verfährst mit uns
Nicht nach Gutdünken, noch unerforschlich
Sondern nach Berechnung.

Was ist für Dich ein Gras?
Du sitzest darauf.

Wo ehedem ein Gras war
Da sitzest jetzt Du, Öltank!
Und vor Dir ist ein Gefühl
Nichts.

Darum erhöre uns
Und erlöse uns von dem Übel des Geistes.
Im Namen der Elektrifizierung
Der Ratio und der Statistik!

Hubert Weinzierl

Die Zukunft wird teuer

Es ist eine traurige Erkenntnis, daß bei der Diskussion um das Zusammenwachsen Deutschlands die D-Mark wieder einmal schneller war als der Naturschutz. Die schreckliche Diskrepanz zwischen dem angeblich so hohen Umweltbewußtsein und einer ungebrochenen Wachstumseuphorie wird angesichts der Wiedervereinigungsdiskussion in diesen Tagen überdeutlich.
Die Aktienkurse steigen, und Bundesregierung, Wirtschaftsverbände und Banken sonnen sich in Erfolgsmeldungen über Rekordwachstum und einen nie dagewesenen Anstieg des Bruttosozialprodukts.
Der Deutsche Industrie- und Handelstag spricht von den glänzendsten Wachstumszeiten und den höchstmöglichen Zuwachsraten in den meisten Wirtschaftsbereichen. Eine Auftragsflut von vier Billionen Mark, sagt die Bauindustrie, rolle in den neunziger Jahren auf sie zu.
In dieser Situation müssen auch die Kehrseiten der euphorischen Jahreswirtschaftsberichte und die quantitativen Wachstumsprognosen kritisch hinterfragt werden, und es müssen die kranken Böden, der sterbende Wald, atemwegserkrankte Menschen, das pestizidverseuchte Trinkwasser und die belasteten Lebensmittel in dieser Wohlstandsbilanz ebenso Berücksichtigung finden wie der Verlust an den nicht quantifizierbaren Erlebniswerten der Natur.
Umweltschäden in einer von amtlichen Stellen geschätzten Mindesthöhe von weit über einhundert Milliarden Mark im Jahr werden dabei verheimlicht und der Nachwelt als Hypothek aufgebürdet.
Eine Gesellschaft kann sich aber nicht dauerhaft auf dem Rücken der Natur und zu Lasten der Nachgeborenen ausleben. Sie müßte nach Meinung von Fachleuten wenigstens etwa fünf Prozent des Bruttosozialproduktes zur Wiedergutmachung zurückstellen. Zur Zeit sind dies aber nur etwas mehr als ein Prozent. Weltweit sind es sogar weniger als 0,1 Prozent.
Dabei darf auch die Frage nach dem Stellenwert unserer Kultur erlaubt sein, denn daß ausgerechnet die Protagonisten von Wachstum, Bruttosozialprodukt und Schöpfungsschlußverkauf auch noch als die „Fünf Weisen" tituliert werden, spricht für sich. Was ist das für eine Kultur, in der das Bruttosozialprodukt steigt, aber die Wasserquellen versiegen und die Vogellieder verstummen.
Bezeichnend ist auch die Tatsache, daß die wirtschaftlichen Erfolgsmeldungen und Berichte wie Evangelien behandelt und tagelang in Parlamenten und Medien abgefeiert werden, während das nur alle fünf Jahre vorgelegte Gutachten des Sachverständigenrates für Umweltfragen zu einer späten Abendstunde vor sechzehn Abgeordneten im Deutschen Bundestag abgehakt wird. Und dies, obwohl das von hohem Sachverstand getragene und sehr teure Werk zu dem Ergebnis kommt, daß die „Sorge um den Zustand und die Zukunft der natürlichen Umwelt ... heute sogar noch pessimistischer ist, als dies vor zehn Jahren (1978) dargestellt war".
Allerdings mehren sich bei Statistikern und vor allem bei zeitgemäß, also ökologisch denkenden Nationalökonomen die Stimmen, welche diese falsche Währung des Bruttosozialproduktes durch eine ehrlichere Bewertungsgrundlage ersetzen möchten. Dazu müßte in den Jahreswirtschaftsberichten die Wiedervereinigung von ökonomischen und ökologischen Belangen im Sinne der Fortentwicklung der sozialen zu einer ökosozialen Marktwirtschaft endlich Platz finden. Leider verweigern sich aber die Fünf Weisen als Gralshüter des Bruttosozialprodukts noch immer dieser simplen Erkenntnis.
Es ist in diesen Tagen viel vom Zusammenwachsen der beiden Teile Deutschlands und von der Wirtschafts- und Währungsunion die Rede. Und schon formulieren die Eingriffsverwaltungen und Geschäftemacher ihre Prognosen: Mindestens 200 Milliarden DM koste der Ausbau der Verkehrswege in der DDR in den neunziger Jahren, sagt der Bundesverkehrsminister, und 260 Milliarden DM, meinen Wirtschaftsforscher, kostet die Verkehrsbewältigung in Westdeutschland bis zum Jahre 2000. Ein Beispiel nur von vielen.

Deshalb sei hier einmal der vorsichtige Versuch unternommen, die Kosten der Wiedervereinigung allein im Bereich der Umwelt aufzulisten. Was also kostet eine Umwelt-Union wirklich,

denn schließlich bedeutet dieser Vorgang auch die Vereinigung von Umweltschäden und von Umweltsorgen. Bei den von Fachleuten geschätzten Zahlen kommt es dabei auf einige Milliarden hin oder her gar nicht an, denn selbst die Untergrenzen-Werte offenbaren eine gespenstische Dimension der Umwelt-Kosten in den neunziger Jahren.
Allein um den Anschluß der DDR an die Umwelt-Standards der BRD zu erreichen, werden für die Sanierungsmaßnahmen bei der Luftreinhaltung, insbesondere beim Umbau der Energiewirtschaft, 220 Milliarden DM veranschlagt, für die Gewässerreinhaltung rechnen die Fachleute mit weiteren 120 Milliarden und für die vordringlichsten Bodensanierungen und die Sanierung von gefährlichen Industriestandorten 70 Milliarden DM. Diese drei Investitionsposten mit einem Gesamtvolumen von 410 Milliarden DM sind als Sofortmaßnahmen einzustufen, nachdem in den Wirtschaftszentren der DDR heute schon jedes zweite Kind an Atemwegserkrankungen leidet.
Würden diese Investitionen getätigt, wäre damit aber erst der Anschluß an unser Niveau gewährleistet: Und ab hier beginnt unsere gemeinsame Sorge um die Umwelt in Deutschland.
Wenigstens 70 Milliarden DM bei uns und 50 Milliarden in der DDR werden unter dem Stichwort „Chemiepolitik und Altlasten“ fällig, und zur Sanierung kontaminierter Böden in der Land- und Forstwirtschaft bedürfte es zusammengerechnet 60 Milliarden DM in beiden Teilen Deutschlands.
Die Wiederherstellung unbelasteten Trinkwassers kostet 90 Milliarden DM im Westen und 30 Milliarden in der DDR, die Verbesserung der Abwasserreinigung 80 und 30 Milliarden DM.
Hinzu kommt die Reparatur von mittlerweile defekt gewordenen Leitungssystemen, welche die Bauindustrie auf 140 Milliarden DM beziffert. Übrigens ein klassisches Beispiel dafür, daß durch Umweltschutzmaßnahmen keine Arbeitsplätze gefährdet sind, weil es für die Bauwirtschaft unerheblich ist, ob sie Straßen oder Kanäle baut.
Bleibt noch die Umstellung der Agrarfabriken und Massentierhaltungen auf umweltfreundliche, biologische Methoden mit einem geschätzten Aufwand von 60 Milliarden DM im Westen und 40 Milliarden im Osten.
Wenn wir dann auch noch eine umweltfreundliche Verkehrspolitik in einem wiedervereinigten Deutschland einschließlich der Lärmschutzmaßnahmen verwirklichen möchten, sind weitere 260 Milliarden DM im Westen und 170 Milliarden im Osten fällig.
Die Bewältigung der Müll- und Sondermüllhalden wird uns in den neunziger Jahren 210 Milliarden DM, die Behebung von Schäden an der Nord- und Ostsee 30 Milliarden und in den Alpen 20 Milliarden DM kosten.
Für aktive Naturschutzmaßnahmen ist dabei noch keine Mark berechnet, vielmehr gelten diese Summen nur für die Wiedergutmachung unserer Sünden der letzten dreißig Jahre. Was der Schutz der Natur als „Wert an sich“ kostet, entzieht sich bekanntlich ohnedies solchen ökonomischen Überlegungen. Ähnlich verhält es sich mit dem Denkmalschutz, der bei diesen Überlegungen ebenfalls nicht berücksichtigt wurde.
Zusammengerechnet kostet die Bewältigung der gewichtigsten Umweltprobleme in diesem Jahrzehnt also 1,75 Billionen DM, das sind eintausendsiebenhundertfünfzig Milliarden insgesamt oder 175 Milliarden in jedem Jahr — eine heile Umwelt wird also in jedem Fall sehr teuer werden!
Nachdem mittlerweile selbst die Konjunkturforscher und die Spezialisten des Bruttosozialprodukts zugeben, daß die Umweltschäden durchaus zehn Prozent des Bruttosozialprodukts ausmachen können, wenn man das Öko-Sozialprodukt ehrlich erfassen würde, nimmt sich die Zahl von 175 Milliarden DM recht realistisch aus, lag doch allein in Westdeutschland das Bruttosozialprodukt im Jahr 1989 bei 2,26 Billionen DM. Unsere Kostenschätzung bewegt sich also eher an der Untergrenze.
Die Deckungsvorschläge zur Finanzierung dieser Riesensummen werden in vielfältigen Bereichen überzogener und sinnloser Konsumgewohnheiten — von der Energieverschwendung über den Zivilisationsplunder bis zum Verpackungsterror — gesucht werden müssen.
Einsparungen durch intelligenteren Energie- und Rohstoffein-

satz und die Absage an unbezahlbar gewordene Großstrukturen und an eine grenzenlose Mobilitäts- und Autodenkweise können uns dabei weiterhelfen, ohne daß wir dadurch Einbußen am tatsächlichen Wohlstand erleiden.
Selbstverständlich werden der Verbrauch und der Gebrauch von Natur und von Rohstoffen, von Boden, Wasser, Luft und Landschaft als wertvolle und teuere Parameter einer ökosozialen Marktwirtschaft viel mehr kosten als bisher. Zweckgebundene Umweltsteuern und Abgaben werden die unabdingbaren Folgen einer Überlebenspolitik sein. Vor allem Energie, ob Strom oder Kraftstoff, wird deshalb teuer werden. Auch die bisherigen Grenzwertphilosophien und die Risikoberechnungen müssen durch ernsthafte Vermeidungsstrategien im Sinne des Vorsorgeprinzips ersetzt werden. Das Verursacherprinzip bedarf ebenfalls einer konsequenteren Anwendung, damit nicht wie bisher zu Lasten der Umwelt zwar Gewinne gemacht werden können, die Behebung der Umweltschäden aber sozialisiert wird.
Nachdem die innere Verteidigung unserer Lebensgrundlagen die herkömmlichen Feindbilder abgelöst hat, ist der Militärhaushalt unser wichtigster Deckungsvorschlag auf diesem Weg in eine Überlebensgesellschaft.

Es wäre fatal, würden wir in diesen Tagen der Wiedervereinigung unsere falsche Philosophie einer Umweltpolitik in die DDR exportieren. Unsere bisher betriebene Politik trägt den Keim der Umweltzerstörung in sich, indem sie Wirtschaftswachstum postuliert, um mit Hilfe dieses Wachstums anschließend die angerichteten Schäden wieder reparieren zu können. Jetzt aber ist Korrektur statt Reparatur gefragt, und zwar die Korrektur der Denkweise. Darin bestünde die einmalige Chance wie auch die Herausforderung, daß bei einer Wiedervereinigung einige Fehler nicht wiederholt werden. Stattdessen sollten wir mit dem ökologischen Umbau unserer Industriegesellschaft beginnen, ehe er unbezahlbar wird. Hierzu ist auch die internationale Solidargemeinschaft in Europa gefordert. Die Vision von einer gemeinsamen europäischen Heimat, die bislang zu einseitig nach Westen hin orientiert war, muß daher neu formuliert werden. Dabei sollte es das Ziel sein, die Wirtschaftsgemeinschaft endlich zu einer Umweltgemeinschaft fortzuentwickeln. Es wäre aber ein Verrat an der europäischen Idee, wenn Europa durch die Befreiungsvorgänge im Osten nur um einige zehn Millionen Verbraucher aus der DDR und der CSSR erweitert oder als Verschiebebahnhof nicht-konsensfähiger Umweltsünden dienen würde.
Es ist soviel von einem europäischen Haus die Rede. Was aber wäre ein Haus ohne seinen Garten? Diesen Garten als die Basis der abendländischen Kultur zu bewahren sollte den Verantwortlichen daher mehr am Herzen liegen als die Steigerung des Bruttosozialprodukts.
In diesen Tagen wird die Welt neu geordnet, und die Zeitzeichen stehen auf Sturm. Mit dem Fallen der Völker-Grenzen und mit dem Wanken der Großstrukturen verschärfen sich immer deutlicher die Grenzsituationen für die Menschheit selbst. Am Ende dieses Jahrtausends durchläuft das Lebewesen Erde die größten Veränderungen seit der letzten Eiszeit, und auch die Art Mensch selbst ist in einem Umbruch begriffen.
Längst hat sich doch die Natur zu Wort gemeldet:

- Im Verstummen der Vogellieder und dem Verlust der Artenfülle;
- Im Schwund von Boden und Grundwasser;
- In wachsenden Wüsten und giftigen Meeren;
- In Himmelslöchern und in Stürmen, welche die Erde plagen und auf den Klimawechsel hinweisen. 38 Hektar Tropenwald werden in jeder Minute abgehackt!
- In kahlen, klagenden Wäldern, in atem- und krebskranken Menschenkindern;
- In Armut und Hunger der wachsenden Menschenfamilien in der Dritten Welt. Drei Menschen werden in jeder Minute geboren ...

In dieser Situation wird manche Diskussion zweitrangig, welche die Menschheit in der Vergangenheit beschäftigt hat, weil ein Machtwechsel im Gange ist, weil die Zeit des überkommenen Denkens, des Fortschrittsglaubens und der Macht über die

Erde abgelaufen ist. Jetzt kommt die Macht der Erde über uns, und es wird sich zeigen, ob die Menschheit in der Lage ist, nach der kriegerischen Bedrohung der Völker den Krieg gegen die Schöpfung zu beenden.
Jetzt, wo alte Feindbilder und Rechts- oder Links-Schemata verblassen und Grenzzäune fallen, steht plötzlich das nackte Überleben der Art Mensch in seinem gemeinsamen, einzigen Haus Erde zur Disposition, und wir beginnen langsam zu begreifen, daß es in diesem Haus keinen abgeschirmten Salon mehr gibt, in dem eine reiche Minderheit so sorglos wie bisher ihre Schachspiele mit dem Leben fortsetzen kann.
Eine weltweite Gemeinsamkeit ist daher im Wachsen begriffen, und es besteht die Hoffnung, daß mit der Ablösung der Machergeneration und mit dem Untergang der verbrauchten Denkschemata die Vision eines Jahrhunderts des Lebendigen heraufzieht, das die schreckliche Phase der Lebensfeindlichkeit auf dieser Erde ablösen könnte. Immer mehr Herzen öffnen sich diesem Wunsch. Mögen die Verantwortlichen unsere Hoffnung nicht enttäuschen.

Ruth Paulig

Umweltpolitik

Eine parteiliche Betrachtung

Vier Jahre als Grüne Abgeordnete im Bayerischen Landtag — ein Versuch, durch Politik im Parlament die Umwelt zu retten:

- ○ Anträge um Anträge abgelehnt;
- ○ Anfragen um Anfragen verzögert, manchmal länger als ein Jahr, obwohl die Geschäftsordnung vier Wochen vorschreibt;
- ○ Antworten an der Sache, an der Wahrheit vorbei;
- ○ Einsichten in Gutachten verweigert;
- ○ Informationsbesuche verhindert;
- ○ beschimpft, verlacht, mit Arbeit überfrachtet;
- ○ als Frau in Männergremien - je höher, desto grauer und männlicher;
- ○ im Ausschuß als Einzelperson kämpfend gegen die erzwungene Verhinderungsmacht von Ministerien und Mehrheitsfraktion;
- ○ hektisch ringend um Sachkompetenz, um persönliche Anerkennung, um politische Aufmerksamkeit, um sachgerechte Darstellung in den Medien.

Ich wehre mich,
ich schaufle Wissen in mich rein,
ich spucke Papierstapel hoch wie Baumstämme aus,
ich überhäufe mich mit Themen, mit Ideen,
ich mache Aktionen, Transparente hier und dort,
ich hetze von Termin zu Termin,
oft zu spät,
ohne Zeit zum Vorbereiten, zum Denken.
Ich lache und weine, ich kratze und beiß,
wer liebt mich, wer achtet und wer fürchtet mich?
Ich gebe mich stark und bin verletzt,
ich spüre es im Magen, beim Lesen der Wochentagesordnungen,
ich verkrampfe im Rücken,
ich werde blaß, krank, mir reichts -
bin ich so wichtig?

„Der Schutz der natürlichen Lebensgrundlagen ist, auch eingedenk der Verantwortung für die kommenden Generationen, der besonderen Fürsorge jedes einzelnen und der staatlichen Gemeinschaft anvertraut. Mit Naturgütern ist schonend und sparsam umzugehen. Es gehört auch zu den vorrangigen Aufgaben ... Boden, Wasser und Luft als natürliche Lebensgrundlagen zu schützen ... auf möglichst sparsamen Umgang mit Energie zu achten ... den Wald wegen seiner besonderen Bedeutung für den Naturhaushalt zu schützen ... die heimischen Tier- und Pflanzenarten und ihre notwendigen Lebensräume. ...zu erhalten", so steht es in Artikel 141 der Bayerischen Verfassung.
Bei dieser Verfassung ist eine grüne Opposition nicht notwendig. Die weiß-blaue CSU tut alles für Bayerns Fortschritt. Eine grüne Oppositionspartei ist überflüssig, sie ist lästig.
Eine kleine Tanne, die grüne Abgeordnete symbolisch im Landtagspark pflanzen, um sie vor dem Wildverbiß zu retten, wird auf Anweisung des Landtagspräsidenten sofort wieder herausgerissen. Ein geplanter Informationsbesuch einer grünen Abgeordneten in der Landesanstalt für Bodenkultur und Pflanzenbau in Weihenstephan wird von Staatsminister Nüssel verboten: „Ich möchte Ihnen hierzu mitteilen, daß ich den gewünschten Informationsbesuch von Abgeordneten Ihrer Fraktion zusammen mit deren Mitarbeitern und Mitarbeiterinnen aus grundsätzlichen Erwägungen nicht ermöglichen kann." Ein aus Steuermitteln erstelltes Gutachten über die Arsenbelastung der Deponie Gallenbach bei Aichach wird in einer Sondersitzung des Umweltausschusses vom zuständigen Staatssekretär summarisch abgehandelt und auch gleich bewertet — natürlich im Tenor „alles im Griff, von der Deponie geht keine Gefahr aus" — der Opposition aber wird dieses Gutachten trotz eines entsprechenden Antrags nie in die Hand gegeben. Wenn die CSU sagt, daß alles in Ordnung ist, dann können das doch auch die GRÜNEN glauben. Zur Einsicht in zwei Gutachten über die Betriebssicherheit des Atomkraftwerks Isar I in Ohu bei Landshut muß die Opposition erst einen Untersuchungsausschuß beantragen, erst dann wird einem kompetenten Oppositionspolitiker wie Prof. Dr. Dr. Armin Weiß Einblick gewährt. Trotz offener Sicherheitsfragen, trotz verlorener Stahlkugeln wird das Atomkraftwerk nach einem Störfall wieder in Betrieb genommen. Die von der Opposition im Umweltausschuß aufgezeigten gutachterlichen Mängel sind für die Staatsregierung kein Grund zur Abschaltung des Atomkraftwerks. Die Sicherheit der Bevölkerung wird dem Prestige der Atomindustrie untergeordnet. Parteipolitisches Machtstreben verhindert die Einsicht.
„Bayern bleibt Vorbild und Modell für erfolgreichen Umweltschutz. Nicht der Sozialismus, sondern nur eine von der Verantwortung vor den Menschen und der Schöpfung getragene Heimatliebe sichern saubere Luft, reines Wasser, gesunden Boden und unseren weiß-blauen Himmel", so tönt es im CSU-Wahlprospekt.

Beispiele der CSU-Umweltpolitik im Bayerischen Landtag
Tempo 30/80 und 100 auf Straßen, die Förderung der Schiene, die Förderung des öffentlichen Verkehrs werden abgelehnt.
Zwölf autofreie Sonntage in Bayern zur Verbesserung der Luft und der Lebensqualität werden abgelehnt.
Der Antrag, sich im Bundesrat für ein Verbot von FCKW-haltigen Spraydosen einzusetzen, wird abgelehnt.
Liftanlagen in den Alpen werden weiter ausgebaut, Schneekanonen werden zugelassen, wegen der warmen Winter wird der Bakterienzusatz „snow max" nicht ausgeschlossen.
Das Plattbügeln und Abkratzen von Lifthängen durch bayerische Schulklassen im Neon-Ski-Outfit wird, dem Lehrplan gemäß, als Erziehung zum Umweltschutz deklariert.
Der Bergwald wird durch Luft und Regen vergiftet, vom Wild abgefressen und für Brotzeit-Alm-Straßen und Liftschneisen abgeholzt.
Verkehrsberuhigte Zonen in den Alpen werden abgelehnt. Autoverkehr wird nicht vermieden, sondern gefördert. (Nieder mit den Alpen, freie Sicht zur Adria!)
Im Erdinger Moos wird über einem der mächtigsten Grundwasservorkommen Bayerns, in Feuchtflächen mit seltenen Pflanzen und Tieren, der Beton für Deutschlands größten Flughafen, München II, gegossen. Bis zum Jahr 2000 wird eine Zunahme

des Personenluftverkehrs um das 2,5-fache und des Luftfrachtverkehrs um das 10-fache des heutigen Aufkommens im Münchner Raum veranschlagt.
Die Anträge der GRÜNEN zum Baustopp und zur Streichung der Finanzmittel wurden von der CSU abgelehnt; Lärm, Abgase und die Folgeschäden für das Klima werden hingenommen.
Tiefflieger donnern über Bayern, um unsere Freiheit zu schützen vor Feinden, die es nicht gibt. Wer schützt unsere Kinder vor dieser Freiheit? Beschädigte Barockkirchen lassen sich sanieren, die physischen und psychischen Schäden unserer Kinder nicht. Brutale Baumaschinen räumen für den Rhein-Main-Donau-Kanal unaufhaltsam bäuerliche Kulturlandschaften, Flußauen und historische Dorf- und Stadtbilder beiseite. Eine gigantische Wasserstraße, befestigt mit Tropenhölzern, Felsen und Beton, mit Dämmen, Schleusen und Wasserspeichern wird ohne Beachtung der ökonomischen, geschweige denn ökologischen Belange quer durch Bayern geschlagen. Ist das noch unsere Heimat?
Der Staatswald mit 70-jährigen Tannen und 160-jährigen Kiefern am MBB-Gelände in Schrobenhausen wird abgeholzt, um Lagerbunker für Patriot-Sprengköpfe zu graben. Waffen für den Export werden in Rüstungsfabriken, an denen der Freistaat Bayern maßgeblich beteiligt ist, gefertigt, Flakpanzer von Krauss-Maffei werden mit Billigung der CSU nach Saudi Arabien, Tornado-Jagdflugzeuge von MBB nach Südkorea geschickt.
Schweine werden in Staatsgütern auf engstem Raum und Spaltenboden mit Kraftfutter gemästet. Die Schwänze der Tiere werden kupiert, damit sich die Tiere diese nicht gegenseitig abfressen.
Weizen wird verbrannt, um modellhaft ein Wohnhaus zu beheizen, das weder nach ökologischen Kriterien gebaut ist, noch Sonnenenergie für warmes Wasser oder Strom benutzt.
Das Rinderwachstumshormon wird, trotz eines von den GRÜNEN initiierten Ablehnungsbeschlusses durch den Landtag, bayerischen Hochleistungskühen zur Steigerung der Milchproduktion gespritzt.
Die Gentechnik wird weiter ausgebaut.

Das Energiewendegesetz für eine „sparsame, rationelle, sozial und ökologisch verträgliche Energienutzung in Bayern“ wird abgelehnt. Stromsparende Tarife werden verweigert.
Wehrdienstverlängerung, Steuerbefreiung für Privatflieger, die WAA in Wackersdorf, alles wird zähnefletschend gegenüber Oppositionsvorstößen verteidigt — und als der Widerstand von außen zu groß wird, versinken in aalglatter Anpassung alle Verteidigungsargumente in einem schwarzen Loch.
Der Rottachspeicher im Allgäu wird gebaut, als Kühlwasserreserve für Atomkraftwerke, und eine reiche Biotop-Kulturlandschaft wird überflutet und mit Seen-Freizeitkonsum überzogen.
Ein Antrag der GRÜNEN auf Durchführung einer Landtagsanhörung von Sachverständigen zur Situation des Trinkwassers in Bayern wird über zwei Jahre im Landtag nicht behandelt und schließlich abgelehnt: „Kein Diskussionsbedarf, wir wissen alles“.
Eigentlich zutreffend: Wir wissen, daß mindestens ein Drittel des bayerischen Trinkwassers mit Pestiziden belastet ist. Eine EG-Richtlinie aus dem Jahr 1980, die eigentlich im Jahr 1982 in nationales Recht umgesetzt sein sollte, wird über Jahre verzögert in Kraft gesetzt, Ausnahmeregelungen für Pestizide bis zum 100-fachen über dem Grenzwert werden bis zum Jahr 1999 erlaubt sein. Die Umsätze der Pflanzen„schutz“mittelindustrie sind weiter steigend. 37000 t Pestizidwirkstoffe wurden im Jahr 1988 legal in der BRD verteilt: sie gelangen in die Luft, auf die Böden, ins Wasser, in unsere Nahrung. 80% der Pestizidproduktion und -weiterverarbeitung gehen in den Export, darunter zahlreiche Mittel, die bei uns wegen ihrer Giftwirkung nicht mehr angewandt werden dürfen. Im importierten Obst und Gemüse essen wir diese Gifte wieder. Gewinn kennt keine Grenzen — die Verseuchung der Umwelt aber auch nicht. Anträge der GRÜNEN zum Produktions-, Anwendungs- und Handelsverbot grundwasser- und gesundheitsgefährdender Pestizide wurden abgelehnt.
Stickstoffdünger wird weiter in steigenden Mengen ausgebracht: 129 kg Stickstoff im Wirtschaftsjahr 88/89 in der BRD und 119 kg in Bayern pro Hektar landwirtschaftlicher Fläche.

Mit den zusätzlichen Stickstoffeinträgen aus der Luft und aus Wirtschaftsdünger der Tierhaltung ergibt sich eine Überdüngung der landwirtschaftlichen Böden um mehr als 100 kg Stickstoff/ha trotz des Ernteentzugs. So verdienen Düngemittelhersteller und Handel, und die Bevölkerung trinkt immer stärker nitratbelastetes Trinkwasser.
Zum Antrag der GRÜNEN auf Dioxin-Untersuchungen der Muttermilch im Umfeld von Müllverbrennungsanlagen erklärt ein Vertreter des Ministeriums: „Deutlich erhöhte Dioxinwerte in der Muttermilch seien lediglich bei Selbstversorgerbetrieben gemessen worden. Die Antragsproblematik sei also insoweit bereits geklärt." Kurz — wer in der Nähe von Müllverbrennungsanlagen dort erzeugte Lebensmittel ißt und über die Milch seinen Säugling vergiftet, ist selbst schuld. Die radioaktive Molke stand bis zum September 1990 in einem Güterzug gut bewacht auf Militärgelände in Bayern. Alle anderen radioaktiv belasteten Stoffe wurden wieder in Umlauf gebracht. Wen wundert es, daß wir zusätzlich zu den Giftstoffen der Müllverbrennung erheblichen radioaktiven Ausstoß aus diesen Schloten haben? Wen wundert es, daß die Heidelbeeren im Raum Schwandorf 1988 mehr radioaktives Cäsium enthielten als im Tschernobyljahr?
In Marktredwitz wird jahrzehntelang in einem Quecksilber verarbeitenden Betrieb mit diesem Gift schlampig und verantwortungslos umgegangen, MitarbeiterInnen, die Umwelt und die Bevölkerung im weiten Umkreis werden mit extremen Quecksilberfrachten belastet. Mit Wissen der Behörden. Erst ein Untersuchungsausschuß im Landtag vermag einiges ans Licht zu bringen. Ein Antrag der GRÜNEN zum Messen und Austausch von quecksilberhaltigen Böden auf Kinderspielplätzen ab 2 mg pro kg Boden wird umgeformt, so daß statt 23 Kinderspielplätzen nur mehr fünf zu sanieren sind. Die Belastung der Kinder beim Spielen auf Quecksilberboden wird hingenommen.
Die Kette der nichtgetroffenen Entscheidungen zum Schutz der Umwelt ließe sich bis zur Entmutigung verlängern.

Politische Arbeit zwischen Frust und Lust?
Als grüner Politikerin wird mir oft die Frage gestellt, was denn nun unsere Arbeit in einer kleinen Oppositionsfraktion bewirke. Zunächst — die direkten Erfolge grüner Parlamentsarbeit sind gering. Es gibt Anträge, die angenommen werden, aber selbstkritisch bleibt festzustellen, daß diese Anträge meist nicht weltbewegend waren, mal ein Bericht zu diesem oder jenem Thema, mal hier oder dort eine kleine Korrektur. Es gibt Anträge, die abgelehnt werden, aber dann in veränderter Form mit einer gewissen Verzögerung von der CSU wieder eingebracht werden. Programm zum Erhalt der Streuobstbestände, verbale Abkehr von zerstörenden Weinbergflurbereinigungen, Antrag zur gesetzlichen Kennzeichnung von biologisch erzeugten Lebensmitteln sind kleine Beispiele. Der ökologische Umbau unseres Wirtschaftssystems wird damit nicht eingeleitet. Braucht man/frau für diese kleinen Erfolge die GRÜNEN im Parlament? Oder braucht man/frau die GRÜNEN als Stecknadel im Heuhaufen, nein, als Stecknadel im gepolsterten Parlamentssessel, als Regenwurm im Komposthaufen, als Salatstrunk im unsortierten Restmüllhaufen? Braucht die Gesellschaft die GRÜNEN als ökologisches Feigenblatt im Parlament, zur Gewissensberuhigung für die, die sich grün wählen leisten können? Wählen, die Stimme abgeben, die anderen tun lassen, zurücklehnen, selbst nichts ändern — und mit dem Allradantrieb raus in die unverbrauchte Natur.
Sind die GRÜNEN im Parlament aufgrund der Großzügigkeit von grünwählenden, wachstumsorientierten, jungdynamischen Managern? Unsere Gesellschaft ist ja so liberal, unser Wirtschaftssystem so stabil, daß man/frau sich den Luxus einer grünen Fraktion im Landtag leisten kann, ja geradezu muß.
Nicht die direkten parlamentarischen Erfolge prägen die Arbeit der GRÜNEN. Notwendigkeit und Erfolge ökologisch orientierter Oppositionsarbeit laufen auf vielen Schienen und Ebenen. GRÜNE auf Landtagsebene, als Fraktion, als einzelne Abgeordnete werden gehört, sind Teil des parlamentarischen Machtreigens. Ökologische Forderungen, geäußert durch die GRÜNEN, bekommen mehr Gewicht. Die GRÜNEN sind

Sprachrohr von Initiativen, im Versuch, diese nicht zu vereinnahmen. Die Grüne Fraktion kann in den Medien nicht totgeschwiegen werden. Konsequent ökologische Forderungen werden genannt. Ökologische Politik wird auch in Bayern hoffähig. Eine gewisse Medienrepräsentanz müssen sogar konservative Medien den GRÜNEN in ihrer Berichterstattung zugestehen. Wenngleich auch diese Darstellungen häufig mehr diffamierend als berichtend sind, ist es doch ein Schritt weiter, daß es sie überhaupt gibt.
Anträge, die in Ausschüsse und Plenum eingebracht werden, zwingen die Abgeordneten der Regierungspartei, sich mit diesen ökologischen Forderungen auseinanderzusetzen. Sie müssen begründen, warum sie an den ewig gestrigen Handlungen festhalten, warum sie Straßen und Autos, Beton und Abgase immer weiter fördern wollen. Sie müssen begründen, warum sie weiter Energie verschwenden, Landschaft zersiedeln und Tiere und Pflanzen ausrotten wollen. Es gelingt ihnen nur dürftig. Und knirschend, manchmal mit rotem Kopf beugen sich CSU-Abgeordnete dem Rechtfertigungs-, Zustimmungs- und Fraktionszwang. Einzelne verlassen vor manchen Abstimmungen den Raum. Erste Schritte zu selbständigem Denken?
Anonyme Zusendungen, Anrufe von Ministerialbeamten aus der Telefonzelle, Anrufe ohne Namensnennung, Zuspielen vertraulicher Papiere: die GRÜNEN sind VertrauensträgerInnen geworden. Kritische Frauen und Männer wenden sich direkt an grüne Abgeordnete, um auf Mißstände aufmerksam zu machen, um Hilfe und Informationen zu bekommen. Den GRÜNEN kann man's sagen. Und wegen der Fülle bleibt leider auch manches länger unbeantwortet und unbearbeitet. GRÜNE können nur mit einem Teil ihrer Arbeitskapazität das „Aufdecken von Sauereien" leisten. Das Weiterentwickeln ökologischer und sozialer gesellschaftlicher und wirtschaftlicher Konzepte muß Schwerpunkt grüner Arbeit sein und werden — und das geht wieder nur mit kompetenter Zuarbeit von außen. Nur in der Wechselwirkung mit Ideen, Anregungen, Wissen von außen an die Fraktion und in der Weitergabe von Informationen aus Parlament und Ministerien an die, die an der Sache arbeiten, können notwendige Konzepte und parlamentarische Initiativen entwickelt werden: Die grüne Fraktion, als ein Teil des Netzes, das ökologisches Denken und Tun um die Welt spannen.

Politik von unten, Schritte zum ökologischen Bewußtseinssprung?

Eine Opposition ist nur so stark wie das allgemeine Bewußtsein, wie der Druck, der von außen, von den Medien, von der Gesellschaft auf die Politik ausgeübt wird.
In den vier Jahren im Bayerischen Landtag konnte ich politisches Handeln der Regierungspartei nie als ein politisch verantwortliches Handeln, als ein Handeln aus ökologischen Notwendigkeiten erkennen. Politische Entscheidungen im Bereich Ökologie waren allenfalls nachziehende Beschlüsse träger Verwaltungsakte der Ministerialbürokratie, oder sie erschöpften sich in platten, völlig unverbindlichen Absichtserklärungen. Nie habe ich Umweltpolitik der Regierungspartei als gestaltend, vorantreibend, Maßstäbe setzend erlebt. Der Politiker könnte einen Informationsvorsprung haben, er könnte sich von führenden WissenschaftlerInnen, von betroffenen Gruppen und Personen beraten lassen, er könnte die Zusammenhänge früh erkennen und voraussehend gegen die Zerstörung unseres Planeten handeln; aber er handelt nicht.
Die Schäden des Autoverkehrs auf Luft, Pflanzen und Tiere, die Verkehrstoten sind bekannt, dennoch weist der automobile Wahn Zuwachsraten auf wie noch nie.
Die klimatischen Veränderungen, die Zunahme des Treibhauseffektes, die Ozonzerstörung in der Stratosphäre, der Temperaturanstieg, das Ansteigen der Meere, extreme Wetterschwankungen, all das ist meßbar und spürbar — und die Politiker handeln nicht.
Die WAA in Wackersdorf fiel nicht aufgrund der Einsicht von regierenden Politikern, sondern nur weil der Widerstand in der Bevölkerung so groß und breit war. CN- und CS-Gas, Gewalt gegen Demonstranten, der Abbau der demokratischen Rechte, Bespitzelung und befangene Justiz konnten den Widerstand nicht brechen. Wirtschaftliche Argumente der Atomindustrie

wurden vorgebracht, um das politische Versagen der nachvollziehenden Handlanger zu verdecken.
Der Politiker handelt erst, wenn der Druck von außen so groß wird, daß er ganz konkret und in Wahlergebnissen meßbar um seine Position fürchten muß. Demokratische und ökologische Veränderungen erfolgen nur trotz der Regierenden, nie durch die Regierenden. Und auch die Stärke der GRÜNEN, sei es in der Opposition oder bei einer Regierungsbeteiligung, ist nur so groß, wie Bewußtsein und der Druck von unten es sind.
Am bayerischen Volksbegehren für ein besseres Müllkonzept erkennt man die Kraft der Politik von unten. Bayernweit wehren sich Frauen und Männer gegen unsinnige Müllverbrennungsanlagen, gegen wachsende Berge von Verpackungsmüll, gegen die Verschwendung von Energie und Ressourcen. Die Zulassung eines Volksbegehrens für ein ökologisches Abfallwirtschaftsgesetz wurde beantragt, in sechs Wochen wurden weit mehr als die notwendigen 25000 Unterschriften gesammelt. Das bayerische Innenministerium lehnte die Zulassung ab, mit der Begründung, daß der vorliegende Gesetzentwurf dem Abfallgesetz des Bundes widerspreche. Der Bayerische Verfassungsgerichtshof ließ jedoch das Volksbegehren zu, mit der Begründung, daß die Bundesländer in ihrer Zuständigkeit eigene Regelungen zur Abfallvermeidung erlassen und die Müllverbrennung gegenüber der stofflichen Verwertung benachteiligen können. Das Volksbegehren wurde eröffnet. Und gegen alle Erwartungen war es erfolgreich. 12,8% der Wahlberechtigten, mehr als eine Million Frauen und Männer, wiesen den Politikern den Weg.
Im Volksentscheid wollen sie über das Gesetz für ein Besseres Müllkonzept abstimmen. Die Altparteien haben sich gewunden und gewehrt, flugs einen eigenen Gesetzentwurf dagegen gestellt, diesen Gesetzentwurf landauf, landab mit Propagandaschriften aus dem Landtag, aus Steuermitteln, als den einzig richtigen propagiert und den Gesetzentwurf des Volksbegehrens mit falschen Behauptungen diffamiert. Es hat ihnen nichts genützt: trotz der Politiker kommt es zum Volksentscheid über ein besseres Müllkonzept.
Das Bewußtsein für ökologische Politik wächst. Die Mauer zwischen BRD und DDR ist nicht durch Politikertaten gefallen, sie ist trotz der Politiker gefallen, weil viele, überall und gleichzeitig, diese Verhältnisse nicht mehr ertragen konnten und wollten. Die Forderungen nach demokratischer Selbstbestimmung, nach Umsetzung der Menschenrechte für alle Bevölkerungsgruppen breitet sich auf alle osteuropäischen Staaten und weit darüber hinaus aus. Feindbilder geraten in Bewegung, werden aufgegeben. Brutale Gegenschläge bleiben nicht aus, demokratische Forderungen werden mit Konsum und kapitalistischer Wirtschaftskraft vereinnahmt und zugedeckt. Dennoch gibt diese breite Bewegung mit dem Ruf nach Meinungsfreiheit, nach künstlerischer Freiheit, nach demokratischen Rechten Hoffnung, daß ihr eine zweite, ebenso starke ökologische Bewegung folgen wird. Fäden sind um den ganzen Erdball gespannt. Auslöser zum Weben und Knüpfen eines dichten und starken Netzes, Auslöser für die unüberhörbaren ökologischen Forderungen aus allen Bevölkerungsgruppen könnten die heute bereits spürbaren und erfahrbaren klimatischen Veränderungen sein. Unnatürlich warme Winter, kein Schnee und Eis in unseren Breiten, Wirbelstürme, extreme Temperaturschwankungen, warme, tropische Luft, hörbare Warnungen vor dem Treibhausklima, vor dem Ozonloch und erhöhter Bestrahlung, vor Trinkwassermangel, Erosion und versalzten Böden, Warnungen vor Dürre und Hungerkatastrophen bewegen Frauen, Männer und Kinder.
Der Bewußtseinssprung hin zum radikalen Umweltschutz wird erfolgen. Ökologische Forderungen werden die Politik bewegen, hin zu einer ökologisch und sozial verträglichen Landwirtschafts-, Verkehrs- und Energiepolitik, hin zu einer ökologischen solidarischen Gesellschaft. Die Qualität unseres Lebens, unseres Seins werden wir erleben, wenn wir wieder Nähe zulassen, Nähe zu uns, zu unserem Denken und Fühlen, zu unserer Umwelt, zu anderen, zu Tieren, zu Pflanzen, zu Wasser, Boden, Luft.

Bin ich so wichtig?

Ich lasse los, vom Anspruch alles
und alles am besten zu machen,
ich lache und weine,
ich gehe raus ans Wasser, zu den Bäumen,
ich meditiere, ich tanze, ich liebe und atme wieder.

Ich schenke meinen Kindern den Wind, den
lauen und den kalten,
den Duft der Wiesen, der welkenden Blätter,
das Summen der Mücken.

Ich allein bin nicht verantwortlich, wir zusammen schaffen es,
mit vielen kleinen Schritten, wir sind viele.
Regentropfen, Wasser läuft zum Bach, zum Fluß, zum Strom,
die Ozeane und die Atmosphäre schützen uns.
Wir sind stark,
wir spülen sie weg, die Dämme, die Straßen,
die Autobahnen, die Flughäfen, die Müllverbrennungsanlagen,
die Raketen, die Giftfrachten und -fabriken, die WAA, die
AKW's...

Sein oder nicht sein — wir s i n d !

Droht uns der Klima-Kollaps?

Interview mit Eileen Claussen, US-Umweltbehörde EPA

EC: Wir wußten vor zehn Jahren, daß es einen Temperaturanstieg geben wird. Wir untersuchen immer noch. Das muß natürlich nicht ewig weitergehen. Es stimmt aber, daß auf höchster Regierungsebene das Klimaproblem bis vor kurzem nicht erkannt wurde.

Interviewer: Und darum haben die USA bis heute ihre CO_2-Emissionen nicht reduziert?

EC: Ja, das stimmt.

I: Was wird dann mit den Klima-Flüchtlingen, z.B. aus Bangladesh? Sind die USA bereit, sie aufzunehmen? Sie mußten ja wegen unserer Abgase flüchten?

EC: Eine sehr schwierige Frage. Wir haben die Auswirkungen nicht richtig erkannt.

I: Hat Ihre Regierung in der Vergangenheit das Klimaproblem unterschätzt, trotz Ihrer eigenen und anderer Studien?

EC: Bei komplexen Problemen braucht es viel Zeit, bis wirklich das Bewußtsein der Entscheidungsträger erreicht ist.

I: Wer hat denn Schuld am Treibhauseffekt?

EC: Ich spreche da nicht gern von Schuld und Unschuld. Wir sind alle an dem Problem beteiligt und müssen es lösen.

I: Aber wer sind denn die Verantwortlichen?

EC: Diese Frage werde ich nicht beantworten.

I: Haben Sie Kinder?

EC: Ja.

I: Sie sind Wissenschaftlerin und Mutter. Was werden Ihre Kinder im Treibhauszeitalter durchmachen müssen?

EC: Ich versuche, darüber nicht nachzudenken, sondern alles zu tun, damit sie nicht wirklich schwere Zeiten durchmachen.

I: Aber es ist doch unvermeidbar, daß wir im Jahr 2020 wirklich große Probleme haben?

EC: Ja, dann haben wir Probleme.

I: Sehr schwerwiegende?

EC: Ja, ernste.

Beate Seitz-Weinzierl

Industrie im Kopf

Wie technomorphes Denken alle Lebensbereiche durchdringt und ethisches Denken aushöhlt

„Wiederverwendbare Grabkammer. Diese neue Form der Erdbestattung bietet nach Gutachten von Kirchen, Kommunen und Behörden folgende Vorteile:
- Verkürzung der Ruhefrist auf maximal 12 Jahre
- Kein Abrutschen der Seitenwände beim Graben
- Keine Senkung im Grab- und Wegebereich
- Integrierte Drainage löst Wasserprobleme
- Einbau auf ‚Vorrat' und Vorbereitung von Anlagen mit schwerem technischem Gerät
- Integriertes Grabsteinsockelfundament
- Sofortige Bepflanzungsmöglichkeit

Bei Zweitbelegung
- Kein Grabsteinabbau
- Kein Erdaushub
- Wiederverwendung der Bepflanzung

Dadurch Kostenersparnis für die Hinterbliebenen."

Dies ist kein Trailer eines Science-fiction-Romans, sondern das Angebot der Baustoffirma BayWa auf der Landesgartenschau 1990 in Würzburg. Industrie, d.h. Technik und Massenproduktion, bis zum Grab. Die Beschleunigungs- und Effektivitätsgesellschaft läßt grüßen. Praktisch, schnell, mühelos. Beton und Drainagerohre als Grabbeigaben im Industriezeitalter. Wer wundert sich noch!? Bislang habe ich nichts davon gehört, daß die auf der Landesgartenschau ausgestellte Beton-Grabkammer einen Protesthagel ausgelöst hat. Warum auch — schließlich liegt Kompostieren und Recyceln voll im ökologischen Trend: umwelt- und hinterbliebenenfreundlich. Also bitte kein sentimentales Getue um die sterblichen Überreste — falls der Glaube an das Unsterbliche noch vorhanden ist — eines Lebewesens, das es in Massen gibt und dessen ökologische Hinterlassenschaft sich auch nicht gerade würdevoll anläßt. Die Zeit der Pyramidengräber ist abgelaufen. Wenn es stimmt, daß der Umgang mit den Toten die Kultur einer Gesellschaft widerspiegelt, dann läßt die Betongruft tief blicken. Während sich die Theologen gegenseitig mit Jungfrauengeburt und Pillendogma bekriegen, wirken sie wie geistige Altwarenhändler angesichts der gewaltigen Revolution, die unbemerkt von seiten der Technik und der Industrie vonstatten geht. Die Wucht des Faktischen überrollt jede noch so kluge Wissenschaft und kulturtheoretische Überlegung der Philosophen über die Moderne oder die Postmoderne. Die Industrie duldet mit ihrer Geschwindigkeit keine Nachdenklichkeit und löst moralische Kategorien ebenso auf wie historische Verpflichtungen. Auch wenn neuerdings in Wirtschaftskreisen immer mehr von Ethik die Rede ist, gilt dies nicht als Gegenargument gegen die moralaushöhlende Kraft der industriellen und technischen Fortschrittsrallye, sondern ist nur der Beleg für deren schlechtes Gewissen.

Unter dem Signum des „Wertneutralen" und „Sachlichen" haben es Verfechter von Industrie und Technik bisher gut verstanden, skeptische Stimmen als plumpe Technikfeindlichkeit, Panikmache, Mythologisierung, Irrationalismus und Dogmatismus abzuqualifizieren. „Wollt ihr zurück auf die Bäume!?", lautet eine der gängigen provokativen Fragen der Fortschrittsgläubigen, die lächerlich machen soll, doch angesichts des Waldsterbens einen makaberen Beigeschmack bekommt.

Den Ideologieverdacht der angeblich dogmenlosen Technik spricht Friedrich Georg Jünger bereits 1939 in seiner Schrift „Die Perfektion der Technik" aus: „Über den Dogmatismus des Technikers läßt sich folgendes sagen. Er ist nicht weniger hart als der des Theologen und nicht weniger erfolgreich. In seinem Wissen, das auf Fortbildung der Apparatur und Organisation bezogen ist, ist dieser Dogmatismus nicht zu spüren, denn hier ruiniert eine Erfindung ruhelos die andere, und jede neue macht alle vorhergehenden zum Gerümpel. Nicht in seinem Wissen, sondern in seinem Glauben an dieses Wissen ist der Techniker dogmatisch. Über die Wissenswürdigkeit seines Wissens denkt er weder nach, noch zieht er sie in Zweifel. Mehr noch, er duldet nicht, daß andere über die Wissenswürdigkeit dieses Wissens nachdenken und Zweifel darüber hegen."

Über 50 Jahre später scheinen sich diese Aussagen bestätigt zu haben. Ohne Tempolimit zum Nachdenken hat sich eine hastige Ausdehnung der Industrie und des Technischen in allen Lebens- und Wissenschaftsbereichen vollzogen, sei es in der Kommu-

nikation, im Verkehr, in der Medizin, in der Bio- und Gentechnik, in der Landwirtschaft oder in der Freizeitkultur. Geistes- und Sozialwissenschaften, die Überlegungen über die Rückwirkung dieses technischen und industriellen Fortschritts auf den Menschen anstellen, hecheln hoffnunglos hinterher. Bei der Hetzjagd der internationalen wirtschaftlichen Konkurrenz wurde die geistig-ethische Infrastruktur in den Plänen der Gendesigner und Computerarchitekten einfach vergessen. Sind etwa Verantwortung und Ethos zu billig ausgemusterten Ladenhütern der Industriekultur geworden?
Romano Guardini stellt in seinem Vortrag „Die Maschine und der Mensch" von 1959 fest: „Die Aufmerksamkeit des heutigen Menschen wird durch die rationalen und utilitären Aufgaben in einer Weise in Anspruch genommen, daß er verlernt hat, auf die ‚andere Dimension' zu achten, welche dem Dasein eignet. „Gerade aber die ‚andere Dimension' des Menschen — Verantwortung, Achtung vor dem Leben, Ethos — wäre nötig, um mit der Macht umzugehen, die mit Maschinen verbunden ist. „Wird der Mensch die beständig wachsende Macht in sein Gefühl aufnehmen können?", fragt Guardini besorgt. Die Möglichkeiten des Fühlens seien schließlich nicht unbegrenzt, und so komme der Mensch in steigendem Maße in die Lage, sein Gefühl ausschalten zu müssen. Die Bedenken des Theologen waren gerechtfertigt. Längst hat in der modernen Industriekultur die Leistung das Gefühl abgelöst. Sachlichkeit, die vom eigenen Fühlen absieht, ist gefragt.
„Erfolg ist meßbar. Am Abstand zwischen uns und denen, die uns folgen", heißt es in der Werbeanzeige einer Computerfirma. „Denn letztendlich ist es doch der Erfolg, der zählt." Der immerwährende Erfolg ist zur Droge des Industriezeitalters geworden. Selbst wenn bei den Erfolgreichen menschliche Beziehungen und privates Glück auf der Strecke bleiben, so dämpft dies nicht die Sucht nach Erfolg. Der Siegeszug des Starken, Mächtigen, Maschinellen und Effizienten schreitet unaufhaltsam voran. Alles Schwache muß weichen.
Die Psychoanalytikerin Thea Bauriedl schreibt zu diesem Phänomen: „Nur nicht stehen bleiben. Wer rastet, der rostet. Wir können immer nur alles vorantreiben und haben die Fähigkeit zur Bewahrung des Lebens und der Lebendigkeit weitgehend verloren. Die Angst vor dem Stillstand ist auch die Angst vor dem persönlichen Tod, den wir mit allen unseren Kräften zu vermeiden versuchen und doch gerade dadurch für die ganze Menschheit immer wahrscheinlicher machen."
Alles, was der Erfolgssucht im Wege steht, wird zum lästigen Hindernis. „Grundbesitz und Familie legen Managern noch immer bleierne Mobilitäts-Ketten an." Dieser Titel der Beilage „Karriere" des Wochenmagazins „Wirtschaftswoche" spricht für sich. Angesichts der hohen Kosten der Ablehnung einer Versetzung, empfiehlt das Magazin, sollten die Firmen nicht nur finanzielle Hilfen für den Umzug geben, sondern auch praktische Hilfe zur Lösung der Probleme im familiären Bereich — die Reisekosten der Familie zum Kennenlernen des neuen Wohnortes übernehmen oder eine Karriereberatung für den berufstätigen (Ehe-)Partner anbieten. Dies erinnert mich an Konrad Lorenz, der einmal gesagt hat, er habe sich von vielen Leuten innerlich abgewendet, die von ihrem Hunde erzählten: „. . . und dann zogen wir in die Stadt und mußten ihn weggeben."
Industrie im Kopf äußert sich spätestens dann als Umweltkrise und Sinnkrise des Menschen, wenn technomorphes Denken auf die Beziehungen des Menschen zu Lebendigem übertragen wird. Wenn die Monokulturformen der Bodennutzung der Normierung, Standardisierung und Funktionalisierung des Industriesystems entsprechen. Wenn das Verhältnis von Mensch und Tier in unwürdigen Massentierhaltungen ein mechanisches wird. Wenn der Agrarfabrikant seine Tiere nicht mehr kennt und vom Computer die Verlustquote durch den Transport seiner Schweine errechnen läßt. Wenn der Wert eines Menschen danach bestimmt wird, ob er gut funktioniert und produziert. Wenn die Empfindungen und Leidenschaften des Menschen, seine Heimatverbundenheit und seine menschlichen Beziehungen industriellen Funktionen untergeordnet werden. Wenn der Konsumrausch als Ersatz für privates Glück zum goldenen Zuchthaus wird. Wenn nichts soviel wert ist, als daß es nicht

durch einen guten Preis abgelöst werden kann. Wenn wir uns an die monotonen Bilder der dunkel gekleideten Herren in vornehmen Sitzungssälen gewöhnt haben, ohne die bunte Lebensfülle, das Lebendige und die Stimme der Heiterkeit zu vermissen. Wenn der Herzschrittmacher schon längst erfunden ist, der Seelenschrittmacher aber noch lange auf sich warten läßt. Wenn Industrieländer durch ihre Entwicklungshilfe reich werden und ihre technischen Möglichkeiten zur Ausrottung ganzer Völker und zur Ausbeutung ganzer Kontinente mißbrauchen.

Kürzlich ging eine skurrile Meldung über eine geheimnisvolle Äußerung des Papstes durch die Presse. „Ihr werdet bald Überraschungen erleben", sagte er Journalisten an seinem Urlaubsort. Man vermutet, wie aus anderen Quellen hervorgeht, daß sich der Papst mit Botschaften der Gottesmutter beschäftigt, die ihm regelmäßig durch vertraute Kuriere überbracht werden. So soll der Papst beunruhigt sein über die Botschaft von der Gefahr einer weiteren Nuklearkatastrophe mit schwersten Folgen für verschiedene Nationen. Außerdem ist in neuen Botschaften der Gottesmutter davon die Rede, daß der Wasservorrat pro Mensch 40 Liter betragen würde. Die Gottesmutter Maria — eine Panikmacherin?
Wenn es um Sein oder Nichtsein der Industriegesellschaft geht, bedarf es keiner halbgöttlichen Prophezeiungen. Es gilt, dem Übergewicht der Mechanisierung unserer Zivilisation ein geistig-sinnliches Gegengewicht entgegenzusetzen, denn — so Norbert Elias — „Technik (ist) eine wohlgerichtete, aber ziellose Entwicklung". Der Menschenverstand sagt uns, daß der Industrieverstand mit seinem grenzenlosen Expansionswillen ins Chaos für Menschen und Umwelt führen muß. Gewiß, ein Leben ohne Technik und Industrie ist nicht mehr möglich. Unsere Aufgabe ist vielmehr, die Logik der Industrie mit der Leidenschaft des Lebens in Schach zu halten. Wir können mit der Technik zwar Umweltschäden lindern, aber wir können die Umweltkrise nicht mit Technik heilen.

Verwendete Literatur:

Bauriedl, Thea: Der Marsch der Lemminge. Über Schwierigkeiten und Chancen, die Zerstörungs- und Selbstzerstörungstendenzen in unserer Gesellschaft aufzulösen, in: das forum, Zeitschrift der Volkshochschulen in Bayern, 1/1990

Guardini, Romano: Die Technik und der Mensch, Mainz 1981

Himmelheber, Max (Hrsg.): Scheidewege 1989/90, 19. Jg.

Jünger, Friedrich Georg: Die Perfektion der Technik, Frankfurt 1980 (6. Auflage)

Lorenz, Konrad: Die acht Todsünden der zivilisierten Menschheit, München 1973

Wolfgang Lohbeck

„Sein oder nicht sein"
oder: Sind wir Systemfeinde?

„Sein oder nicht sein" — das hört sich an, als ob es ums Ganze geht. Leider ist diese Aussicht realer, als es den meisten lieb ist oder sie wahrhaben wollen. Auch das Leitmotiv „Umweltschutz kennt keine Grenzen" hat sich in einer Dramatik bewahrheitet, die seine Urheber noch vor fünfzehn oder zwanzig Jahren nicht für möglich gehalten hätten — auch innerhalb Greenpeace nicht. War die Hoffnung, durch unorthodoxe Aktionen — und sei es „nur" für die Rettung der Wale — die Welt ein kleines Stück vom Abgrund wegzubekommen, eine Illusion? Ist es defaitistisch, oder ist es nur die Anerkennung der Realität: Es geht *wirklich* um eine andere Dimension als „nur" um die Rettung einer Tierart oder die Bekämpfung eines lokalen oder regionalen Umweltvergehens, etwa der Verklappung von Dünnsäure. Zwar haben GreenpeacerInnen schon früh gesagt, daß sie mit den Walen mehr meinen und von Vernetzung gesprochen. Wie verhängnisvoll engmaschig diese Vernetzung ist und wie sehr die Wale tatsächlich für „das Ganze" stehen, das hat auch uns in seiner Klarheit und Brutalität, die sich jetzt abzeichnet, überrascht.
Wir müssen uns fragen, was diese Erkenntnis, sofern sie denn neu ist, für uns — und für jeden, der die Umweltzerstörung aufhalten will — bedeutet. Haben wir dem mörderischen Tempo der Zerstörung etwas entgegenzusetzen? Und: Gegen wen richten sich unsere Aktionen eigentlich? Geben wir uns zufrieden mit mosaikartig kleinen Erfolgen, und was bedeuten diese? Die wichtigste und bedrückendste Frage aber dürfte sein: Haben wir nicht gerade mit unseren punktuellen Erfolgen (auch) dazu beigetragen, daß die Probleme nur aus dem Blickfeld verschwinden, um dann, später, an anderer Stelle wieder aufzutauchen — meistens schlimmer? Helfen wir unfreiwillig mit, die äußeren Erscheinungsformen der Katastrophen wie in einem riesigen Theaterstück nur hin- und herzuschieben. Oder, um ein anderes Bild zu benutzen, drehen wir (unfreiwillig) mit an einer Spirale nach oben?

1982 begannen wir mit unserer Arbeit für den Wald; es ging uns damals um den „Sauren Regen", verursacht vor allem (wie es damals schien) durch Schwefeldioxid aus Kraftwerksabgasen. Das direkte Ergebnis unserer und anderer Leute Kampagne: die Großfeuerungsanlagenverordnung und ein Investitionsschub von 20 Milliarden DM. Die Kraftwerksabgase wurden „sauber", „Babcock" „Lurgi" und „Thyssen" hatten Hochkonjunktur. Der Wald wurde nicht gerettet, aber die riesigen, noch dazu schwermetallverseuchten Gipsberge, die die Bauindustrie nicht haben will, wandern in den Tagebau. Die Folgen kennt so genau niemand. Immerhin, die Kraftwerke waren hinfort „sauber", und auch die Stromgiganten haben ihre weiße Weste, eine gute Ausgangsposition zum Weitermachen, Richtung Klimakatastrophe.
Denn am Treibhauseffekt — dank CO_2 und immer mehr Strom —, hatten auch die „sauberen" Abgase nichts verbessert, nur war die Industrie aus dem Schneider. Sie hatte genügend Zeit, sich auf die bevorstehende Klima-Diskussion einzustellen — und wenn es nach ihren Vorstellungen geht, wird sie das Klimaproblem „lösen", wie sie schon das Saure-Regen-Problem „gelöst" hat: mit mehr Technik, diesmal mit Atomenergie. Es bleibt abzuwarten, ob sie diese weitere Drehung der Spirale mit Hilfe der „Lösung" eines Problems und mit unfreiwilliger Beihilfe von UmweltschützerInnen durchsetzen wird.

Eine Tragikomödie besonderer Art. Der Katalysator — Ergebnis eines zähen Kampfes um die Rettung der Wälder und den „Sauren Regen". Die Lösung: eine Groteske. Wieder einmal wurden die Abgase „sauber", aber nur die des einzelnen Autos. Dank Katalysator-„gereinigtem" Image konnte die Automobilindustrie ununterbrochene Zuwachsraten verbuchen, Stickoxid- und Kohlenwasserstoff-Ausstoß liegen — insgesamt — gleich. Das Kampagnenergebnis hier: ein herrlicher neuer Markt für einen Industriezweig, dazu die Weißwäsche des führenden Umweltvergifters. Denn trotz (oder dank) Katalysator schreiten die Betonierung der Landschaft und die Zerstörung der Städte voran, ist das Auto die — jetzt „saubere" — größte Tötungsmaschine aller Zeiten, vom Treibhauseffekt gar nicht zu reden. Auch hier: Die Spirale hat sich weitergedreht, die Industrie hat

Probleme auf ihre Weise „gelöst", die Forderungen der UmweltschützerInnen wurden vordergründig erfüllt — und mit Erfolg unterlaufen.

Sehen so die „Erfolge" von UmweltschützerInnen aus? Sind es nur Erfolge auf den ersten Blick? Wird die Drehung der Spirale nur verschleiert, bis ein neues Problem in gesteigerten Dimensionen sichtbar wird? Vom Sauren Regen zur Klimakatastrophe — ein Paradebeispiel. Und in guter Tradition zum „Sauberen Himmel über der Ruhr" Mitte der Sechziger, als die Lungen und die Hemden auf den Wäscheleinen in Bottrop, Essen und Gelsenkirchen sauberer wurden, die „Reinluftgebiete" aber — dank hoher Schornsteine — vergiftet.
Die Spirale dreht sich, Erfolge verwandeln sich unversehens in potenzierte Probleme. Die Zeiträume für diese Art von Qualitätssprüngen werden immer kürzer. Vom „Sauberen Himmel über der Ruhr", der Geburtsstunde der TA Luft, bis zum jähen Erschrecken und der Erkenntnis, daß die „Hochschornstein-Politik" uns sterbende Wälder in den Reinluftgebieten beschert hatte, waren es noch zwanzig Jahre. Bis nach dem Schock des Sauren Regens der Groschen in Sachen Klimakatastrophe fiel, dauerte es nur noch fünf Jahre. Nichts spricht dafür, daß sich diese Art von Entwicklung verlangsamt, im Gegenteil. Auch die Klimakatastrophe ist inzwischen nur ein weiteres „Sujet" für bunte Blätter, um farbenfrohe Seiten mit Graphiken, Klimagürteln oder der Erde im blauen Atmosphärendunst zu drucken — ein Auflagenheber. Man gewöhnt sich an alles. Und die Industriegesellschaft kann alles vermarkten, Katastrophen besonders gut. Auch der Weltuntergang, nennen wir ihn Klimakatastrophe, Ozonloch oder 10.000 Straßentote, ist für die Industrie zuallererst eins: Geschäft. So hat denn auch die Industrie zum Umweltschutz nur soviel beigetragen: technische Lösungen, an denen sie selbst verdiente. Gerade die Katastrophen erweisen sich als verkaufsfördernd. „Wir haben die Welt von unseren Kindern nur geliehen" — für Mitsubishi ein nützliches Werbemittel. „Der Stern, auf dem wir leben", darunter der Mercedes-Stern und fünfzig bunte Bilder auf pseudo-grauem Umwelt-Image-Papier. Wohl der obszönste und abstoßendste Beitrag der Industrie zur Bestätigung der These „Umweltschutz ist Geschäft — nichts sonst".
Das Schauspiel einer Gesellschaft, die weltweit und — zumindest in diesem Punkt — über Grenzen hinweg vereint das Recht auf Zerstörung restlos aller Lebensgrundlagen mit Zähnen und Klauen verteidigt, macht nicht nur, wie oft wiederholt, „betroffen", sondern auch ratlos. Was steckt dahinter, was ist der eigentliche Motor? Ist es die vielbeschworene „menschliche Natur", sind es die ökonomischen Zwänge, oder ist es schlicht das „System"? Das Dilemma auf die menschliche Natur zu schieben, erscheint allzu perspektivlos; den Menschen von Grund auf umzukrempeln, haben schon andere erfolglos versucht. Die ökonomischen „Zwänge" sind reale, aber letztlich doch Ergebnis einer dahinter stehenden Ordnung. Also doch „das System"? Wenn es denn am System liegt, fragt sich, an welchem. Kapitalismus und (realer) Sozialismus sind hier sicher kein Gegensatzpaar, zumal letzterer — zumindest vorübergehend — aufgehört hat, als ernstzunehmende Alternative zu existieren. In der Umweltfrage standen sie ohnehin nie in Konkurrenz, die Katastrophen sind hüben wie drüben ähnlich. Drüben noch eher „verzeihlich", ging es doch da, wie wir inzwischen wissen, ums nackte Überleben der Volkswirtschaften. Hüben war und ist der Reichtum groß genug, Umweltschäden gar nicht erst entstehen zu lassen, zumindest aber sie zu reparieren. Offenbar besteht auch daran nur dann Interesse, wenn Untätigkeit dem Geschäft zu schaden droht. Was also ist das für ein „System", dessen eigentliches Ziel die Zerstörung von Leben zu sein scheint und das in so mannigfachen Erscheinungsformen, von der westlichen Demokratie über den (realen) Sozialismus bis hin zu nahöstlichen Diktaturen zutage tritt?
Nennen wir es der Einfachheit halber „das Industriesystem". Keine sehr tiefgehende Deutung, zugegeben. Und vielleicht auch schon im Ansatz falsch, denn sicher ist „die Industrie" selbst nicht Ursache oder innerster Kern dieses Systems, sondern sein (wenn auch wesentlichstes) Ergebnis. Mag sein, daß tatsächlich die besonders negativen und destruktiven Seiten

„menschlichen Strebens", der Wunsch nach Macht, Dominanz und Unterdrückung, der Antrieb sind — aber das Industriesystem ist der Rahmen, in dem sich derartige Bedürfnisse realisieren lassen. Das Industriesystem oder auch die Ellenbogengesellschaft, sie bieten den idealen Nährboden zur Entfaltung all dessen, was in unserer Gesellschaft so zersetzend, asozial und lebensfeindlich ist. Es sind die Ideale des Ellenbogen- oder Industriesystems, in denen sich all das verwirklichen kann, was in so grundverschiedenen Gesellschaftsformen gleichermaßen zerstörend wirkt — und sie verbindet. „Erfolg" in diesem System garantieren Rücksichtslosigkeit, krasser Egoismus und das Bedürfnis nach Machtausübung. Das Industriesystem ist das konsequente Ergebnis einer Entwicklung westlichen Denkens, das den Menschen von der Natur abgespalten und letztere zu einem beliebig ausbeutbaren Rohstofflager degradiert hat. Es hat sich zum Krebsgeschwür heutiger Gesellschaftsformen und leider zum verbindenden Element entwickelt. Krebs heilt oder lindert man nicht, man hat nur eine Chance, wenn man ihn eliminiert. Das gilt auch für das Industriesystem heutiger Ausprägung. Wir haben noch eine Chance zu überleben, aber wir müssen uns vom Krebs befreien. Das heißt nicht „zurück in die Steinzeit", denn: Nicht die Technik ist schlecht, sondern der Umgang mit ihr und die Verfügungsgewalt in immer weniger und immer mächtigeren Händen — vor allem in solchen Händen, deren einziges Ziel die Sicherung und Steigerung des eigenen Profites ist.

Umweltschutz hat nur eine Chance, wenn er diesen Zusammenhang erkennt und den eigentlichen Motor der Zerstörung identifiziert. Dazu gehört auch — und das wird immer dringlicher —, die Verantwortlichen beim Namen zu nennen. Es sollte etwa einem Herrn Woolard (von Dupont) nicht länger möglich sein, sich hinter der Identität seiner Vorstände und Firmenlogos zu verstecken, wenn seine Firma allein für ca. 25 % der weltweiten FCKW-Produktion und damit an der Entstehung des Ozon-Lochs und für einen Teil des Treibhauseffektes verantwortlich ist, der noch erheblich größer ist als der der gesamten deutschen Industrie, aller Kraftwerke, Autos, LKWs, Heizungen, etc. (in CO_2) zusammengenommen. Umweltverbrechen müssen wieder so genannt werden. Umwelttäter sind nicht die schwarzen Schafe, sondern die Repräsentanten dieses Systems. Der Kampf für den Umweltschutz ist ein Kampf gegen dieses System, der Kampf dafür, Gesellschaften in Ost, West oder Süd vom Krebs des Industriesystems zu befreien.

Ja, wir sind Systemfeinde.

Jerry Sommer

Keine Rüstung bitte

Computer-Spezialisten suchen „saubere“ Jobs

Drei Zentimeter hoch, vier Zentimeter breit, winzig und handgeschrieben war die Anzeige, die der Brite Tony Wilson in den *Guardian* setzte: *„Do You Want To Kill People With Computers“* — „Wollen Sie Menschen mit Computern töten? Wenn nicht, kann unsere ethische Jobvermittlung für Sie eine bessere Arbeit finden.“ Über hundert Rückmeldungen bestätigen ihm, daß die Gründung einer Arbeitsvermittlungsagentur für Computerspezialisten mit moralischen Grundsätzen eine gute Idee war. Er nannte sie Exchange Resources.

Das war 1986, als Thatchers England an Abrüstung und Ost-West-Entspannung nicht zu denken wagte und Ökologie für die Briten noch ein unbekanntes Fremdwort war. Heute, sagt der vollbärtige Mittfünfziger, sei die Zeit auf seiner Seite: „Es gibt eine wachsende Anzahl von Menschen, die begreifen, daß moralisch zu leben mehr heißen kann als nur die Benutzung von Umweltpapier. Dazu gehört auch die Arbeit.“

Anfangs bemühte sich die Agentur insbesondere um Aussteiger aus der britischen Rüstungsindustrie, die im Südwesten Englands, wo Exchange Resources in der idyllischen Kleinstadt Bath beheimatet ist, einer der Hauptarbeitgeber für Informatiker und Computerfachleute ist. Bis vor wenigen Jahren war Tony Wilson selbst als Informatiker für Rüstungsbetriebe tätig. Unter anderem arbeitete er an der Modernisierung der Atomwaffen des Königreiches mit. Doch die Geheimniskrämerei, die in diesem Industriezweig so weit ging, daß selbst *Guardian*-Leser als subversiv galten, machte ihm zunehmend zu schaffen. Hinzu kam irgendwann die Überzeugung, daß die Militärprogramme militärisch unnütz, kostspielig und undemokratisch seien, weil sie häufig hinter dem Rücken des britischen Parlaments durchgezogen wurden.

1982 gründete Wilson zusammen mit gleichgesinnten Kolleginnen und Kollegen eine Initiative Electronics for Peace (Elektroniker für den Frieden) und kritisierte öffentlich die Atomrüstung. Wenig später erklärte ihm der Manager der Firma, in der er weiterhin Rüstungsforschung betrieb: „Ich bin vom Verteidigungsministerium und von British Aerospace aufgefordert worden, Ihnen zu kündigen.“ British Aerospace erteilte ihm Hausverbot.

Auf die Idee, eine moralische Arbeitsvermittlung zu gründen, kam Tony Wilson durch Zufall: „Unsere Gruppe Electronics for Peace bekam über die Jahre eine Menge Anfragen von Leuten, die nicht oder nicht mehr in der Rüstungsindustrie arbeiten wollten. Wir wußten mit diesen Anliegen nichts anzufangen. Aber als ich das einem Freund und Besitzer einer Arbeitsvermittlungsagentur erzählte, riet er mir, selber eine Agentur zu gründen, die sich speziell an Rüstungsaussteiger wendet.“

Er folgte diesem Rat und scheint nach einer schwierigen Anfangsphase jetzt auf eigenen Beinen zu stehen. 1989 wandten sich doppelt so viele High-Tech-Spezialisten an seine Agentur wie 1988. „Wir haben heute mit etwa 2000 Anfragen weit mehr Bewerber, als wir mit unserem kleinen Vier-Leute-Betrieb bewältigen können“, freut sich Wilson.

Das hängt auch mit der Erweiterung der Moralkriterien der alternativen Jobvermittlung zusammen. Zu *non defense* kam zuerst *non nuclear, no apartheid* hinzu. Jetzt betont Exchance Resources zusätzlich die Vermittlung von „gesellschaftlich nützlicher Arbeit“ im High-Tech-Bereich. Das macht die Jobvermittlung für Tony Wilson nicht einfacher. Denn zum einen wird Umweltschutz zum Beispiel in britischen Betrieben noch immer klein geschrieben; es gibt weit mehr Bewerber für Umwelt-Jobs als Arbeitsplätze in diesem Bereich. Zum anderen bringt ein umfassenderer Moralbegriff mit sich, daß weniger Betriebe überhaupt in Frage kommen. Wilson sieht das Dilemma: „Hundert Prozent moralisch können wir nicht sein. Es gibt ja nicht viele ‚Jesus-Christus-Unternehmen‘.“

Der Moraltest findet in der Regel per Telephon statt: Wilson fragt Unternehmen, ob sie im Rüstungs- und Nuklearbereich oder im Südafrika-Geschäft tätig sind. Seine Erfahrung: „Den Antworten kann man in der Regel vertrauen, denn die haben ja kein Interesse daran, jemanden unter Vorspiegelung falscher Tatsachen in den Betrieb zu holen, von dem sie davon ausgehen müssen, daß er nach kurzer Zeit die Lügen durchschaut hat und kündigt.“ Bleiben dennoch Zweifel an den Angaben der Betrie-

be, läßt Exchange Resources durch die Anti-Apartheid-Bewegung, die Friedensbewegung oder den Ethical Investment Research Service Nachforschungen anstellen.
Wilson hat Kontakte zu etwa 2500 Betrieben und Organisationen „jeglicher Größenordnung — vom Zwei-Menschen-Alternativladen zu multinationalen Gesellschaften". In Großbritannien mangelt es an Computerspezialisten, und auch Unternehmer sind zunehmend an sozial engagiertem und motiviertem Personal interessiert. Selbst Konzerne mit Rüstungsproduktion haben sich mit der Suche nach Fachleuten an Exchange Resources gewandt. Wenn sie Arbeitsplätze auch im nichtmilitärischen Bereich haben und den Wunsch von Angestellten akzeptieren, nichts mit der Rüstungsproduktion zu tun zu haben, arbeitet Wilson mit ihren zivilen Abteilungen zusammen.
Von den 2000 Bewerbern, darunter etwa 15 Prozent, die an Rüstungsprojekten arbeiten, hat er etwa 100 eine neue „moralische" Arbeit vermitteln können. Diese Quote ist fünfmal höher als bei anderen Jobagenturen in Großbritannien, wo private Arbeitsvermittlung erlaubt ist und die Kosten bei erfolgreicher Vermittlung vom Arbeitgeber bezahlt werden müssen.
Mit Hilfe von Exchange Resources fand zum Beispiel der 38jährige Mike Gascoigne einen neuen Job als Schreiber von Software-Programmen, mit denen industrielle, nichtmilitärische Fertigungsanlagen gesteuert und überwacht werden. Er hatte bei seinem vorherigen Arbeitgeber gekündigt, nachdem er herausgefunden hatte, daß er entgegen anders lautenden Aussagen seines Chefs an der Entwicklung radargeleiteter luftgestützter Raketen arbeitete.
Ein anderer ehemaliger Rüstungswissenschaftler, Peter Kevill, versuchte es nach seinem Ausstieg aus GEC, einem der größten britischen Rüstungskonzerne, wo er an Zielsimulatoren für die Marine arbeitete, mit „normalen" Jobagenturen. Als diese ihn wiederum an Rüstungskonzerne vermitteln wollten, wandte er sich an Tony Wilsons „moralische" Agentur. Jetzt arbeitet er in einem großen Software-Haus, das keine militärischen Aufträge annimmt. Andere wechselten nicht nur den Betrieb, sondern den Wirtschaftszweig. Ein ehemaliger Rüstungsmanager leitet nun eine *charity*, die soziale Gemeindeprojekte in Großbritannien koordiniert. Zwei weitere Spezialisten brachte Tony Wilson im Theater unter: „Auch die Royal Shakespeare Company braucht heutzutage Computerfachleute", erklärt Tony Wilson.

Die Nachfrage nach „sauberer" Arbeit könnte Zukunft haben. Eine von der Barclays Bank in Auftrag gegebene Umfrage unter Elf- bis Neunzehnjährigen ergab, daß sie sich vor allem um Umwelt und Tierquälerei sorgen und einen sozialen Beruf einer Karriere in der Finanzwelt vorziehen.

Robert Jungk

Der schwere Weg zum neuen Werden

Die Zeit heilt alle Wunden — diese Volksweisheit hat im Zeitalter des fortgeschrittenen Industrialismus ihre Gültigkeit verloren. Konnten im Lauf der bisherigen Geschichte selbst schwerwiegende Folgen von Katastrophen oder Kriegen allmählich korrigiert werden, so erscheint nun Wiedergutmachung oft aussichtslos, Regeneration unwahrscheinlich, weil die Schäden zu tief gehen und bis in kommende Generationen reichen.

Das ist die Folge des im Lauf des 20. Jahrhunderts sprunghaft gestiegenen Wirkungsgrades der Technik. Sie hat durch ihre Eingriffe in nun erst erkannte und manipulierbar gewordene Grundlagen der Natur destruktive Kräfte freigesetzt, denen die Biosphäre keine Abwehr entgegensetzen kann.

Es ist die Aufgabe aller, die sich um die Zukunft des Seins Sorgen machen, solche unumkehrbaren, langfristiger gefährdenden Zerstörungen zu verhindern, solange dies noch möglich ist. Das verlangt zuerst einmal möglichst frühzeitiges Erkennen heranwachsender Bedrohungen, erfordert dann die bewußte und gezielte Entwicklung von Problemlösungen und schließlich sowohl Entschlüsse wie Handlungen, die das Überleben der Schöpfung als wichtigstes, nie aufhörendes, alle Machtinteressen übersteigendes Projekt behandeln.

Bisher ist es nicht möglich gewesen, diese drei notwendigen Schritte zur Rettung der Welt in Gang zu setzen. Ansätze dazu hat es seit Beginn der sechziger Jahre gegeben, aber sie wurden nicht weiterverfolgt. Meist scheiterten sie am Desinteresse der Zukunftsblinden, die das Sagen hatten, oder an den Widerständen derjenigen, die nicht wollten, daß die Scheinwerfer begründeten Vorauswissens den Weg ins Verhängnis sichtbar machten.

Ich kann davon aus eigener Erfahrung berichten. Als ich in den sechziger Jahren zuerst von einem Freund im Sekretariat der Vereinten Nationen, später noch dringlicher und konkreter von einem hohen Beamten des Europarats aufgefordert wurde, meine Gedanken über die Notwendigkeit einer „vorausschauenden Institution“ auszuarbeiten, legte ich den Entwurf für eine solche internationale Beobachtungswarte der globalen industriellen Entwicklung und ihrer möglichen Folgen zwar vor, mußte aber erleben, wie dieses mit Lobpreisungen überhäufte Projekt bald in innerbehördlichen Interessenskonflikten ruiniert und schließlich in der Papierlawine der Bürokratie begraben wurde.

Den prognostischen Bemühungen des „Club of Rome“, die der unermüdliche Italiener Aurelio Peccei vorantrieb, dem Vorhaben „Europe 2000“, das der Sozialist Lord Kennet der Brüsseler Behörde andiente und der anspruchsvollen Studie „Global 2000“, die Präsident Reagan zum Entgleisen brachte, ist es kaum besser ergangen, und auch der „Brundtland-Bericht“ der UNO hat „unsere gemeinsame Zukunft“ nicht verändert.

Dennoch wird der Gedanke einer solchen sozialen, politischen und ökologischen „Weltwetterwarte“ immer wieder aufgegriffen. In den USA, wo der Glaube an die Machbarkeit der Zukunft noch immer stark ist, sind zu Beginn dieses Jahrzehnts der Entscheidung eine ganze Reihe Projekte zur Steuerung oder zumindest Beeinflussung der weiteren Entwicklung veröffentlicht worden. Besonders eindrucksvoll sind die Arbeiten des mit privaten Stiftungsmitteln erhaltenen „World Watch Institute“ (Washington), dessen Leiter Lester W. Brown nicht länger auf staatliches Handeln warten wollte. Er hat schon vor einigen Jahren das einflußreiche Konzept der „sustainable society“ entwickelt, einer künftigen Gesellschaft, die nicht mehr nach den Sternen greift, sondern „nur“ darum bemüht ist, daß auf dieser Erde umwelt- und menschenverträgliche Lebensbedingungen geschaffen werden.

Trotz aller Warnungen, die das Team des Instituts in seinen bisher sechs erschienenen Jahresberichten über den jeweiligen Zustand der Welt veröffentlicht hat, wird in ihrer letzten Publikation darüber geklagt, daß die Umweltzerstörung ungeachtet mancher mutiger Versuche, sie aufzuhalten, unvermindert fortschreitet. Die Waldgebiete verkleinern sich, die Wüsten wachsen, die Böden werden unfruchtbarer, die globalen Nahrungsreserven schrumpfen, während die Bevölkerung vor allem in den Ländern der Dritten Welt zunimmt und zugleich ihre berechtigten Ansprüche steigen.

Dennoch meinen Brown und seine Mitarbeiter, daß mit einer Gnadenfrist von etwa vierzig Jahren zu rechnen sei, bevor es dann endgültig zu spät wäre. In diesem erdgeschichtlich verzweifelt knappen Zeitraum müßten vor allem folgende Veränderungen erreicht werden:

1. Erneuerbare Energien, die indirekt oder direkt von der Sonne erzeugt werden, sollten vorherrschen.
2. Die Weltbevölkerung muß sich bei höchstens acht Milliarden Menschen stabilisieren.
3. Produktion und Verkehr müssen so effizient gemacht werden, daß sie ohne zu große Verluste und schädliche Nebenwirkungen funktionieren können.
4. Verringerung und Wiederbenutzung von Abfällen machen Deponien weitgehend überflüssig.
5. Äcker, Wälder, Futterflächen müssen regeneriert und stabilisiert werden.
6. Großgrundbesitz muß besonders in dicht besiedelten Regionen an Einzelne und Gemeinden verteilt werden, die sie für ihren Gebrauch schonend nutzen.
7. Die nationalen, hochgerüsteten „Verteidigungs"organisationen müssen überflüssig und durch eine internationale UN-Truppe ersetzt werden.
8. Politiker, Staatsmänner und Bürger werden ihre Ziele und Hoffnungen neu bewertet haben und den Übergang zu einer umwelterhaltenden Wirtschaft versuchen, die eine Erhöhung des Brutto-Nationalprodukts nicht länger anstrebt, sondern als Vorzeichen des kommenden Bankrotts erkennt.

Soll ein so anspruchsvolles Programm nicht wieder nur Papier bleiben, dann müßte in der noch bis zum Stichjahr 2030 verbleibenden Zeit eine ungewöhnlich intensive Anstrengung zur Entwicklung umwelt- und menschenverträglicher Produktionsformen unternommen werden. Eine solche Umrüstung der Industrie hätte zugleich aber auch wirtschaftliche und demographische Faktoren zu bedenken. Sie dürfte keine Verschleuderung von unersetzbaren Rohstoffen oder Nahrungsmitteln dulden und hätte dauerhafte Waren zu erzeugen, statt schnell verschleißenden, ständig reparaturbedürftigen Schund. Nur so wird es möglich sein, den enormen Bevölkerungszuwachs, der in ca. 39 Jahren zu einer Verdoppelung der Erdbewohner führen dürfte, einigermaßen zu verkraften.

Selbst wenn sich bis zur Jahrtausendwende durch zentral geleitete nationale und internationale Kampagnen, wie sie zum Beispiel der amerikanische Senator Al Gore mit seiner „Strategic Environment Initiative" (SEI) anregt, Verbesserungen erreichen lassen, so wird ein zukunftserhaltendes Programm nur dann erfolgreich sein, wenn es zugleich von Tausenden und Tausenden Basisgruppen in aller Welt mitentworfen und mitgetragen wird.

Sonst wird der Druck des Bevölkerungswachstums in den Ländern der Dritten Welt, damit dann aber auch die vermehrten Konsumansprüche von Milliarden Bedürftigen, die weitere Ausbeutung und Zerstörung des planetaren Ökosystems unvermeidlich machen. Nur wenn die Bevölkerung der überentwickelten Industrieländer deutlich zeigt, daß sie bereit ist, mit gutem Beispiel voranzugehen, werden die materiell Benachteiligten in Osteuropa, Asien, Afrika und Lateinamerika bereit sein, in ihren Ansprüchen zukunftsverantwortlich, das heißt maßvoll und vernünftig, zu bleiben.

Der Verzicht der „Habenichtse" auf die Nachahmung des nicht aufrecht zu erhaltenden Lebensstils der Industrienationen wird in einer Zukunft, in der vier Fünftel (wenn nicht noch mehr) aller Menschen in den sogenannten Entwicklungsländern leben werden, eine ganz entscheidende Rolle spielen. Die Erkenntnis, daß es falsch war, den reichen Nationen auf ihrem Weg zu kurzem, teuer erkauftem Überfluß zu folgen, beginnt sich jetzt durchzusetzen. Frank Bracho (Venezuela), einer der geistigen Führer auf einem neuen Weg der Selbstbesinnung, hat kürzlich bekannt, daß die wachsende Verarmung in den Ländern der südlichen Erdhalbkugel die Folge der blinden Übernahme fremder und ungeeigneter Produktions- und Konsumptionsweisen sei.

Mahdi El Mandjara (Marokko), einer der führenden Zukunftsforscher der Welt, sieht in der Rückkehr der ehemaligen Kolonialländer zu ihren seit der Begegnung mit den „Weißen" vernachläßigten kulturellen Werten das ausschlaggebende Charakteristikum ihrer Geschichte im 21. Jahrhundert. In der schonen-

den Behandlung der als heilig angesehenen Natur, wie sie heute nur noch einige Urvölker pflegen, in einem anderen Verhältnis zu spirituellen Werten, einem völlig verschiedenen Umgang mit der in den Industrieländern einerseits knapp gewordenen, andererseits an Trivialitäten verschleuderten Zeit wird Unentbehrliches zurückgewonnen, das mögliche Einbußen mehr als wett macht.
Schon jetzt ist in Urwäldern, Steppen, Pampas eine neue Massenbewegung im Werden, die auf der großen Umweltkonferenz von 1972 in Stockholm begann. Damals waren es nur ein paar Dutzend Menschen, die in einem großen Zelt gegenüber dem Schloß, wo der offizielle Kongreß stattfand, für eine radikal andere, von der „Basis" getragenen Umweltbewegung eintraten. Inzwischen gibt es laut Aussage von Marc Nerfin, dem Leiter des IFDA (Institute for Development Alternatives) in Nyon (Schweiz) schon mindestens 4000 in Netzwerken zusammenarbeitende, aber autonome Gruppen, die den westlichen „way of life", wie er ihren Oberschichten und Bürokratien immer noch vorschwebt, ablehnen und durch eine Fülle eigenständiger Lebensformen zu ersetzen versuchen.
Eine solche Rückkehr zu vorindustriellen Werten könnte auch die Rettung der an den Rand des Abgrunds gelangten „modernen Zivilisation" bringen. Das bedeutet gewiß keinen Rückfall in primitive Verhältnisse, sondern die Rückgewinnung vergessener Haltungen, verlorener oder beschädigter Fähigkeiten und vernachläßigter Bedürfnisse, wie zum Beispiel nach Ruhe, Schönheit, Gesundheit, Menschlichkeit.
Wie allerdings eine solche reifere, „neue Zivilisation" aussehen, wie sie gegen die Trägheit und den Beharrungswillen derer durchgesetzt werden könnte, die heute noch den Ton angeben und die Ruder in der Hand haben, das ist vor allem von denen zu beantworten, die sich der Gefahren bereits bewußt sind. Es wird nicht genügen, daß sie sich „mit Grausen wenden"; sie werden sehr viel soziale Phantasie entwickeln müssen, um neue Entwürfe und andere Wege zu erfinden.
Ich weiß aufgrund einer Suche, die schon 1970 begann, daß bereits an vielen Stellen des Globus Keime eines menschenwürdigen, zukunftserhaltenden Lebens gepflanzt werden: Beispiele friedlichen Zusammenlebens, sanfter Technik, humaner Wirtschaft, partizipatorischer Politik, organischen Planens und Bauens, schöpferischer Arbeit und anderes mehr. Ich würde mir wünschen, daß noch vor der Jahrtausendwende, spätestens in fünf Jahren, wieder eine Ausstellung stattfindet, in der vom „WERDEN" berichtet wird, von den verschiedenen Neuanfängen, den kühnen, liebevollen, zukunftsweisenden Experimenten, in denen die neue Zivilisation allmählich Gestalt gewinnt und die Schatten des Nichtseins zu weichen beginnen.

Hermann Hesse

Die Stadt

„Es geht vorwärts!“ rief der Ingenieur, als auf der gestern neugelegten Schienenstrecke schon der zweite Eisenbahnzug voll Menschen, Kohlen, Werkzeuge und Lebensmittel ankam. Die Prärie glühte leise im gelben Sonnenlicht, blaudunstig stand am Horizont das hohe Waldgebirge. Wilde Hunde und erstaunte Präriebüffel sahen zu, wie in der Einöde Arbeit und Getümmel anhob, wie im grünen Lande Flecken von Kohlen und von Asche und von Papier und von Blech entstanden. Der erste Hobel schrillte durch das erschrockene Land, der erste Flintenschuß donnerte auf und verrollte am Gebirge hin, der erste Amboß klang helltönig unter raschen Hammerschlägen auf. Ein Haus aus Blech entstand, und am nächsten Tage eines aus Holz, und andere, und täglich neue, und bald auch steinerne. Die wilden Hunde und Büffel blieben fern, die Gegend wurde zahm und fruchtbar, es wehten schon im ersten Frühjahr Ebenen voll grüner Feldfrucht, Höfe und Ställe und Schuppen ragten daraus auf, Straßen schnitten durch die Wildnis.

Der Bahnhof wurde fertig und eingeweiht, und das Regierungsgebäude, und die Bank, mehrere kaum um Monate jüngere Schwesterstädte erwuchsen in der Nähe. Es kamen Arbeiter aus aller Welt, Bauern und Städter, es kamen Kaufleute und Advokaten, Prediger und Lehrer, es wurde eine Schule gegründet, drei religiöse Gemeinschaften, zwei Zeitungen. Im Westen wurden Erdölquellen gefunden, es kam großer Wohlstand in die junge Stadt. Noch ein Jahr, da gab es schon Taschendiebe, Zuhälter, Einbrecher, ein Warenhaus, einen Alkoholgegnerbund, einen Pariser Schneider, eine bayerische Bierhalle. Die Konkurrenz der Nebenstädte beschleunigte das Tempo. Nichts fehlte mehr, von der Wahlrede bis zum Streik, vom Kinotheater bis zum Spiritistenverein. Man konnte französischen Wein, norwegische Heringe, italienische Würste, englische Kleiderstoffe, russischen Kaviar in der Stadt haben. Es kamen schon Sänger, Tänzer und Musiker zweiten Ranges auf ihren Gastreisen in den Ort.

Und es kam auch langsam die Kultur. Die Stadt, die anfänglich nur eine Gründung gewesen war, begann eine Heimat zu werden. Es gab hier eine Art, sich zu grüßen, eine Art, sich im Begegnen zuzunicken, die sich von den Arten in andern Städten leicht und zart unterschied. Männer, die an der Gründung der Stadt teilgehabt hatten, genossen Achtung und Beliebtheit, ein kleiner Adel strahlte von ihnen aus. Ein junges Geschlecht wuchs auf, dem erschien die Stadt schon als eine alte, beinahe von Ewigkeit stammende Heimat. Die Zeit, da hier der erste Hammerschlag erschollen, der erste Mord geschehen, der erste Gottesdienst gehalten, die erste Zeitung gedruckt worden war, lag ferne in der Vergangenheit, war schon Geschichte.

Die Stadt hatte sich zur Beherrscherin der Nachbarstädte und zur Hauptstadt eines großen Bezirkes erhoben. An breiten, heiteren Straßen, wo einst neben Aschenhaufen und Pfützen die ersten Häuser aus Brettern und Wellblech gestanden hatten, erhoben sich ernst und ehrwürdig Amtshäuser und Banken, Theater und Kirchen, Studenten gingen schlendernd zur Universität und Bibliothek, Krankenwagen fuhren leise zu den Kliniken, der Wagen eines Abgeordneten wurde bemerkt und begrüßt, in zwanzig gewaltigen Schulhäusern aus Stein und Eisen wurde jedes Jahr der Gründungstag der ruhmreichen Stadt mit Gesang und Vorträgen gefeiert. Die ehemalige Prärie war von Feldern, Fabriken, Dörfern bedeckt und von zwanzig Eisenbahnlinien durchschnitten, das Gebirge war nahegerückt und durch eine Bergbahn bis ins Herz der Schluchten erschlossen. Dort, oder fern am Meer, hatten die Reichen ihre Sommerhäuser.

Ein Erdbeben warf, hundert Jahre nach ihrer Gründung, die Stadt bis auf kleine Teile zu Boden. Sie erhob sich von neuen, und alles Hölzerne ward nun Stein, alles Kleine groß, alles Enge weit. Der Bahnhof war der größte des Landes, die Börse die größte des ganzen Erdteils, Architekten und Künstler schmückten die verjüngte Stadt mit öffentlichen Bauten, Anlagen, Brunnen, Denkmälern. Im Laufe dieses neuen Jahrhunderts erwarb sich die Stadt den Ruf, die schönste und reichste des Landes und eine Sehenswürdigkeit zu sein. Politiker und Architekten, Techniker und Bürgermeister fremder Städte kamen gereist, um die Bauten, Wasserleitungen, die Verwaltung und andere Einrichtungen der berühmten Stadt zu studieren. Um jene Zeit begann der Bau des neuen Rathauses, eines der größten und herrlichsten Gebäude der Welt, und da diese Zeit beginnenden Reichtums und städtischen Stolzes glücklich mit einem Aufschwung des allgemeinen Geschmacks, der Baukunst und Bildhauerei vor allem, zusammentraf, ward die rasch wachsende Stadt ein keckes und wohlgefälliges Wunderwerk. Den innern Bezirk, dessen Bauten ohne Ausnahme aus einem edlen, hellgrauen Stein bestanden, umschloß ein breiter grüner Gürtel herrlicher Parkanlagen, und jenseits dieses Ringes verloren sich Straßenzüge und Häuser in weiter Ausdehnung langsam ins Freie und Ländliche. Viel besucht und bewundert wurde ein ungeheures Museum, in dessen hundert Sälen, Höfen und Hallen die Geschichte der Stadt von ihrer Entstehung bis zur letzten Entwicklung dargestellt war: Der erste, ungeheure Vorhof dieser Anlage stellte die ehemalige Prärie dar, mit wohlgepflegten Pflanzen und Tieren und genauen Modellen der frühesten elenden Behausungen, Gassen und Einrichtungen. Da lustwandelte die Jugend der Stadt und betrachtete den Gang ihrer Geschichte, vom Zelt und Bretterschuppen an, vom ersten unebenen Schienenpfad bis zum Glanz der großstädtischen Straßen. Und sie lernten daran, von ihren Lehrern geführt und unterwiesen, die herrlichen Gesetze der Entwicklung und des Fortschritts begreifen, wie aus dem Rohen das Feine, aus dem Tier der Mensch, aus dem Wilden der Gebildete, aus der Not der Überfluß, aus der Natur die Kultur entstehe.

Im folgenden Jahrhundert erreichte die Stadt den Höhepunkt ihres Glanzes, der sich in reicher Üppigkeit entfaltete und eilig steigerte, bis eine blutige Revolution der unteren Stände dem ein Ziel setzte. Der Pöbel begann damit, viele von den großen Erdölwerken, einige Meilen von der Stadt entfernt, anzuzünden, so daß ein großer Teil des Landes mit Fabriken, Höfen und Dörfern teils verbrannte, teils verödete. Die Stadt selbst erlebte zwar Gemetzel und Greuel jeder Art, blieb aber bestehen und erholte sich in nüchternen Jahrzehnten wieder langsam, ohne aber das frühere flotte Leben und Bauen je wieder zu vermögen. Es war während ihrer üblen Zeit ein fernes Land jenseits der Meere plötzlich aufgeblüht, das lieferte Korn und Eisen, Silber und andere Schätze mit der Fülle eines unerschöpften Bodens, der noch willig hergibt. Das neue Land zog die brachen Kräfte, das Streben und Wünschen der alten Welt gewaltsam an sich, Städte blühten dort über Nacht aus der Erde, Wälder verschwanden, Wasserfälle wurden gebändigt.

Die schöne Stadt begann langsam zu verarmen. Sie war nicht mehr Herz und Hirn einer Welt, nicht mehr Markt und Börse vieler Länder. Sie mußte damit zufrieden sein, sich am Leben zu erhalten und im Lärme neuer Zeiten nicht ganz zu erblassen. Die müßigen Kräfte, soweit sie nicht nach der fernen neuen Welt fortschwanden, hatten nichts mehr zu bauen und zu erobern und wenig mehr zu handeln und zu verdienen. Statt dessen keimte in dem nun alt gewordenen Kulturboden ein geistiges Leben, es gingen Gelehrte und Künstler von der still werdenden Stadt aus, Maler und Dichter. Die Nachkommen derer, welche einst auf dem jungen Boden die ersten Häuser erbaut hatten, brachten lächelnd ihre Tage in stiller, später Blüte geistiger Genüsse und Bestrebungen hin, sie malten die wehmütige Pracht alter moosiger Gärten mit verwitternden Statuen und grünen Wassern und sangen in zarten Versen vom fernen Getümmel der alten heldenhaften Zeit oder vom stillen Träumen müder Menschen in alten Palästen. Damit klangen der Name und Ruhm dieser Stadt noch einmal durch die Welt. Mochten draußen Kriege die Völker erschüttern und große Arbeiten sie beschäftigen, hier wußte man in verstummter Abgeschiedenheit den Frieden walten und den Glanz versunkener Zeiten leise nachdämmern: stille Straßen, von Blütenzweigen überhangen, wetterfarbene Fassaden mächtiger Bauwerke über lärmlosen Plätzen träumend, moosbewachsene Brunnenschalen in leiser Musik von spielenden Wassern überronnen. Manche Jahrhunderte war die alte träumende Stadt für die jüngere Welt ein ehrwürdiger und geliebter Ort, von Dichtern besungen und von Liebenden besucht. Doch drängte das Leben der Menschheit immer mächtiger nach anderen Erdteilen hin. Und in der Stadt selbst begannen die Nachkommen der alten einheimischen Familien auszusterben oder zu verwahrlosen. Es hatte auch die letzte geistige Blüte ihr Ziel längst erreicht, und übrig blieb nur verwesendes Gewebe. Die kleineren Nachbarstädte waren seit

längeren Zeiten ganz verschwunden, zu stillen Ruinenhaufen geworden, zuweilen von Zigeunern und entflohenen Verbrechern bewohnt.
Nach einem Erdbeben, das indessen die Stadt selbst verschonte, war der Lauf des Flusses verschoben und ein Teil des verödeten Landes zu Sumpf, ein anderer dürr geworden. Und von den Bergen her, wo die Reste uralter Steinbrüche und Landhäuser zerbröckelten, stieg der Wald, der alte Wald, langsam herab. Er sah die weite Gegend öde liegen und zog langsam ein Stück nach dem andern in seinen grünen Kreis, überflog hier einen Sumpf mit flüsterndem Grün, dort ein Steingeröll mit jungem, zähem Nadelholz.
In der Stadt hausten am Ende keine Bürger mehr, nur noch Gesindel, unholdes, wildes Volk, das in den schiefen, einsinkenden Palästen der Vorzeit Obdach nahm und in den ehemaligen Gärten und Straßen seine mageren Ziegen weidete. Auch diese letzte Bevölkerung starb allmählich in Krankheiten und Blödsinn aus, die ganze Landschaft war seit der Versumpfung von Fieber heimgesucht und der Verlassenheit anheimgefallen.
Die Reste des alten Rathauses, das einst der Stolz seiner Zeit gewesen war, standen noch immer sehr hoch und mächtig, in Liedern aller Sprachen besungen und ein Herd unzähliger Sagen der Nachbarvölker, deren Städte auch längst verwahrlost waren und deren Kultur entartete. In Kinder-Spukgeschichten und melancholischen Hirtenliedern tauchten entstellt und verzerrt noch die Namen der Stadt und der gewesenen Pracht gespenstisch auf, und Gelehrte ferner Völker, deren Zeit jetzt blühte, kamen zuweilen auf gefährlichen Forschungsreisen in die Trümmerstätte, über deren Geheimnisse die Schulknaben entfernter Länder sich begierig unterhielten. Es sollten Tore von reinem Gold und Grabmäler voll von Edelsteinen dort sein, und die wilden Nomadenstämme der Gegend sollten aus alten fabelhaften Zeiten her verschollene Reste einer tausendjährigen Zauberkunst bewahren.
Der Wald aber stieg weiter von den Bergen her in die Ebene, Seen und Flüsse entstanden und vergingen, und der Wald rückte vor und ergriff und verhüllte langsam das ganze Land, die Reste der alten Straßenmauern, der Paläste, Tempel, Museen, und Fuchs und Marder, Wolf und Bär bevölkerten die Einöde.
Über einem der gestürzten Paläste, von dem kein Stein mehr am Tage lag, stand eine junge Kiefer, die war vor einem Jahr noch der vorderste Bote und Vorläufer des heranwachsenden Waldes gewesen. Nun aber schaut auch sie schon wieder weit auf jungen Wuchs hinaus.
"Es geht vorwärts!", rief ein Specht, der am Stamme hämmerte, und sah den wachsenden Wald und den herrlichen, grünenden Fortschritt auf Erden zufrieden an. (1910)

Autorenhinweise / Literaturnachweis

Ossi Baumeister, freier Journalist und Fotograf in München, arbeitet hauptsächlich an Fotoreportagen zu Umweltthemen. Mitarbeit an der Ausstellung ALPTRAUM AUTO.

Peter M. Bode, Redakteur, Kunst- und Architekturkritiker (bis 1973 Südd. Zeitung, bis 1977 Spiegel, seitdem Abendzeitung); fester Mitarbeiter von Art. Buch- und Fernsehautor (Architektur). Ausstellungen und Bücher: VANDALENLAND — Bauen als Umweltzerstörung, GRÜN KAPUTT und ALPTRAUM AUTO.

Hartmut Graßl, Prof.Dr.rer.nat., geschäftsführender Direktor des Meteorologischen Instituts der Universität Hamburg und Direktor am Max-Planck-Institut für Meteorologie in Hamburg. Hauptforschungsgebiete: Fernerkundung der Erde aus dem Weltraum, Globaler Aerosoltransport, Änderung des Strahlungshaushalts durch Spurengase.

Christiane Grefe, Redakteurin DIE ZEIT, freie Journalistin in München, u.a. beim SZ-Magazin. Buchveröffentlichungen: „Das Brot des Siegers", „Allergie — Leiden an der Umwelt".

Sylvia Hamberger, Diplom-Biologin, Gründungsmitglied der Gesellschaft für ökologische Forschung in München. Ausstellungen und Bücher: GRÜN KAPUTT (1983), ALPTRAUM AUTO (1986), HIMMEL UND HÖLLE (1990). Vorträge und Aufsätze zu ökologischen Themen und Naturzerstörung.

Robert Jungk, Prof. Dr., Schriftsteller, Leiter der Bibliothek für Zukunftsfragen, Letztes Buch: „Zukunft zwischen Angst und Hoffnung", erschienen Oktober 1990.

Helmut Klein, Dr.rer.nat., wissenschaftlicher Mitarbeiter des Bund Naturschutz und ehrenamtlicher Sprecher des Arbeitskreises Wald im BUND.

Reinhard Klopfleisch, Dr., arbeitet in Bremen als Journalist für mehrere Zeitschriften und ist Mitherausgeber des „Kommunalen Energie-Handbuchs". Mitarbeit an Sachbüchern zum Thema Umwelt.

Fred Langer, Journalist in Hamburg, arbeitet derzeit als Redakteur für Saison, das Reisemagazin von GEO.

Wolfgang Lohbeck, ist Leiter der Kampagne Luft und Klima bei Greenpeace.

Armin Maywald, Diplom-Biologe, arbeitet in Bremen als Journalist. Mitarbeiter an mehreren Sachbüchern zum Thema Umwelt.

Manfred Michel, Werbegrafiker in Frankfurt, fotografiert seit 1981 systematisch Großprojekte der Umweltzerstörung im Vorher-Nachher-Verfahren, u.a. Startbahn West, WAA Wackersdorf, Main-Donau-Kanal. Verschiedene Veröffentlichungen, z.B. in Natur und Stern, zahlreiche Ausstellungen.

Rosemarie Oswald, Diplom-Biologin. Leitete das WWF-Projekt Landwirtschaft, Bodenschutz und Waldschäden und war anschließend wissenschafliche Mitarbeiterin und Rechercheurin bei den Ökologischen Briefen. Zur Zeit baut sie in Frankfurt einen Informationsdienst für Umweltrecht und Politik auf, der Nachrichten und Trends aus gesamteuropäischer Sicht bringt.

Erich Pabst, Diplom-Geograph und Journalist, Spezialisierung in tropischer Bodenkunde und Ökologie. Mehrere Arbeitsaufenthalte im Tropenländern, Mitautor von Ausstellungen, Büchern und Diaserien zum Thema. Mitarbeiter der Gesellschaft für ökologische Forschung. Seit 1989 Forschungsaufenthalt in Amazonien.

Ruth Paulig, Diplom-Biologin, Arbeitsgebiet Virologie, Kunsterziehung an Gymnasien, seit 1986 im Bayerischen Landtag für die Grünen. Gescheitert und erfolgreich im Versuch, Lebensutopien als berufstätige Frau, als Politikerin und als Mutter von drei Kindern zu verwirklichen.

Peter Schütt, Prof. Dr. rer. nat., Forstbotaniker an der Universität München, Lehre und Forschung über Waldbäume und deren Krankheiten; u.a. Arbeiten über Symptome des Waldsterbens sowie über dessen streßbedingte Ursachen.

Jerry Sommer lebt als freier Journalist in London.

Beate Seitz-Weinzierl, studierte Theologie und Philosophie, journalistische Ausbildung. Seit 1986 Leiterin des Bildungswerkes des Bund Naturschutz. Veröffentlichungen über Wackersdorf, Umweltethik, Kirche und Naturschutz, Frauen und Ökologie, ökologische Bildungsarbeit.

Otmar Wassermann, Prof.Dr.rer.nat., Direktor der Abteilung Toxikologie, Klinikum der Christian-Albrecht-Universität zu Kiel. Neben 200 wissenschaftlichen Veröffentlichungen und Vorträgen zu Themen toxikologischer Grundlagenforschung zahlreiche Informationsveranstaltungen für Ärzte und Öffentlichkeit über die Auswirkungen anthropogener Schadstoffemissionen, u.a. aus Müllverbrennungsanlagen, auf Mensch und Biosphäre. Im Juli 1990 erschienen: „Die schleichende Vergiftung“ (zusammen mit C. Alsen-Hinrichs und U.E. Simonsis).

Hubert Weinzierl, Diplomforstwirt, Vorsitzender des Bundes für Umwelt und Naturschutz Deutschland (BUND), zahlreiche Veröffentlichungen zum Natur- und Umweltschutz.

Brigitte Wormbs studierte Landschaftsökologie und -planung, Städtebau und Kunstgeschichte. Sie lebt in Ulm und veröffenlichte als freie Schriftstellerin u.a. die Bücher „Über den Umgang mit Natur. Landschaft zwischen Illusion und Ideal“ (3. Auflage 1981), „Ortsveränderung“ (1981) und „Raumfolgen“ (1986).

Wolfgang Zängl, Dr. rer. pol., Gründungsmitglied der Gesellschaft für ökologische Forschung; Ausstellungen und Bücher: GRÜN KAPUTT (1983), ALPTRAUM AUTO (1986), HIMMEL UND HÖLLE (1990). Veröffentlichungen u.a. DEUTSCHLANDS STROM (1989). Vorträge und Aufsätze über die Zerstörung der Welt durch Technik.

*

Nicolas Born: Die Welt der Maschine, (gekürzt), aus: Die Welt der Maschine, Hamburg 1980. Mit freundlicher Genehmigung des Rowohlt-Verlages.

Bertolt Brecht: 700 Intellektuelle beten einen Öltank an, aus: Gesammelte Werke 8, Frankfurt 1967. Mit freundlicher Genehmigung des Suhrkamp Verlages.

Reinhard Klopfleisch, Armin Maywald: Über Geschmack läßt sich nicht streiten, aus: Es ist angerichtet, Hamburg 1989. Mit freundlicher Genehmigung des Verlags Rasch und Röhring.

Hartmut Graßl: Vortrag bei der Hauptversammlung der Max-Planck-Gesellschaft am 20. Juni 1990. Mit freundlicher Genehmigung der Max-Planck-Gesellschaft.

Christiane Grefe: Gift für die Welt (gekürzt). Mit freundlicher Genehmigung der ZEIT.

Interview Eileen Claussen, ARD 23. 10. 1989.

Jerry Sommer: Keine Rüstung bitte. Mit freundlicher Genehmigung der ZEIT.

Hermann Hesse: Die Stadt, aus: Die Märchen, Frankfurt 1977. Mit freundlicher Genehmigung des Suhrkamp Verlages.

Bildnachweis

Noe v. Atzingen: S.13:l.u.

Ossi Baumeister: S.10:l.o.,r.u.;S.12:l.u.;S.15:r.;S.17:l.o.,u.;S.18;S.19; S.20;S.21:l.,r.u.;S.22:r.o.,l.u.;S.23:l.,r.u.;S.24:o.,u.Mitte;S.25:l.,r.u.;S.26; S.27:l.o.,r.u.; S.28:r.o.,u.; S.30:l.; S.31:r.o.,l.u.; S.32:r.o.,l.u.; S.34:r.o.,u.; S.35:r.o.; S.36:r.; S.37; S.38:u.; S.39:o.,r.u.; S.40:r.u.; S.42:l.o.,r.u.; S.43:u.; S.44:r.o.,u.; S.45; S.46:r.o.,l.u.; S.48:r.o.; S.49:r.; S.50:r.o.; S.51:r.u.; S.52; S.53; S.54:r.u.; S.57:r; S.58:u.; S.59:l.o.; S.64,S.70; S.71; S.72:r.o.,u.; S.74:r.o.; S.75:r.u.; S.76:l.,r.u.; S.77:r.; S.78:; S.80; S.82; S.83:r.o.,u.; S.84; S.85:l.o.,r.; S.86:o.,l.u.;S.87:l.o.,r.u.;S.88:u.;S.89:r.o.;S.90:l.;S.91:o.,l.u.;S.92;S.93:l.u.; S.95:l.o.,r.u.; S.96:r.; S.97:r.u.; S.98; S.99; S.100:r.u.; S.101:r.u.; S.104:l.; S.113:l.o.; S.117;

Bertram Luftbild: S.11; Freigabe: Regierung v. Oberbayern, G 4/30943

Frieder Blickle/Bilderberg: S.85:l.u.;

Hans-Jürgen Burkart/Bilderberg: S.13:r.u.; S.54:l.o.; S.55:u.; S.75:r.o.;

dpa/TASS: S.69

Herbert Grabe: S.51:r.o.; S.57:l.o.; S.115;

Greenpeace: S.68:l.;

Sylvia Hamberger: S.14; S.15:l.; S.21:r.o.; S.22:l.o.,r.u.; S.23:r.o.; S.24:u.; S.25:r.o.; S.28:l.o.; S.29:o.,r.u.; S.30:r.; S.33:l.u.,r.o.; S.35:l.; S.36:l.u.; S.38:o.; S.40:r.o.; S.42:r.o.,l.u.; S.43:o.; S.44:l.o.; S.48:l.; S.49:l.o.; S.50:l.; S.51:l.; S.56; S.57:l.u.; S.58:l.o.; S.59:r.; S.72:l.o.; S.74:r.u.; S.86:r.u.; S.87:l.u.; S.88:r.o.; S.89:l.; r.u.; S.90:r.; S.91:r.u.; S.93:l.o.; S.108:o.,r.u.; S.110;

Milan Horacek/Bilderberg: S.54:r.o.;

Fred Ihrt/Stern: S.67

Victoria Irleva/Focus: S.65

Laszlo Maraz: S.95:l.u.;

Eric Mencher/Matrix/Focus: S.55:o.;

Stefan Menzel/Greenpeace: S.54:l.u.;

NASA/Kevin W.Kelley: S.9

Erich Pabst/Birgit Wilczek: S.12:l.o.,r.; S.60; S.61; S.62; S.63; S.75:l.; S.105;

Thomas Pflaum/Visum: S.79:r.;

R.Rai/Focus: S.66

Roger Ressmeyer-Starlight/Focus: S.79:l.u.;

Peter Schütt: S.13:o.;

Schwarzbach/Greenpeace: S.68:r.o.;

Hans W. Sylvester/Focus: S.81

Walter Trefz: S.17:r.o.;

Dieter Vennemann/Greenpeace: S.77:l.;

Sabine Vielmo: S.50:r.u.; S.104:r.o.;

Wolfgang Volz/Bilderberg: S.79:l.o.; S.109

Wolfgang Zängl: S.10:r.o.,l.u.; S.16; S.27:r.o.,l.u.; S.29:l.u.; S.31:l.o., r.u.; S.32:l.o.,r.u.; S.33:l.o.,r.u.; S.34:l.o.; S.35:r.u.; S.36:l.o.; S.39:l.u.; S. 40:l.; S.41; S.46:l.o.,r.u.; S.48:r.u.; S.49:l.u.; S.58:r.o.; S.59:l.u.; S.73; S.74:l.; S.76:r.o.; S.83:l.o.; S.87:r.o.; S.88:l.o.; S.93:r.; S.94; S.95:r.o.; S.96:l.; S.97: l.,r.o.; S.100: alle außer r.u.; S.101:o.,l.u.; S.104:r.u.; S.108:l.u.; S.111; S.112; S.113:r.o.,l.u.;

Gesellschaft für ökologische Forschung e. V.

Umdenken tut not, um Wege aus dem Umweltdebakel zu finden. Dazu bedarf es fundierter Analysen und langfristiger kontinuierlicher Dokumentation. Seit 1977 arbeiten wir, Natur- und Sozialwissen-schaftlerInnen, in der GESELLSCHAFT FÜR ÖKOLOGISCHE FORSCHUNG e.V. zur Thematik der ökologischen Zerstörung und umweltgerechter Alternativen. Dabei ist ein in Deutschland einmaliges Bild- und Textarchiv entstanden, das wir laufend erweitern.

Wir

- -recherchieren und fotografieren
- -dokumentieren Zerstörungen der Umwelt
- -stellen neue Forschungsergebnisse vor
- -zeigen politisch-kulturelle Zusammenhänge auf
- -schlagen umweltgerechte Lösungen vor
- -veröffentlichen Bücher, Ausstellungen und Diareihen

Unsere Fotoausstellungen und Veröffentlichungen bieten Bürgerinitiativen, Umweltgruppen, engagierten Politikern und allen mit Umweltproblemen Befaßten und Belasteten fundierte Argumente und positive Anregungen und machen Mut zur Veränderung.

Mit GRÜN KAPUTT (1983), ALPTRAUM AUTO (1986) und SEIN ODER NICHTSEIN (1990) hat die GESELLSCHAFT FÜR ÖKOLOGISCHE FORSCHUNG e.V. drei beispielhafte Ausstellungen mit ausführlichen Begleitbänden erarbeitet, die zu Klassikern einer fundierten und kritischen ökologischen Aufklärung geworden sind. ALPTRAUM AUTO und SEIN ODER NICHTSEIN werden auch vom GOETHE-INSTITUT in vielen Ländern gezeigt.
Auskunft über Standorte der Wanderausstellungen und Ausleihbedingungen sind erhältlich bei der

GESELLSCHAFT FÜR ÖKOLOGISCHE FORSCHUNG e.V., Frohschammerstr. 14, 8000 München 40, Tel.: 0 89/3 59 85 86, FAX: 0 89/3 59 66 22

Die GESELLSCHAFT FÜR ÖKOLOGISCHE FORSCHUNG e.V. ist ein gemeinnütziger Verein, der sich durch Spenden finanziert. Unsere Arbeit ist nur mit finanzieller Unterstützung zu leisten. Sie können uns dabei helfen.

BITTE UNTERSTÜTZEN SIE UNSERE ARBEIT

Konto: Bayerische Vereinsbank: 126 735, BLZ 700 202 70

PETER M. BODE, SYLVIA HAMBERGER, WOLFGANG ZÄNGL (Mitarbeit: Ossi Baumeister)

ALPTRAUM AUTO - Eine hundertjährige Erfindung und ihre Folgen

Der Traum von der Beweglichkeit ist heute zum Alptraum geworden. Inzwischen leistet sich unser Gemeinwesen ein Verkehrssystem, dessen ökonomische, soziale und ökologische Folgen erst jetzt in voller Tragweite bekannt werden. Doch der Prozeß der totalen Automobilisierung geht ungehindert weiter.
Die Fotoausstellung ALPTRAUM AUTO zeigt auf 800 großformatigen Fotos die verschiedenen Bereiche dieser Autowelt. Dabei werden dem alltäglichen Auto-Alptraum positive Bildbeispiele als Anregungen zur Veränderung der verkehrten Verkehrswelt gegenübergestellt.

Pressestimmen
".. eine dokumentarische, sachliche, doch eben darum erschreckende Bestandsaufnahme.. der Verhaltens- und Umgangsformen, die der Mensch im Zeichen des Automobils entwickelt hat."
(Süddeutsche Zeitung)

Alptraum Auto

Eine hundertjährige Erfindung und ihre Folgen

Peter M. Bode, Sylvia Hamberger, Wolfgang Zängl
ALPTRAUM AUTO - Eine hundertjährige Erfindung und ihre Folgen
5. erweiterte Auflage, 240 Seiten, 350 farbige Abbildungen, DM 38.-

Bücher zu ökologischen Themen aus dem RABEN VERLAG

Sean McCutcheon
FLÜSSE UNTER STROM —
Megawattdrama James Bay
Aus dem Englischen von Thomas Pampuch
Mit einer Einführung von Wolfgang Zängl
ca. 230 S., ca DM 28,—

James Bay im kanadischen Quebec ist zum Symbol für den rücksichtslosen Kampf um Strom geworden. Schon heute, nach der Fertigstellung von James Bay I, der ersten Hälfte dieses umstrittensten Wasserkraftprojektes der Welt, sind ökologische Schäden unübersehbar, sprechen die in der Region lebenden Cree-Indianer von einem kulturellen Genozid. Nun droht der Bau von James Bay II. Ein Wildnisgebiet von der Größe Deutschlands steht damit vor irreversiblen Veränderungen. Auch nach Deutschland will das Betreiberunternehmen Hydro-Québec den Strom von James Bay verkaufen. Sean McCutcheons Buch über die dramatische Geschichte des James Bay-Projektes, über seine Durchsetzung, seine Auswirkungen und den wachsenden Widerstand gegen das Megaprojekt wird damit auch hierzulande zu einem unverzichtbaren Beitrag zur Diskussion um die Zukunft unserer Energiepolitik.

Stadt Frankfurt a.M., Umweltdezernat
Tom Koenigs/Roland Schaeffer (Hg.)
FORTSCHRITT VOM AUTO?
Umwelt und Verkehr in den 90er Jahren
309 Seiten, zahlreiche Abb.,
DM 28,—

Luftverschmutzung, Lärmbelastung, Zerstörung des urbanen Lebens, drohende Klimakatastrophe und Gesundheitsstörungen — zielstrebig steuert der Autoverkehr über Deutschlands Straßen in den Abgrund. Auch der alltägliche Verkehrsinfarkt hat bis heute nicht zu einem wirklichen Umdenken geführt. Obwohl jedem einleuchten muß, daß Verkehrspolitik zu einem zentralen Teil der Umweltpolitik geworden ist.
„Fortschritt vom Auto" war das Motto eines Kongresses des Umweltforums Frankfurt a.M., auf dem eine Reihe von Experten aus unterschiedlichen Blickwinkeln zum aktuellen Stand der verkehrs- und umweltpolitischen Entwicklung Stellung bezogen. Ein Muß für jeden, der die dringend nötige öffentliche Diskussion der Verkehrspolitik verfolgen will.

Gesellschaft für ökologische Forschung (Hg.)
AMAZONIEN
Ein Lebensraum wird zerstört
216 Seiten, DM 24,—

In verschiedenen Berichten von Wissenschaftlern, Tropenwaldkennern, Ökologen und in Interviews mit Betroffenen wird das Ausmaß der Zerstörung klar: Jedes Jahr werden über 200 000 Quadratkilometer abgeholzt und abgebrannt. Die globalen Folgen sind katastrophal.
An dieser Vernichtungsorgie sind nationale und multinationale Konzerne und Wirtschaftsinteressen beteiligt, darunter auch bundesdeutsche Firmen.
„... hervorragende, von der Gesellschaft für ökologische Forschung herausgegebene Einführung." (Süddeutsche Zeitung)
„... anschaulich, interessant und engagiert geschrieben ..." (taz)
„Für mich war es seit langem das erste Buch, das ich wieder von vorne bis hinten in einem Rutsch durchgelesen habe." (Trialog)

Roland Posner (Hg.)
WARNUNGEN AN DIE FERNE ZUKUNFT
Atommüll als Kommunikationsproblem
310 Seiten, DM 28,—

Wie sind Zeichenprozesse über einen Zeitraum von 10 000 Jahren hinweg möglich? Welche Zeichen haben uns aus den vergangenen 10 000 Jahren erreicht?
Roland Posner plädiert für die Einrichtung eines Zukunftsrats, einer dritten Kammer neben Bundestag und Bundesrat. Als Interessenvertretung unserer Nachkommen soll der Zukunftsrat die Übermittlung der erforderlichen Informationen an die ferne Zukunft sicherstellen und das Bewußtsein kollektiver Verantwortung wachhalten.

Jakob v. Uexküll / Bernd Dost (Hg.)
PROJEKTE DER HOFFNUNG
Der Alternative Nobelpreis
400 Seiten, DM 34,—

Mit dem 1980 erstmals verliehenen Alternativen Nobelpreis sind in den vergangenen Jahren sowohl bekannte Persönlichkeiten als auch bis dahin hierzulande nahezu unbekannte Gruppen, Initiativen und Projekte vor allem aus Ländern der „Dritten Welt" ausgezeichnet worden. Gemeinsam ist allen Preisträgern ihr Engagement für Menschenrechte, Umweltschutz, ökologisches Bewußtsein und politische Alternativen (ökologische Umorientierung, Entwicklung von Alternativen zur industriellen Produktionsweise).
Der Band enthält die Reden sowohl der Preisträger als auch der Laudatoren zu den bisherigen Preisverleihungen (in gekürzter Form), die Biographien der Preisträger bzw. eine Darstellung der Entwicklung der ausgezeichneten Projekte bis zum heutigen Zeitpunkt.

Ken A. Gourlay
MORD AM MEER — Bestandsaufnahme der globalen Zerstörung
348 Seiten, Abb., Broschur,
DM 38,—

Der erste umfassende Bericht über die Meere dieser Welt, ihr Leben, ihre Nutzung, ihren Mißbrauch und ihre Zerstörung durch den Menschen — vom Überfischen bis zum Versenken atomgetriebener U-Boote, vom Nitrat bis zu den Phosphaten, vom Öl bis zu den Chlorierten Kohlenwasserstoffen, vom TBT bis zu den PCBs, von den Fäkalien bis zur Radioaktivität.
„Das Buch ist allen dringend zu empfehlen, die wegen der Entwicklung des Meeres keine Ruhe mehr finden." (BBU-Info)
„Es ist die möglicherweise bisher umfassendste Darstellung der Dummheit der Menschen, die eine Zerstörung des wohl wichtigsten Lebensraumes der Erde verursacht." (Kosmos)
„Ein sehr wichtiges Buch. ...Sachlich, kompetent, engagiert und allgemeinverständlich, sehr inhaltsreich."
(ekz-Informationsdienst)

Wolfgang Zängl, Sylvia Hamberger
HIMMEL UND HÖLLE —
Wir setzen auf die Sonne
72 Seiten, ca. 20 s/w-Abb.,
DM 12,—

Der Ausstellungskatalog zur gleichnamigen Ausstellung auf dem Energieschiff von GREENPEACE beschreibt die derzeit noch herrschende, unglaubliche Energieverschwendung sowie Möglichkeiten, hier zu anderen Lösungen zu gelangen.
Im Höllenteil werden die Bereiche Konsum, Elektrizität, Müll, Bauen, Verkehr und Politik und Verschwendung beschrieben und kritisiert; im Himmelsteil wird die Nutzung unserer größten Energiequelle, der Sonne, vorgestellt. Das Energieschiff von GREENPEACE läuft in diesem und vermutlich auch im nächsten Jahr etwa 40 Häfen in der BRD und der DDR an.

Schnell / AGÖF
ABFALLVERMEIDUNG
Stand und Perspektiven
2. Auflage, 176 Seiten, DM 20,—

Die Abfallberge wachsen immer höher, und immer weniger Aussichten bestehen, die monströsen Abfallmengen halbwegs umweltgerecht zu beseitigen. Mit diesem Band soll eine respektable Grundlage für weitere Diskussionen um die Abfallvermeidung geschaffen werden.

Klaus Stanjek (Hg.)
ZWIELICHT
Die Ökologie der künstlichen Helligkeit
170 Seiten, DM 28,—

Mit keinem Element gehen wir so sorglos um wie mit dem Licht. Dabei ist das Licht im Zuge der Industrialisierung einer gewaltigen Veränderung unterzogen worden. Einen großen Teil unseres Lebens verbringen wir unter künstlicher Beleuchtung. Der Tag ist unbegrenzt verlängerbar geworden, die Nacht weitgehend vertrieben. Freilich nicht ohne Folgen für den Menschen.
„(Stanjek) schärft vielmehr unsere Sinne für die Einsicht, daß Licht weit mehr ist als Helligkeit, ...daß daher der Ausbau der künstlichen Welten ...ein fortwährender Angriff auf unsere Gesundheit ist."
(Süddeutsche Zeitung)
„Das Buch ist ein gelungener Versuch, dem Licht — dem Werk des ersten Tages der Schöpfung — zu der ihm zustehenden Bedeutung zu verhelfen."
(Form & Technik)